MACHINE LEARNING

Fundamentos, algoritmos y aplicaciones para los negocios, industria y finanzas

JACINTO VELASCO REBOLLEDO

MACHINE LEARNING

Fundamentos, algoritmos y aplicaciones para los negocios, industria y finanzas

Madrid • Buenos Aires • México • Bogotá

Ediciones Díaz de Santos
Internet: http//www.editdiazdesantos.com
E-mail: ediciones@editdiazdesantos.com

ISBN: 978-84-9052-530-2
Depósito Legal: M-17696-2024

Fotocomposición y diseño de cubiertas: P55 Servicios Culturales

Printed in Spain Impreso en España

ÍNDICE

En la intersección entre la innovación tecnológica y las estrategias empresariales, emerge el mundo del aprendizaje automático. En la era digital, donde los datos son valorados como el nuevo petróleo y la habilidad para tomar decisiones precisas y ágiles se considera la clave del éxito empresarial, el dominio de las herramientas y técnicas del aprendizaje automático se ha vuelto imprescindible tanto para líderes empresariales consolidados como para estudiantes universitarios.

Este campo en constante evolución no solo revoluciona la forma en que las organizaciones abordan sus operaciones y estrategias comerciales, sino que también abre un vasto espectro de oportunidades para aquellos que están dispuestos a explorarlo. Desde la personalización de experiencias para los clientes hasta la detección de patrones ocultos en grandes conjuntos de datos, el aprendizaje automático se ha convertido en un motor fundamental de la innovación y el progreso en el ámbito empresarial moderno.

En este contexto, comprender los fundamentos y aplicaciones del aprendizaje automático se convierte en una ventaja competitiva crucial. Los líderes empresariales deben estar equipados con el conocimiento necesario para aprovechar al máximo el potencial de esta tecnología, mientras que los estudiantes universitarios buscan adquirir las habilidades esenciales que les permitirán prosperar en el mercado laboral del futuro.

El autor, con más de 20 años de experiencia en la aplicación de estas metodologías para resolver casos de uso en diversas áreas empresariales, desde la financiera e industrial hasta la comercial y de marketing, ha destilado su conocimiento en este libro. La obra ha sido diseñada para ser una guía completa y accesible sobre aprendizaje automático aplicado a los negocios, representando un recurso invaluable tanto para aquellos que buscan mejorar su comprensión de las complejidades del aprendizaje automático en el contexto empresarial, como para profesores que desean impartir conocimientos actualizados y relevantes en el aula universitaria.

Dentro de las páginas de este compendio, los lectores serán guiados en un fascinante viaje que parte desde los cimientos elementales hasta las sofisticadas técnicas del aprendizaje automático, todo ello expuesto mediante un lenguaje matemático comprensible por cualquier lector con formación básica en economía, finanzas o tecnología. A lo largo de este recorrido, se explorará minuciosamente cómo aplicar algoritmos de aprendizaje supervisado y no supervisado para abordar una amplia variedad de desafíos empresariales.

Desde la anticipación de la demanda hasta la optimización de la cadena de suministro, así como el análisis de sentimientos y la personalización de experiencias para los clientes, este libro se convierte en un recurso esencial para aquellos que buscan ampliar su comprensión y dominio en el ámbito del aprendizaje automático aplicado al entorno empresarial.

Este texto va más allá de meras teorías abstractas; su enfoque se concentra en proporcionar a los lectores las habilidades prácticas necesarias para afrontar los desafíos cambiantes del mundo empresarial contemporáneo. Además, está meticulosamente estructurado para ser utilizado tanto por estudiantes universitarios en busca de conocimientos fundamentales como por profesionales que aspiran a integrar el aprendizaje automático en sus actividades cotidianas.

En el libro se incluyen ejemplos en Python para ayudar a comprender mejor la teoría presentada. Estos ejemplos prácticos muestran cómo aplicar los conceptos de aprendizaje automático a situaciones empresariales concretas. No solo clarifican la teoría expuesta en el texto, sino que también proporcionan a los lectores herramientas prácticas que pueden aplicar en sus propios proyectos empresariales. Al ver cómo se implementan los conceptos de aprendizaje automático en código, los lectores pueden comprender mejor cómo adaptar y aplicar estas técnicas a sus propios casos de uso específicos dentro de sus organizaciones. Esta combinación de teoría y ejemplos prácticos en Python asegura que los lectores no solo adquieran conocimientos conceptuales sobre aprendizaje automático, sino que también desarrollen habilidades prácticas que puedan utilizar para abordar desafíos empresariales reales.

En última instancia, este libro tiene como objetivo capacitar a sus lectores para que se conviertan en líderes visionarios y tomadores de decisiones informadas, capaces de aprovechar el poder del aprendizaje automático para impulsar la innovación, la eficiencia y el crecimiento en sus organizaciones y en la sociedad en general.

DR. JACINTO VELASCO REBOLLEDO

Módulo I
CONCEPTOS GENERALES

1.1. CONCEPTOS GENERALES DE APRENDIZAJE AUTOMÁTICO

La inteligencia artificial (IA) es un campo de la informática que se centra en el desarrollo de sistemas y algoritmos capaces de realizar tareas que normalmente requieren inteligencia humana. La IA abarca una amplia gama de técnicas y enfoques, incluyendo el aprendizaje automático y el aprendizaje profundo.

El aprendizaje automático o *machine learning* (ML), se refiere a un subcampo de la inteligencia artificial que se centra en el estudio y desarrollo de algoritmos y modelos computacionales que permiten a los sistemas aprender y mejorar su rendimiento a partir de la experiencia, sin necesidad de una programación explícita para cada tarea específica. No hay que confundir aprendizaje automático con otros tipos de disciplinas relacionadas con la inteligencia artificial como el *deep learning* o GenAI. El primero es una subárea del aprendizaje automático que se basa en redes neuronales artificiales con múltiples capas (profundidad), lo que permite aprender representaciones de datos cada vez más abstractas y complejas. El segundo es un subcampo emergente de la inteligencia artificial que se centra en el desarrollo de modelos capaces de generar nuevos datos o contenido original, como imágenes, música o texto, que sean indistinguibles de los creados por humanos. Estos modelos utilizan técnicas avanzadas de aprendizaje profundo.

Los algoritmos de aprendizaje automático utilizan datos para identificar patrones, realizar predicciones o tomar decisiones, y se caracterizan por su capacidad para adaptarse y mejorar su desempeño a medida que se exponen a más datos.

La historia del aprendizaje automático se remonta a más de medio siglo atrás, con raíces que se extienden a los albores de la informática y la inteligencia artificial. La inteligencia artificial (IA) nació oficialmente durante la Conferencia de Dartmouth en 1956, donde se acuñó el término y se sentaron las bases para su investigación. Aunque el aprendizaje automático no se mencionó específicamente en esta conferencia, sentó las bases para el desarrollo de algoritmos de aprendizaje automático en las décadas siguientes. El psicólogo Frank Rosenblatt desarrolló el perceptrón, uno de los primeros algoritmos de aprendizaje supervisado. Este modelo de red neuronal simple fue capaz de aprender a reconocer patrones en los datos de entrada y se utilizó en una variedad de aplicaciones tempranas de reconocimiento de patrones. Durante estos años, se desarrollaron varias técnicas de aprendizaje automático simbólico, como el árbol de decisiones y los sistemas expertos. También se introdujo la lógica difusa, una técnica para modelar la incertidumbre en los datos, que se utiliza en aplicaciones de control y reconocimiento de patrones. Durante la década de 1990, surgieron importantes avances en algoritmos de aprendizaje supervisado, como la regresión logística y las máquinas de soporte vectorial (SVM). Estos modelos fueron ampliamente utilizados en aplicaciones de clasificación y regresión en una variedad de campos. Con el auge del *big data* en la década de 2000, el aprendizaje automático experimentó un renacimiento. La disponibilidad de grandes conjuntos de datos y avances en hardware permitieron el desarrollo de modelos más complejos y sofisticados, como las redes neuronales profundas (*deep learning*). Estos modelos han demostrado un rendimiento excepcional en tareas de percepción, como reconocimiento de imágenes y procesamiento de lenguaje natural. En los últimos años, el aprendizaje automático se ha vuelto omnipresente en la vida cotidiana, con aplicaciones que van desde motores de búsqueda y recomendaciones de productos hasta reconocimiento facial y sistemas de conducción autónoma. En resumen, la historia del aprendizaje automático es una narrativa de continuo progreso y evolución, impulsada por avances en la teoría, el hardware y la disponibilidad de datos. Desde sus modestos comienzos en los laboratorios de investigación hasta su integración en nuestra vida diaria, el aprendizaje automático continúa transformando la forma en que interactuamos con la tecnología y el mundo que nos rodea.

La inteligencia artificial (IA) está transformando rápidamente la forma en que las organizaciones operan y toman decisiones. La gestión del cambio se vuelve crucial en este proceso de adopción de la IA, ya que implica modificar las estructuras organizativas, los procesos y las culturas para aprovechar al máximo el potencial de esta tecnología innovadora. La implementación de la IA puede generar resistencia y temores entre los empleados debido a la incertidumbre sobre cómo afectará sus roles y responsabilidades. Por lo tanto, es fundamental comunicar de manera efectiva los beneficios y objetivos de la IA y proporcionar capacitación adecuada para garantizar una transición suave y exitosa.

La gestión del cambio también implica establecer una visión clara y un liderazgo sólido para guiar a la organización a través de la transformación. Esto incluye la identificación de los impulsores clave del cambio, la alineación de los procesos con los objetivos estratégicos y la promoción de una cultura de innovación y aprendizaje continuo.

Además, es importante involucrar a los empleados en el proceso de adopción de la IA, fomentando la participación, la colaboración y la retroalimentación para impulsar la aceptación y el compromiso. Esto puede incluir la creación de grupos de trabajo interdisciplinarios y la promoción de la experimentación y la creatividad.

El futuro del aprendizaje automático (ML) es un horizonte prometedor lleno de innovación y avances que están transformando rápidamente múltiples industrias y aspectos de la vida cotidiana. Una de las principales tendencias que se espera en el futuro del ML es la evolución hacia modelos más avanzados y complejos, alimentados por el acceso a grandes volúmenes de datos y el aumento de la potencia informática. Estos modelos podrán realizar tareas más sofisticadas, como el procesamiento de lenguaje natural, la visión por computadora y la toma de decisiones más autónoma.

Además, se espera que el aprendizaje automático se integre aún más en nuestra vida diaria a través de dispositivos inteligentes y sistemas de asistencia personalizados. Esto incluye avances en la automatización del hogar, la conducción autónoma, la atención médica personalizada y la recomendación de contenido en plataformas de entretenimiento y comercio electrónico. Estos avances mejorarán la eficiencia, la comodidad y la calidad de vida para las personas en todo el mundo.

Otra tendencia importante es la democratización del aprendizaje automático, que implica hacer que esta tecnología sea más accesible para una gama más amplia de personas y organizaciones. Esto incluye el desarrollo de herramientas y plataformas de ML de código abierto, así como la simplificación de los procesos de desarrollo y despliegue de modelos. La democratización del ML permitirá a más personas y empresas aprovechar el poder de esta tecnología para resolver problemas y generar valor.

En el ámbito empresarial, el aprendizaje automático continuará desempeñando un papel crucial en la optimización de procesos, la toma de decisiones basada en datos y la personalización de productos y servicios. Se espera que las empresas inviertan cada vez más en capacidades de ML y desarrollen sus propios equipos internos de ciencia de datos para aprovechar al máximo estas tecnologías.

Por último, el futuro del aprendizaje automático también plantea desafíos importantes, como la ética y la responsabilidad en el uso de datos y algoritmos, así como preocupaciones sobre la privacidad y la seguridad de la información. A medida que el ML continúe avanzando, será fundamental abordar estos desafíos de manera proactiva y desarrollar marcos éticos y regulatorios sólidos para garantizar un uso responsable y beneficioso de esta tecnología. En resumen, el futuro del aprendizaje automático es emocionante y lleno de posibilidades, pero también requiere un enfoque cuidadoso y reflexivo para garantizar que se utilice de manera ética y responsable para el beneficio de la sociedad.

1.2. INFRAESTRUCTURA Y TIPOS DE ANALÍTICA DE UN PROYECTO DE CIENCIA DE DATOS

1.2.1. Fundamentos sobre infraestructura de datos

Establecer una infraestructura de datos robusta y eficiente es fundamental para la implementación exitosa de proyectos de aprendizaje automático. En todos los procesos de datos se pueden definir las siguientes etapas:

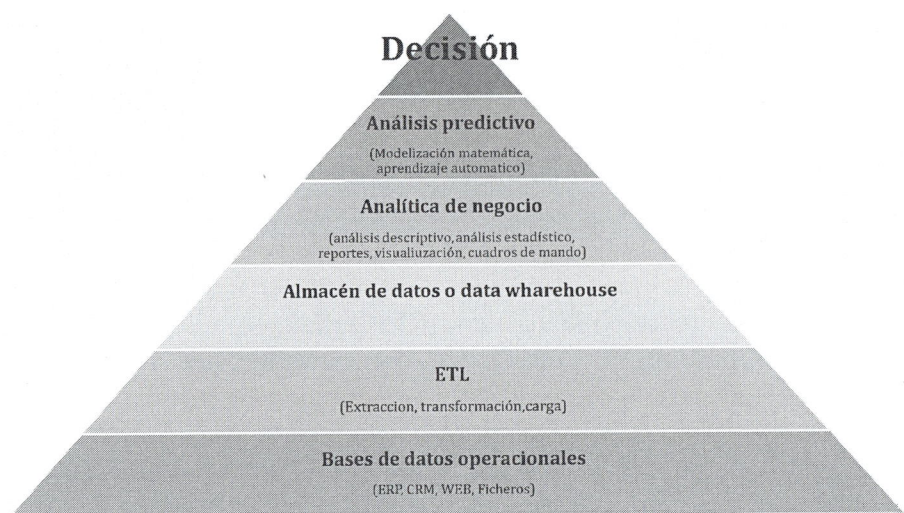

Figura 1.1. Etapas de un proyecto de datos.

En el contexto de la gestión de datos, la infraestructura y la arquitectura desempeñan un papel fundamental en la creación de sistemas sólidos y eficientes para el manejo, procesamiento y análisis de datos. La infraestructura de datos se refiere al conjunto de tecnologías, herramientas y procesos utilizados para gestionar y almacenar datos de manera eficiente y segura, mientras que la arquitectura de datos se centra en el diseño y la organización de estos componentes para satisfacer las necesidades específicas del negocio.

La infraestructura de datos abarca una variedad de componentes, incluidos sistemas de almacenamiento de datos, bases de datos, herramientas de procesamiento y análisis de datos, servidores, redes y software de gestión de datos. Estos componentes trabajan juntos para garantizar que los datos estén disponibles, accesibles y seguros para su uso en diferentes aplicaciones y procesos empresariales. La infraestructura de datos también implica la implementación de prácticas de seguridad, respaldo y recuperación de datos para proteger la integridad y confidencialidad de la información.

Por otro lado, la arquitectura de datos se centra en el diseño y la organización de estos componentes para satisfacer las necesidades específicas del negocio. Esto implica definir la estructura de los datos, establecer estándares y normas para su almacenamiento y organización, y diseñar flujos de datos eficientes que permitan la integración y el intercambio de información entre diferentes sistemas y aplicaciones. La arquitectura de datos también incluye la definición de modelos de datos, esquemas de bases de datos y metadatos que proporcionan un marco para la comprensión y el uso de los datos en toda la organización.

La infraestructura y la arquitectura de datos son elementos clave en la gestión de datos, proporcionando la base tecnológica y organizativa necesaria para garantizar que los datos sean gestionados de manera eficiente, segura y conforme a las necesidades del negocio. Un enfoque sólido en la infraestructura y la arquitectura de datos ayuda a las organizaciones a maximizar el valor de sus datos y a aprovechar todo su potencial para la toma de decisiones y la innovación empresarial.

A continuación, presentamos un glosario con definiciones de los términos clave relacionados con la infraestructura y la arquitectura de datos, lo que te ayudará a comprender mejor estos conceptos y cómo se interrelacionan entre sí.

- **Arquitectura de datos.** Diseño estructurado que define cómo se almacenan, organizan, acceden y gestionan los datos en una organización.
- **Lago de datos o *data lake*.** Repositorio centralizado de almacenamiento de datos que permite almacenar una amplia variedad de datos en su formato original, sin necesidad de estructura previa.
- **Almacén de datos o *data warehouse*.** Base de datos centralizada y organizada diseñada para almacenar y gestionar grandes volúmenes de datos estructurados, optimizados para consultas analíticas y generación de informes.
- **ETL (*extract, transform, load*).** Proceso que implica la extracción de datos desde una o varias fuentes, la transformación de los datos para que se ajusten a un formato común y su carga en un destino, como un *data warehouse*.
- **Data mart.** Subconjunto de un *data warehouse* que contiene datos específicos de un área funcional o departamento de la organización, optimizado para un conjunto particular de usuarios y casos de uso.
- **Almacén operacional (*operational data store*, ODS).** Base de datos centralizada que integra datos de varias fuentes operativas en tiempo real para proporcionar una vista única y actualizada de los datos de la organización.
- **API (interfaz de programación de aplicaciones).** Conjunto de reglas y protocolos que permiten a diferentes sistemas de software comunicarse entre sí y compartir datos y funcionalidades.
- **Arquitectura orientada a servicios (*service-oriented architecture*, SOA).** Enfoque arquitectónico que descompone una aplicación en servicios independientes y reutilizables, que se pueden acceder y combinar para cumplir con los requisitos comerciales.
- **Base de datos relacional.** Una base de datos relacional es un tipo de base de datos que organiza los datos en tablas con filas y columnas, y utiliza claves primarias y claves foráneas para establecer relaciones entre las tablas. Está basada en el modelo relacional propuesto por Edgar Codd en la década de 1970 y utiliza el lenguaje SQL (*structured query language*) para realizar consultas y manipulaciones de datos. Ejemplos incluyen MySQL, PostgreSQL y Oracle Database.

- **Base de datos no relacional (NoSQL).** Una base de datos no relacional, también conocida como NoSQL, es un tipo de base de datos diseñada para manejar grandes volúmenes de datos no estructurados o semiestructurados de manera flexible y escalable. A diferencia de las bases de datos relacionales, no tienen un esquema fijo y pueden almacenar datos en diferentes formatos, como documentos, grafos o pares clave-valor. Ejemplos incluyen MongoDB, Cassandra y Redis.
- **Tecnologías *cloud*.** Estas tecnologías proporcionan recursos informáticos y de almacenamiento bajo demanda a través de internet. Permiten escalar recursos según las necesidades del análisis de datos, ofreciendo flexibilidad y agilidad.
- **Bases de datos en tiempo real.** Estas bases de datos están diseñadas para manejar flujos continuos de datos y proporcionar resultados instantáneos a medida que los datos llegan. Son ideales para aplicaciones que requieren respuestas en tiempo real, como sistemas de monitoreo, análisis de transmisiones en vivo y detección de anomalías. Ejemplos incluyen Apache Kafka y similares.
- **Bases de datos en *batch*.** Por otro lado, las bases de datos en batch procesan grandes volúmenes de datos en lotes, generalmente en intervalos programados. Son adecuadas para aplicaciones que no requieren respuestas instantáneas y pueden tolerar cierto retraso en el procesamiento, como análisis de datos históricos y generación de informes.
- ***Edge computing*.** Es un modelo distribuido que consiste en procesar y almacenar datos cerca de su origen, en el borde de la red, en lugar de enviarlos a una ubicación centralizada, como un centro de datos o la nube, para su procesamiento y almacenamiento. Este es muy usado para procesos de IoT (*internet of things*).

1.2.2. Diseño de una infraestructura de datos

En el ámbito del aprendizaje automático, una infraestructura de datos bien diseñada es fundamental para el éxito de los proyectos. Aquí te presentamos algunas prácticas clave que te ayudarán a establecer una infraestructura robusta y eficiente para el manejo de datos en tus iniciativas de aprendizaje automático. Estas prácticas abarcan desde la recopilación y almacenamiento de datos de alta calidad hasta la implementación de pipelines de datos automatizados, la gestión de versiones y el mantenimiento continuo. A través de estas mejores prácticas, podrás garantizar la integridad, la precisión y la escalabilidad de tu infraestructura de datos, preparándola para satisfacer las demandas cambiantes del negocio y del análisis de datos en el mundo del aprendizaje automático.

Recopilación y almacenamiento de datos de alta calidad

Es fundamental garantizar la recopilación de datos de alta calidad que sean pertinentes y representativos para el problema específico que estás tratando de abordar. Esto implica no solo la obtención de datos, sino también la selección cuidadosa de aquellos que realmente son relevantes para tu análisis o investigación.

Además, es crucial emplear sistemas de almacenamiento de datos escalables y robustos que puedan manejar eficientemente grandes volúmenes de información. Estos sistemas deben ser capaces de adaptarse a medida que aumenta la cantidad de datos, asegurando que la información esté disponible y accesible cuando sea necesaria, sin comprometer la integridad o la seguridad de los datos. La capacidad de escalar vertical u horizontalmente según sea necesario es esencial para mantener el rendimiento y la confiabilidad del sistema a medida que crece la cantidad de datos almacenados.

Al implementar estos sistemas, es importante considerar no solo la capacidad de almacenamiento, sino también la velocidad de acceso a los datos, la redundancia para garantizar la disponibilidad continua y los mecanismos de seguridad para proteger la información confidencial. Esto garantizará que los datos estén disponibles y sean confiables para respaldar tus análisis y decisiones.

Limpieza y preprocesamiento de datos

Es crucial llevar a cabo una limpieza exhaustiva de los datos antes de utilizarlos en modelos de aprendizaje automático para garantizar la precisión y la fiabilidad de los resultados. Esto implica identificar y eliminar valores atípicos, manejar datos faltantes y corregir errores que puedan afectar la calidad de los datos y, en última instancia, los resultados del modelo. Para abordar estos aspectos, se deben seguir varios pasos:

- **Identificar y eliminar valores atípicos**. Los valores atípicos pueden distorsionar los resultados del modelo y deben ser tratados adecuadamente. Esto puede implicar eliminarlos si se consideran errores de entrada o si están claramente fuera del rango esperado, o puede requerir técnicas más avanzadas como la transformación de datos o el uso de modelos robustos que sean menos sensibles a los valores atípicos.
- **Manejar datos faltantes.** Los datos faltantes son comunes en conjuntos de datos reales y deben ser abordados de manera cuidadosa. Dependiendo del volumen de datos faltantes y la naturaleza de los datos, se pueden emplear diversas técnicas, como la imputación de valores utilizando la media, la mediana o técnicas más avanzadas como la regresión. En algunos casos, puede ser apropiado descartar las muestras con datos faltantes

si representan una proporción pequeña del conjunto de datos y no afectan significativamente su representatividad.

- **Corregir errores.** Es importante identificar y corregir cualquier error en los datos, ya sea inconsistencias en la estructura de los datos, errores de entrada o cualquier otra anomalía que pueda afectar la calidad de los resultados del modelo.

- **Preprocesamiento de datos.** Una vez que se han abordado los problemas de calidad de los datos, es necesario realizar el preprocesamiento necesario para preparar los datos para su uso en modelos de aprendizaje automático. Esto puede incluir la normalización de datos numéricos para que todas las características estén en la misma escala, lo que ayuda a evitar que las características con valores más grandes dominen el modelo. Además, las variables categóricas suelen necesitar ser codificadas en un formato numérico adecuado para su uso en modelos de aprendizaje automático, como la codificación *one-hot*.

Diseño de pipelines de datos

La implementación de pipelines de datos es fundamental para garantizar la eficiencia, consistencia y reproducibilidad en el flujo de datos dentro de un proyecto de aprendizaje automático. Estos pipelines son sistemas automatizados que gestionan el flujo de datos desde su ingestión inicial hasta su preparación y transformación, y finalmente su entrega al modelo de aprendizaje automático. Al implementar pipelines de datos, se logra una serie de beneficios clave:

- **Eficiencia.** Los pipelines automatizan tareas repetitivas y garantizan un flujo de datos fluido y eficiente. Esto libera a los científicos de datos y desarrolladores de la carga de trabajo manual, permitiéndoles centrarse en tareas más complejas y estratégicas.

- **Consistencia.** Al estandarizar el proceso de preparación de datos a través de un pipeline, se asegura que los datos sean tratados de manera coherente en cada ejecución. Esto ayuda a minimizar errores y asegura la consistencia de los resultados.

- **Reproducibilidad.** Al encapsular todo el proceso de preparación de datos en un pipeline, se facilita enormemente la reproducibilidad de los resultados. Cada vez que se ejecuta el pipeline con los mismos datos de entrada, se obtendrán los mismos resultados de salida, lo que facilita la validación y la colaboración en el proyecto.

- **Escalabilidad.** Los pipelines de datos pueden escalar fácilmente para manejar grandes volúmenes de datos. Esto es especialmente importante en entornos donde los conjuntos de datos pueden crecer con el tiempo, ya que los pipelines pueden adaptarse para manejar este crecimiento sin comprometer la eficiencia o la calidad del proceso.

- **Mantenibilidad.** Al encapsular la lógica de preparación de datos en un pipeline, se simplifica enormemente el mantenimiento del código. Los cambios en el proceso de preparación de datos pueden realizarse de manera centralizada en el pipeline, lo que facilita la gestión de versiones y la colaboración entre equipos.

Gestión de versiones de datos

Implementar un sistema de gestión de versiones de datos es esencial para rastrear y controlar los cambios en los conjuntos de datos a lo largo del tiempo. Esto permite una supervisión detallada de las modificaciones realizadas, desde la ingestión inicial de los datos hasta cualquier transformación o limpieza realizada durante el proceso de preparación para el modelado. Al seleccionar una herramienta adecuada, como DVC (*data version control*) o *Pachyderm*, se establece un repositorio de datos donde se almacenan todas las versiones del conjunto de datos junto con metadatos relevantes. Cada vez que se realiza una modificación en los datos, se crea una nueva versión en este repositorio, lo que proporciona un historial completo de cambios que pueden ser rastreados y revertidos si es necesario.

La documentación de los cambios es una parte crucial de este proceso, ya que proporciona contexto sobre las modificaciones realizadas, quién las realizó y con qué propósito. Esto facilita la comprensión de los cambios realizados y ayuda a mantener la coherencia y la transparencia en el desarrollo de modelos de aprendizaje automático. Además, la colaboración efectiva se ve facilitada mediante la asignación de roles y permisos en el repositorio de datos, lo que permite a los miembros del equipo trabajar de manera conjunta de manera segura y organizada

En caso de que surja la necesidad de revertir a una versión anterior del conjunto de datos, el sistema de gestión de versiones de datos proporciona la capacidad de hacerlo de manera rápida y eficiente. Esto puede ser útil en situaciones donde se introducen errores durante la preparación de los datos o cuando se necesita comparar el rendimiento de un modelo utilizando diferentes versiones del conjunto de datos. En resumen, la implementación de un sistema de gestión de versiones de datos garantiza la integridad, la trazabilidad y la reproducibilidad en el manejo de datos en proyectos de aprendizaje automático y análisis de datos.

Monitorización y mantenimiento

Es fundamental establecer sistemas de monitorización para supervisar el rendimiento de los modelos en producción y detectar posibles problemas o degradaciones en su desempeño. Estos sistemas de monitorización pueden incluir métricas clave como la precisión, la precisión del modelo, la tasa de error, el tiempo de respuesta y otros indicadores relevantes para evaluar el rendimiento del modelo en tiempo real.

Además, es importante implementar alertas automatizadas que se activen cuando se detecten anomalías o desviaciones significativas en las métricas de rendimiento del modelo. Estas alertas pueden notificar al equipo responsable para que puedan investigar y abordar cualquier problema potencial lo antes posible, minimizando así cualquier impacto en la calidad del servicio.

Para garantizar un funcionamiento óptimo y la integridad de los datos, se debe realizar un mantenimiento regular de la infraestructura de datos. Esto implica monitorear y gestionar la capacidad de almacenamiento, asegurar la disponibilidad y la redundancia de los sistemas de almacenamiento de datos, y realizar copias de seguridad regulares para proteger contra la pérdida de datos.

Además, se deben implementar procesos de limpieza y saneamiento de datos periódicos para eliminar datos obsoletos, duplicados o irrelevantes, y garantizar que los conjuntos de datos utilizados por los modelos de aprendizaje automático sean precisos y actualizados.

El mantenimiento regular también implica la actualización y optimización continua de los modelos en producción, ya sea para mejorar su rendimiento, adaptarse a cambios en los datos de entrada o en el entorno operativo, o para incorporar nuevos conocimientos y técnicas.

Escalabilidad y flexibilidad

Al diseñar la infraestructura de datos, es crucial asegurarse de que sea escalable y pueda crecer para satisfacer las necesidades cambiantes del negocio y el aumento en el volumen de datos. Para lograr esto, se pueden implementar varias estrategias:

- **Arquitectura modular.** Diseña la infraestructura de datos utilizando una arquitectura modular que permita agregar o modificar componentes fácilmente a medida que crece la demanda. Esto facilita la escalabilidad al permitir la expansión de la infraestructura de manera incremental según sea necesario.
- **Almacenamiento escalable.** Utiliza sistemas de almacenamiento escalables que puedan manejar grandes volúmenes de datos de manera eficiente, como sistemas de almacenamiento en la nube o bases de datos distribuidas. Estos sistemas deben ser capaces de aumentar su capacidad de almacenamiento según sea necesario sin comprometer el rendimiento.
- **Procesamiento distribuido.** Emplea técnicas de procesamiento distribuido para distribuir la carga de trabajo entre múltiples nodos o servidores. Esto permite escalar horizontalmente al agregar más recursos de

procesamiento según sea necesario para manejar grandes volúmenes de datos y cargas de trabajo intensivas en procesamiento.

- **Automatización.** Implementa procesos de automatización para administrar y escalar la infraestructura de datos de manera eficiente. Esto incluye la automatización de tareas como aprovisionamiento de recursos, monitoreo de rendimiento y ajuste de capacidad para garantizar que la infraestructura pueda adaptarse dinámicamente a las fluctuaciones en la demanda.
- **Flexibilidad en la compatibilidad de datos.** Diseña la infraestructura de datos para que sea compatible con una amplia variedad de tipos de datos y modelos de aprendizaje automático. Esto implica utilizar formatos de datos estándar y herramientas que puedan manejar datos estructurados y no estructurados, así como integrar diferentes tipos de modelos de aprendizaje automático según sea necesario para abordar diversos casos de uso.
- **API y servicios orientados a microservicios.** Utiliza API y servicios orientados a microservicios para crear una infraestructura flexible y modular que pueda adaptarse rápidamente a las necesidades cambiantes del negocio. Esto permite la integración fluida de nuevos servicios y funcionalidades sin afectar la integridad de la infraestructura existente.

1.2.3. Tipos de analítica

El análisis de datos desempeña un papel crucial en la era moderna, donde la abundancia de información digital ofrece oportunidades sin precedentes para comprender y tomar decisiones informadas en una amplia gama de campos. Dentro de este ámbito, existen tres tipos principales de análisis de datos: descriptivo, predictivo y prescriptivo, cada uno con su enfoque distintivo y su conjunto de técnicas.

Análisis descriptivo

El análisis descriptivo es una fase crucial en cualquier proyecto de análisis de datos o modelado predictivo. Su objetivo principal es explorar y comprender los datos disponibles de manera integral. En esta etapa, se emplean herramientas como estadísticas descriptivas, gráficos y tablas para resumir tendencias, patrones y distribuciones presentes en los datos. Este enfoque ofrece una visión retrospectiva, permitiendo comprender qué ha sucedido en el pasado.

Al emplear estadísticas descriptivas, se calculan medidas como la media, la mediana, la moda, la desviación estándar, entre otras, para comprender la centralidad, la dispersión y la forma de la distribución de los datos. Estas medidas proporcionan una idea general de la distribución y variabilidad de los datos.

Los gráficos descriptivos son herramientas visuales poderosas que permiten representar los datos de manera intuitiva. Gráficos como histogramas, diagramas de caja (*boxplots*), diagramas de dispersión y gráficos de barras son comúnmente utilizados para visualizar la distribución de los datos, identificar valores atípicos, patrones de correlación y relaciones entre variables.

Además, las tablas de resumen son útiles para presentar resúmenes numéricos de los datos, especialmente cuando se comparan diferentes grupos o categorías. Estas tablas pueden incluir frecuencias, porcentajes, sumas, promedios u otras estadísticas relevantes para proporcionar una visión más detallada de los datos.

Análisis predictivo

Por otro lado, el análisis predictivo se adentra en el reino de la anticipación, utilizando datos históricos y patrones identificados para predecir eventos futuros o tendencias. A través de técnicas avanzadas de modelado estadístico y aprendizaje automático, el análisis predictivo desarrolla modelos que pueden pronosticar resultados desconocidos, brindando valiosas perspectivas sobre posibles escenarios futuros y ayudando en la toma de decisiones informadas.

Este enfoque implica la construcción de modelos predictivos basados en datos históricos y la identificación de relaciones complejas entre variables. Los modelos predictivos pueden variar desde simples regresiones lineales hasta algoritmos de aprendizaje automático *más sofisticados*, como árboles de decisión, redes neuronales, y algoritmos de aprendizaje profundo, entre otros.

Una vez que se han desarrollado los modelos predictivos, se pueden utilizar para hacer predicciones sobre nuevos datos o eventos futuros. Estas predicciones pueden ayudar a las organizaciones a anticipar tendencias, identificar oportunidades y mitigar riesgos potenciales. Por ejemplo, en el ámbito empresarial, el análisis predictivo se utiliza para prever la demanda de productos, optimizar la cadena de suministro, detectar fraudes y mejorar la retención de clientes.

Es importante destacar que el análisis predictivo no puede predecir el futuro con certeza absoluta, pero proporciona estimaciones probabilísticas basadas en datos históricos y patrones identificados. Por lo tanto, es crucial interpretar las predicciones con cautela y comprender las limitaciones y suposiciones subyacentes de los modelos utilizados.

Análisis prescriptivo

Finalmente, el análisis prescriptivo va un paso más allá al ofrecer recomendaciones específicas sobre las acciones o decisiones a tomar para optimizar un resultado deseado. Integrando modelos predictivos con algoritmos de optimización, el análisis prescriptivo identifica la mejor acción a seguir, considerando los objetivos establecidos y las restricciones del problema.

Este enfoque se destaca por su capacidad para guiar estratégicamente la toma de decisiones y optimizar procesos en diversos ámbitos empresariales. Por ejemplo, en el sector financiero, el análisis prescriptivo puede ayudar a determinar las mejores inversiones a realizar para maximizar los rendimientos mientras se minimizan los riesgos. En el sector de la salud, puede ayudar a los médicos a identificar los tratamientos más efectivos para pacientes individuales, considerando factores como la historia clínica y las preferencias del paciente.

El análisis prescriptivo se basa en la utilización de modelos matemáticos y algoritmos de optimización para encontrar la mejor solución posible dado un conjunto de restricciones y objetivos específicos. Esto puede implicar el uso de técnicas como la programación lineal, la optimización combinatoria, el análisis de decisiones y la teoría de juegos, entre otros.

Al integrar modelos predictivos con algoritmos de optimización, el análisis prescriptivo puede proporcionar recomendaciones personalizadas y adaptadas a las circunstancias individuales, lo que permite tomar decisiones más informadas y efectivas. Además, este enfoque permite evaluar diferentes escenarios y opciones antes de tomar una decisión final, lo que ayuda a reducir la incertidumbre y mejorar la calidad de las decisiones tomadas.

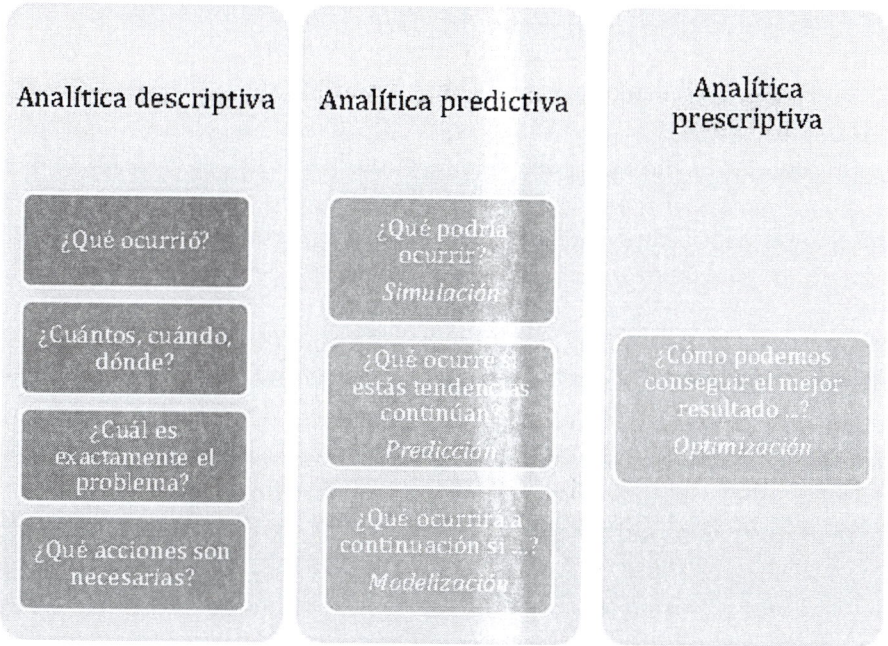

Figura 1.2. Tipos de analítica.

1.3. TIPOS DE APRENDIZAJE AUTOMÁTICO

En el vertiginoso avance de la era digital, el aprendizaje automático emerge como un campo de estudio esencial, donde las máquinas adquieren la capacidad de aprender de los datos y mejorar su rendimiento de forma autónoma. Este emocionante campo abarca una amplia gama de técnicas y enfoques que permiten a las máquinas no solo procesar información, sino también comprender, predecir y tomar decisiones fundamentadas en datos.

Desde la predicción de resultados hasta la exploración de patrones ocultos en los datos y la toma de decisiones secuenciales, el aprendizaje automático ofrece un vasto campo de posibilidades para mejorar la eficiencia, la precisión y la automatización en una amplia gama de industrias y aplicaciones. En este contexto, es fundamental comprender en detalle cada uno de estos enfoques, así como sus implicaciones prácticas y potenciales, para desbloquear todo el potencial de la inteligencia artificial y avanzar hacia un futuro más inteligente y conectado.

Dentro de este vasto dominio del aprendizaje automático, se destacan tres enfoques principales que guían el proceso de aprendizaje de las máquinas: el aprendizaje supervisado, el aprendizaje no supervisado y el aprendizaje por refuerzo. Estos enfoques representan pilares fundamentales en la construcción de sistemas inteligentes y sofisticados, cada uno con sus propias características, aplicaciones y desafíos.

1.3.1. Aprendizaje supervisado

El aprendizaje supervisado es un enfoque fundamental en el campo del aprendizaje automático. Implica el entrenamiento de modelos a partir de conjuntos de datos etiquetados, donde cada ejemplo de entrada está emparejado con una salida deseada o etiqueta. Este enfoque se distingue por su capacidad para enseñar a los modelos a relacionar correctamente las entradas con las salidas conocidas, lo que les permite realizar predicciones precisas para nuevas observaciones.

En el aprendizaje supervisado, el proceso de entrenamiento implica presentar al modelo una serie de ejemplos de entrada junto con las salidas correspondientes y ajustar los parámetros del modelo para minimizar la discrepancia entre las predicciones del modelo y las salidas reales. Esta discrepancia se mide típicamente utilizando una función de pérdida o error, que cuantifica la diferencia entre la salida predicha por el modelo y la salida deseada.

Una vez que el modelo ha sido entrenado con éxito, se puede utilizar para hacer predicciones sobre nuevos datos de entrada para los cuales no se conoce la salida. Esto es posible gracias a la capacidad del modelo para generalizar a partir de los ejemplos de entrenamiento y aplicar los patrones aprendidos a nuevas situaciones.

El aprendizaje supervisado es especialmente útil en problemas de clasificación y regresión. En la clasificación, el objetivo es asignar una etiqueta o categoría a cada instancia de entrada, mientras que en la regresión, el objetivo es predecir un valor numérico. Estos problemas se encuentran en una amplia variedad de campos, como la medicina, la industria, las finanzas y la investigación científica.

1.3.2. Aprendizaje no supervisado

El aprendizaje no supervisado es una rama del aprendizaje automático que se centra en el análisis de conjuntos de datos sin etiquetar. A diferencia del aprendizaje supervisado, donde los datos de entrenamiento están acompañados de salidas deseadas, en el aprendizaje no supervisado, el objetivo principal es descubrir patrones, estructuras o relaciones intrínsecas en los datos sin la guía explícita de salidas conocidas.

Este enfoque es particularmente útil cuando se trabaja con conjuntos de datos donde las relaciones entre las variables o la estructura subyacente son desconocidas. Una de las técnicas más comunes en el aprendizaje no supervisado es el *clustering* (agrupamiento), donde el objetivo es dividir los datos en grupos o clústeres basados en la similitud entre las instancias. Esto permite identificar patrones naturales o grupos dentro de los datos que pueden ser de interés para análisis posteriores.

Otra técnica importante en el aprendizaje no supervisado es la reducción de dimensionalidad, que consiste en encontrar representaciones más compactas de los datos al proyectarlos en un espacio de menor dimensión. Esto puede facilitar la visualización y comprensión de la estructura de los datos, así como mejorar el rendimiento de los modelos en tareas de aprendizaje automático.

El aprendizaje no supervisado se utiliza en una amplia gama de aplicaciones, que van desde la segmentación de clientes en marketing hasta el análisis de imágenes médicas o la exploración de patrones genéticos en bioinformática. Es una herramienta poderosa para descubrir conocimiento oculto en grandes volúmenes de datos sin etiquetar, y juega un papel crucial en la exploración y comprensión de conjuntos de datos complejos.

1.3.3. Aprendizaje por refuerzo

El aprendizaje por refuerzo es un paradigma en el campo del aprendizaje automático donde un agente interactúa con un entorno dinámico, aprendiendo a tomar decisiones secuenciales para maximizar una señal de recompensa a largo plazo. En este enfoque, el agente toma acciones, recibe retroalimentación en forma de recompensas o penalizaciones del entorno, y ajusta su comportamiento en consecuencia.

Este enfoque se inspira en la psicología conductista, donde se observa cómo los organismos aprenden a través de la interacción con su entorno. La idea fundamental es que el agente aprende a través de la experiencia, explorando diferentes acciones y observando las consecuencias de estas acciones en términos de recompensa. Con el tiempo, el agente desarrolla una estrategia o política óptima para tomar decisiones que maximicen la recompensa acumulada a lo largo del tiempo.

El aprendizaje por refuerzo es fundamental en la creación de sistemas inteligentes capaces de tomar decisiones autónomas y adaptarse a entornos cambiantes. Se utiliza en una amplia variedad de aplicaciones, desde la robótica y los videojuegos hasta la gestión de recursos y la optimización de procesos en empresas.

Algunos algoritmos comunes en el aprendizaje por refuerzo incluyen el algoritmo Q-learning, la aproximación de funciones de valor, y los métodos de aprendizaje profundo como Deep Q-networks (DQN). Estos algoritmos son capaces de aprender políticas de decisión complejas en entornos dinámicos y pueden lograr resultados impresionantes en una variedad de tareas.

Figura 1.3. Tipos de aprendizaje automático.

En el aprendizaje supervisado, donde los modelos se entrenan con datos etiquetados, algunos de los algoritmos más comunes incluyen:

- **Regresión lineal.** Un modelo clásico que busca establecer una relación lineal entre una o más variables independientes y una variable dependiente continua.
- **Regresión logística.** Utilizada para problemas de clasificación binaria, la regresión logística estima la probabilidad de que una instancia pertenezca a una clase particular.
- **Árboles de decisión.** Modelos de representación gráfica que utilizan una estructura de árbol para tomar decisiones basadas en condiciones específicas de las características.
- **Máquinas de soporte vectorial (SVM).** Un algoritmo que encuentra el hiperplano óptimo que maximiza el margen de separación entre clases en un espacio de alta dimensión.
- **Naive-Bayes.** Basado en el teorema de Bayes, este método asume independencia condicional entre cada par de características dadas las clases, lo que lo hace eficiente y útil para clasificación de texto y otros problemas similares.

- **K vecinos más cercanos (KNN).** Un algoritmo simple pero efectivo que clasifica las instancias en función de la mayoría de las clases de sus vecinos más cercanos en el espacio de características.

En cuanto al aprendizaje no supervisado, donde los modelos se entrenan con datos no etiquetados, algunos de los modelos más comunes son:

- **K-Means.** Un algoritmo de agrupamiento que divide un conjunto de datos en grupos homogéneos (clústeres) basados en características similares.
- **Análisis de componentes principales (PCA).** Utilizado para reducir la dimensionalidad de los datos al encontrar las direcciones principales de variabilidad en el conjunto de datos.
- **Algoritmos de asociación.** Identifican patrones frecuentes en los datos, como las reglas de asociación que muestran la relación entre diferentes variables.

Por último, en el aprendizaje por refuerzo, donde los agentes aprenden a través de la interacción con un entorno, algunos de los modelos más destacados son:

- **Q-learning.** Un algoritmo de aprendizaje por refuerzo que busca encontrar la mejor acción a tomar en un estado dado, maximizando la recompensa acumulada a lo largo del tiempo.
- **Algoritmos de política.** Estos algoritmos directamente aprenden una política óptima para tomar decisiones, como el algoritmo REINFORCE basado en gradientes.

1.4. ETAPAS DE UN PROYECTO DE APRENDIZAJE AUTOMÁTICO

1.4.1. *Feature engineering*

Uno de los aspectos más importantes es definir la función objetivo con los responsables de departamento de negocio. Este objetivo puede ser categórico o continuo, y para cada uno de ellos se utiliza una metodología distinta. En el presente libro se verán con detalle cada uno de ellos. Pero antes de la selección del modelo, se requiere una fase de estudio por parte del científico de datos y las personas responsables de negocio. A ese proceso se denomina *feature engineering* y es un componente esencial en el desarrollo de modelos de aprendizaje automático. Consiste en identificar, seleccionar y crear características o atributos a partir de los datos disponibles, con el objetivo de mejorar el rendimiento de los algoritmos de aprendizaje automático. Este proceso implica comprender profundamente el dominio de los datos y seleccionar las características más relevantes y descriptivas que ayuden al modelo a realizar predicciones precisas. La importancia del *feature engineering* radica en que los algoritmos de aprendizaje automático dependen en gran medida de la calidad y la relevancia de las características utilizadas para entrenar el modelo. Este proceso puede mejorar significativamente la precisión y la eficacia de los modelos, mientras que una selección inadecuada puede llevar a modelos poco fiables o incluso sesgados. Sin embargo, también presenta desafíos significativos. Requiere un profundo conocimiento del dominio de los datos y puede ser un proceso intensivo en términos de tiempo y recursos. Además, la selección de características puede ser subjetiva y requiere experimentación y ajustes iterativos para encontrar las características óptimas para un problema específico.

Tras el proceso de feature engineering, el equipo técnico transforma las variables y las deposita en una tabla de entrenamiento. Este proceso es iterativo, lo que implica que, dependiendo de los resultados parciales, será necesario ajustar los parámetros hasta dar con el modelo adecuado. Una vez logrado un modelo satisfactorio, se procede a una etapa de optimización con el equipo de trabajo del negocio para conferirle sentido empresarial, eliminando cualquier incoherencia desde la perspectiva del negocio que pueda afectar las soluciones del modelo. Superada esta etapa, el algoritmo se implementa en producción para que los nuevos datos atraviesen el proceso y se obtengan los resultados deseados. Se recomienda que los datos de salida sean devueltos al almacén de datos para su posterior exportación a otros sistemas, como un ERP financiero o un sistema de CRM. Esta metodología puede ser empleada en ambos tipos de aprendizaje automático, aunque con la diferencia de que en el supervisado se requiere dividir la tabla en datos de entrenamiento y prueba para validar posteriormente. En el aprendizaje no supervisado, se necesita realizar un análisis detallado de todos los resultados obtenidos, dado que no hay un proceso de entrenamiento.

1.4.2. Etapas en un proyecto de aprendizaje automático

Las etapas de un proyecto típico de aprendizaje automático se pueden resumir en las siguientes etapas:

Identificación de los objetivos del proyecto

Se comprende y define claramente el problema que se desea resolver. Esto implica una comprensión profunda de las necesidades del negocio y cómo el aprendizaje automático puede ayudar a abordarlas de manera efectiva.

Recopilación de datos

La recopilación de datos es el primer paso en cualquier proyecto de análisis de datos o aprendizaje automático. En este proceso, se extraen los datos necesarios desde la fuente o almacén de datos adecuado. Esto implica no solo la extracción de los datos, sino también la evaluación de su calidad y la realización de una limpieza inicial para garantizar la integridad de los datos. Durante la evaluación de calidad, se examinan los datos en busca de posibles problemas como duplicados, errores de formato o valores faltantes. La limpieza inicial aborda estos problemas, eliminando datos duplicados, corrigiendo errores y gestionando valores faltantes mediante técnicas como la imputación de valores o la eliminación de registros incompletos. Una vez completada la limpieza inicial, se valida que los datos preparados cumplan con los requisitos establecidos para el análisis posterior, asegurando así la calidad y confiabilidad de los datos antes de su uso en análisis o modelado adicionales.

Exploración y análisis de datos (EDA)

La exploración y análisis de datos (EDA) es un paso crucial en cualquier proyecto de análisis de datos o aprendizaje automático. Durante este proceso, se analiza la información para asegurarse de su coherencia con la lógica de negocio y para obtener patrones útiles que puedan ser utilizados en la modelización. Esto implica una serie de actividades, entre las que se incluyen la visualización de datos, la identificación de patrones y la comprensión de las relaciones entre las variables.

En primer lugar, se lleva a cabo la visualización de datos, utilizando gráficos y diagramas para representar los datos de manera intuitiva. Esto puede incluir histogramas para visualizar la distribución de las variables, diagramas de dispersión para explorar relaciones entre variables, y diagramas de caja para identificar valores atípicos. Además de la visualización de datos, se lleva a cabo un análisis más profundo para identificar patrones y relaciones significativas entre las variables. Esto puede implicar el cálculo de estadísticas descriptivas como la media, la mediana y la desviación estándar, así como la realización de pruebas estadísticas para determinar la significancia de las relaciones observadas. Durante el proceso de EDA, también se busca asegurar la coherencia de los datos con la lógica de negocio y los conocimientos expertos del dominio. Esto implica verificar que los patrones y relaciones identificados tengan sentido desde una perspectiva empresarial y puedan ser utilizados para tomar decisiones informadas.

Feature engineering

Como se ha visto en el apartado anterior, en esta etapa se transforman las variables descriptivas en características predictivas utilizando diversas técnicas. Esto implica la creación de nuevas características a partir de las existentes, la normalización de datos y la selección de características relevantes para el modelo. La selección de características relevantes es otro aspecto crucial del *feature engineering*. Esto implica identificar las características que tienen el mayor impacto en la variable objetivo y eliminar aquellas que no contribuyen significativamente a la predicción. Esto puede ayudar a reducir la dimensionalidad de los datos, mejorar la interpretabilidad del modelo y reducir el riesgo de sobreajuste.

Creación de tabla de entrenamiento

En esta fase se reúne toda la información relevante en una o varias tablas de trabajo para su uso en el modelo. Esto implica la preparación de los datos en un formato adecuado para el entrenamiento del modelo, así como la división de los datos en conjuntos de entrenamiento y prueba según sea necesario. Se preparan los datos asegurándose de que estén en un formato adecuado para el modelo. Esto puede incluir la transformación de variables categóricas en variables numéricas mediante técnicas como la codificación *one-hot* o la asignación de números enteros, la normalización de variables numéricas para que tengan una escala similar, y la eliminación de características que no sean relevantes para el modelo.

Modelado

En el análisis supervisado, donde se tiene una variable objetivo que se quiere predecir, se crea una tabla de entrenamiento que generalmente representa alrededor del 70-80% de los datos disponibles. Esta tabla consta de características (o variables predictoras) y la variable objetivo. Luego, se selecciona un algoritmo apropiado, como regresión lineal, árboles de decisión, máquinas de soporte vectorial (SVM), entre otros, y se entrena el modelo utilizando la tabla de entrenamiento. Durante el entrenamiento, el modelo ajusta sus parámetros para minimizar la función de pérdida o maximizar la métrica de evaluación elegida. Después de entrenar el modelo, se evalúa su rendimiento utilizando el conjunto de prueba (el 20-30% restante de los datos) para asegurarse de que pueda generalizar correctamente a datos no vistos.

Validación

Se evalúa el rendimiento del modelo utilizando una tabla de prueba y se obtienen medidas de rendimiento. Esto implica el cálculo de métricas de evaluación para comprender cómo se está desempeñando el modelo en datos no vistos.

Optimización del modelo

La optimización del modelo implica la evaluación de sus resultados, retroalimentación del usuario y ajustes iterativos para mejorar su desempeño y alinearlo con los objetivos del negocio. Esto incluye realizar refinamientos en base a métricas de rendimiento y la retroalimentación de los *stakeholders*, ajustar características o algoritmos según sea necesario, validar los cambios y monitorear continuamente el modelo en producción para asegurar su efectividad y relevancia en un entorno empresarial dinámico.

Industrialización y automatización

Se implementa el modelo en producción y se establecen KPI para una evaluación continua del rendimiento. Esto implica la integración del modelo en sistemas existentes, la monitorización de su rendimiento en tiempo real y la realización de actualizaciones periódicas para mantener su eficacia a lo largo del tiempo. En esta etapa también se incluye el mantenimiento del modelo y las integraciones con otros sistemas.

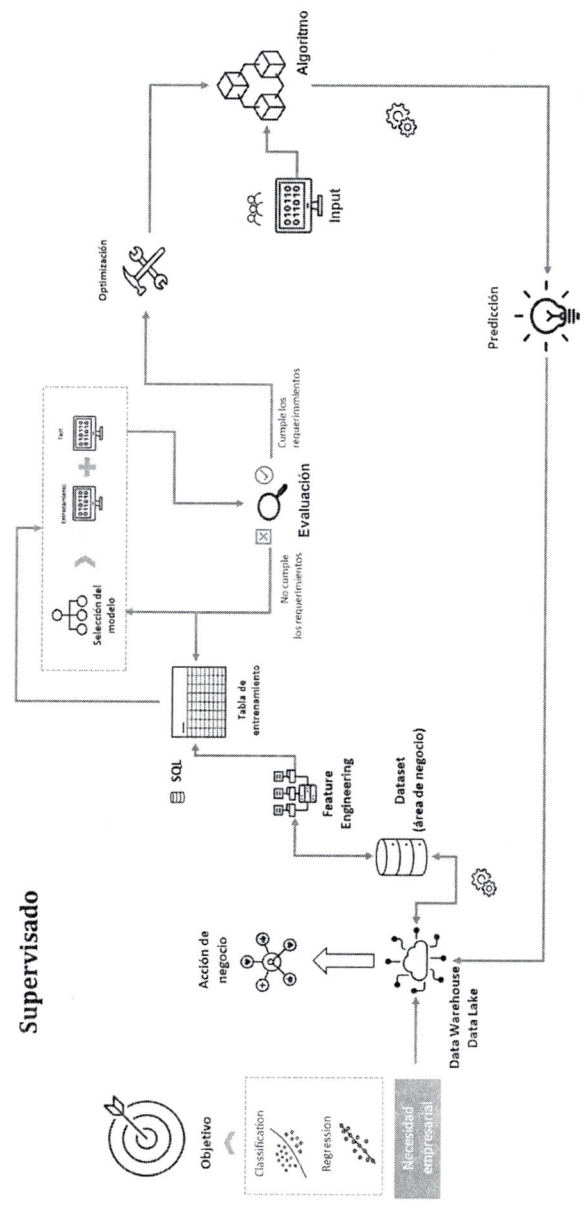

Figura 1.4. Proceso para un modelo de análisis supervisado.

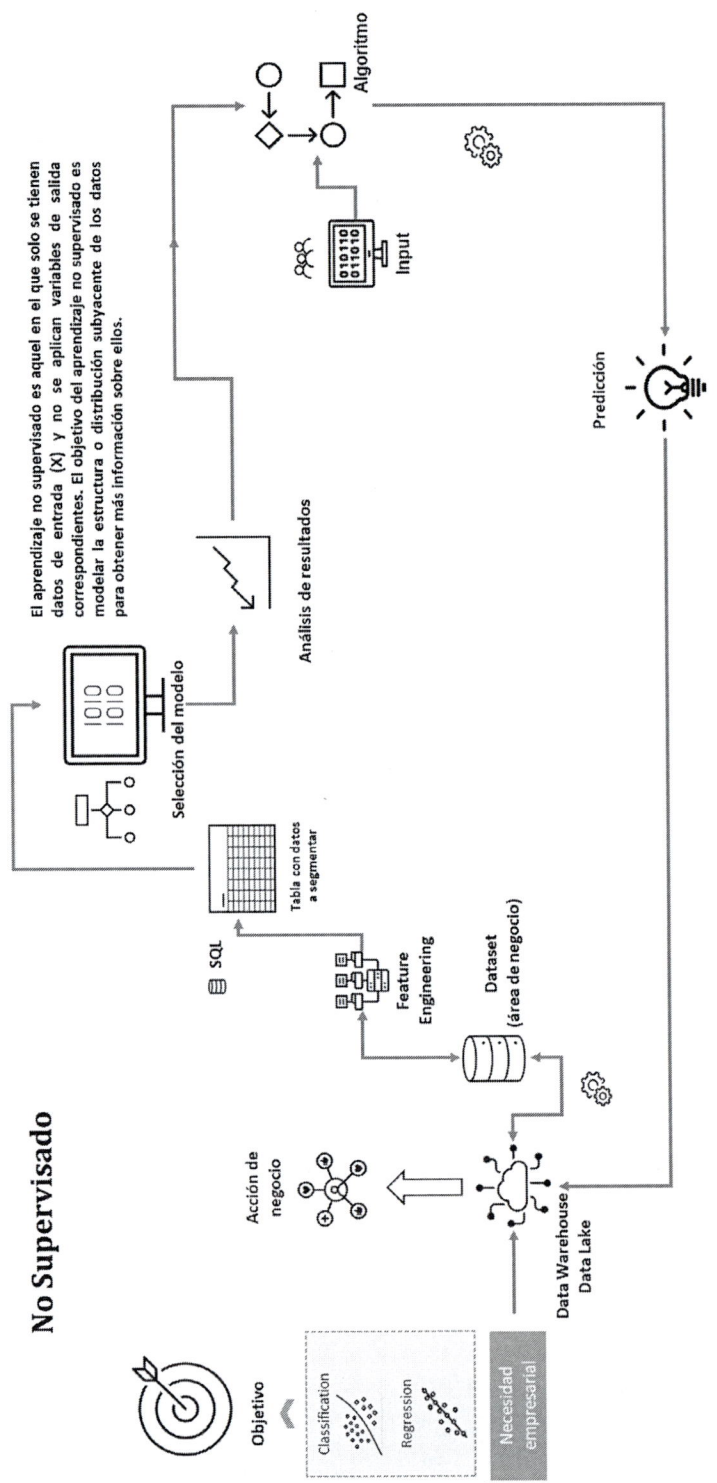

El aprendizaje no supervisado es aquel en el que solo se tienen datos de entrada (X) y no se aplican variables de salida correspondientes. El objetivo del aprendizaje no supervisado es modelar la estructura o distribución subyacente de los datos para obtener más información sobre ellos.

Figura 1.5. Proceso para un modelo de análisis no supervisado.

1.5. TÉCNICAS DE OPTIMIZACIÓN EN APRENDIZAJE AUTOMÁTICO

La optimización es un pilar fundamental en el campo del aprendizaje automático (ML) y la inteligencia artificial. Es esencial para obtener los mejores resultados en una variedad de contextos. En el marco del ML, se utiliza para ajustar los parámetros de un modelo con el fin de minimizar una función de pérdida o maximizar una función de rendimiento. Este proceso implica buscar los valores óptimos de los parámetros que permitan al modelo adaptarse de manera óptima a los datos de entrenamiento y realizar predicciones precisas en datos no vistos.

La optimización en el ML se enfrenta a desafíos únicos debido a la complejidad de las funciones de pérdida y la alta dimensionalidad de los espacios de parámetros. Además, la presencia de grandes volúmenes de datos y la existencia de ruido y no linealidades pueden dificultar la convergencia hacia una solución óptima. Por tanto, se requieren algoritmos y técnicas de optimización específicos capaces de abordar eficazmente estos desafíos.

En este contexto, las técnicas de optimización desempeñan un papel crucial al determinar la eficacia y la eficiencia de los modelos de ML. Desde el descenso del gradiente básico hasta algoritmos más avanzados como Adam o AdaGrad, estas técnicas buscan ajustar los parámetros del modelo de manera iterativa para mejorar su rendimiento y capacidad de generalización.

Una razón central por la cual se necesita una función de gradiente en la optimización en ML es la alta dimensionalidad y la complejidad de los espacios de parámetros. Los modelos de ML pueden tener una gran cantidad de parámetros que deben ajustarse, y las relaciones entre estos parámetros y la función de pérdida pueden ser altamente no lineales y complejas. Calcular la dirección en la que se debe mover cada parámetro para minimizar la función de pérdida puede ser computacionalmente costoso y difícil de determinar sin un enfoque sistemático.

Es aquí donde entra en juego el gradiente de la función de pérdida con respecto a los parámetros del modelo. El gradiente proporciona información sobre cómo cambiar cada parámetro para reducir la pérdida de manera más rápida y eficiente. Al calcular el gradiente de la función de pérdida con respecto a los parámetros del modelo, podemos determinar la dirección y la magnitud del cambio necesario en cada parámetro para mejorar el rendimiento del modelo.

Los métodos de optimización basados en el gradiente, como el descenso de gradiente estocástico (SGD) y sus variantes, aprovechan esta información para ajustar los parámetros del modelo de manera iterativa. En cada iteración, se calcula el gradiente de la función de pérdida con respecto a los parámetros actuales del modelo, y se actualizan los parámetros en la dirección opuesta al gradiente, escalados por una tasa de aprendizaje. Este proceso se repite hasta que se alcanza un mínimo local o se cumple algún otro criterio de convergencia.

La optimización multivariante se refiere a la optimización de funciones con múltiples variables de entrada. En este contexto, se busca encontrar los valores de estas variables que minimicen o maximicen una función objetivo. Aquí presentaré una breve descripción de los conceptos fundamentales y las técnicas comunes utilizadas en la optimización multivariante.

Dada una función con N términos del tipo f (x_1, x_2, ... , x_N): el objetivo es encontrar los valores de estas variables que optimicen la función f como máxima o como mínima. Las condiciones de optimización para encontrar los puntos críticos, de una función multivariante, se utilizan las derivadas parciales y las condiciones de primer y segundo orden.

1. Condición de primer orden o gradiente igual a cero.

$$\nabla f(x) = \left(\frac{\partial f}{\partial x_1}, \frac{\partial f}{\partial x_2}, ..., \frac{\partial f}{\partial x_N} \right) = 0$$

2. La matriz hessiana H(x) de una función f es una matriz que contiene las segundas derivadas parciales de f con respecto a las variables de decisión. La entrada de valores i, j se puede expresar matemáticamente como:

$$H(x) = \frac{\partial f}{\partial x_i \cdot \partial x}$$

La matriz hessiana es simétrica si las segundas derivadas mixtas son continuas y los ordenamientos de las derivadas parciales no afectan el resultado. Los valores propios de la matriz hessiana se utilizan para determinar la naturaleza de los puntos críticos (máximos, mínimos, o puntos de silla) de la función objetivo.

Cuando se evalúa el punto crítico x de una función f(x, y) y el gradiente es cero, podemos usar la matriz hessiana H(x) para determinar si el punto crítico es un mínimo local, un máximo local o un punto de inflexión.

1. H(x)>0: si todos los valores propios de H(x) son positivos, entonces la matriz hessiana es definida positiva. En este caso, el punto crítico x es un mínimo local.
2. H(x)<0: si todos los valores propios de H(x) son negativos, entonces la matriz Hessiana es definida negativa. En este caso, el punto crítico x es un máximo local.
3. H(x) indefinida: si la matriz hessiana no tiene un signo claro (es decir, algunos valores propios son positivos y otros son negativos), entonces el punto crítico x es un punto de inflexión.

Por ejemplo, la función $F(x,y) = x^2 - y^2$. La matriz hessiana para esta función tiene valores positivos y negativos. Por lo tanto, el punto crítico es un punto de inflexión, como se muestra en la representación gráfica. Pero si consideramos la función $F(x, y) = x^2 + y^2 - 1$, la matriz hessiana para esta función es positiva. Por lo tanto, el punto crítico en $(0,0)$ es un mínimo local.

$$H\left(x^2 - y^2\right) = \begin{pmatrix} 2 & 0 \\ 0 & -2 \end{pmatrix} \leftrightarrow H\left(x^2 + y^2 - 1\right) = \begin{pmatrix} 2 & 0 \\ 0 & 2 \end{pmatrix}$$

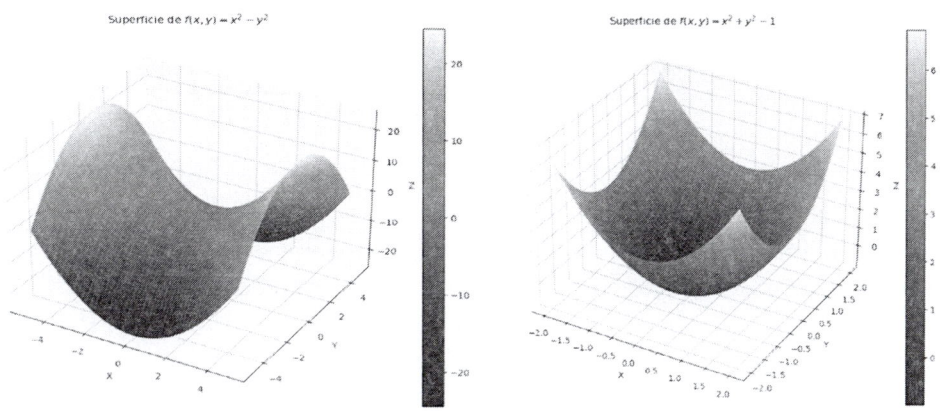

Figura 1.6. Curvas representando un punto de inflexión y un mínimo.

Descenso del gradiente (*gradient descent*)

El descenso del gradiente es un algoritmo fundamental en el campo de la optimización y juega un papel crucial en el aprendizaje automático, especialmente en el contexto de minimizar funciones de pérdida en problemas de aprendizaje automático. La idea central detrás del descenso del gradiente es iterativamente ajustar los parámetros del modelo en una dirección que reduzca la función de pérdida.

Cuando entrenamos un modelo de aprendizaje automático, queremos minimizar una función de pérdida que cuantifica la discrepancia entre las predicciones del modelo y los valores reales. El descenso del gradiente nos proporciona un método sistemático para encontrar los parámetros del modelo que minimizan esta función de pérdida.

El proceso comienza con la inicialización de los parámetros del modelo con valores aleatorios o predefinidos. Luego, calculamos el gradiente de la función de pérdida con respecto a estos parámetros. El gradiente nos indica la dirección en la que debemos ajustar los parámetros para reducir la pérdida más rápidamente.

Una vez que tenemos el gradiente, ajustamos los parámetros del modelo en la dirección opuesta al gradiente, escalados por una tasa de aprendizaje. Esta tasa de aprendizaje controla el tamaño de los pasos que damos en cada iteración del algoritmo. Una tasa de aprendizaje más grande puede conducir a una convergencia más rápida, pero también puede hacer que el algoritmo sea inestable y saltar sobre el mínimo global. Por otro lado, una tasa de aprendizaje más pequeña puede garantizar la estabilidad, pero puede llevar a una convergencia más lenta.

Este proceso se repite iterativamente hasta que alcanzamos un punto donde el gradiente de la función de pérdida se aproxima a cero o hasta que alcanzamos un número máximo de iteraciones. En este punto, esperamos haber encontrado los parámetros del modelo que minimizan la función de pérdida y, por lo tanto, optimizan el rendimiento del modelo en los datos de entrenamiento. Matemáticamente, esto se expresa como:

$$\theta^t = \theta^{t-1} - \alpha \cdot \nabla J(\theta)$$

Donde θ son los parámetros del modelo, α es la tasa de aprendizaje que controla el tamaño de los pasos de actualización, y $\nabla J(\theta)$ es el gradiente de la función de pérdida con respecto a los parámetros θ. El descenso del gradiente puede ser computacionalmente costoso en conjuntos de datos grandes debido a la necesidad de calcular el gradiente en cada paso, pero es efectivo en la mayoría de los casos y sirve como base para muchas otras técnicas de optimización.

Descenso del gradiente estocástico (*stochastic gradient descent*, SGD)

El descenso del gradiente estocástico (SGD por sus siglas en inglés) representa una variante dinámica y eficiente del tradicional descenso del gradiente en el contexto del aprendizaje automático. En contraposición al método clásico, donde el gradiente se calcula sobre todo el conjunto de datos, SGD toma un enfoque más ágil y dinámico al seleccionar una única muestra de datos en cada iteración para actualizar los parámetros del modelo. Esta singularidad es lo que le otorga su "estocasticidad".

Al operar con una sola instancia de datos en cada paso, SGD logra una velocidad de convergencia considerablemente más alta en comparación con su contraparte tradicional, especialmente en conjuntos de datos masivos. Este enfoque reduce significativamente los requisitos computacionales, ya que solo se requiere calcular el gradiente en una pequeña porción del conjunto de datos en lugar de en la totalidad de este. Además, permite una adaptación rápida y eficiente a cambios en los datos o en el entorno de entrenamiento.

Sin embargo, esta rapidez viene acompañada de una mayor variabilidad en la convergencia. Debido a que SGD se basa en una única muestra de datos en cada iteración, la dirección del gradiente puede fluctuar significativamente de una iteración a otra, lo que puede resultar en un camino de optimización más "ruidoso". Esta variabilidad puede llevar a una convergencia menos suave y puede requerir ajustes adicionales en la tasa de aprendizaje para controlar la estabilidad del algoritmo.

A pesar de esta variabilidad, SGD sigue siendo ampliamente utilizado en la práctica debido a su eficiencia computacional y su capacidad para manejar conjuntos de datos de gran escala. Además, su naturaleza estocástica puede actuar como una forma de regularización, lo que ayuda a prevenir el sobreajuste al introducir cierto grado de aleatoriedad en el proceso de optimización. La actualización en SGD se realiza como

$$\theta^t = \theta^{t-1} - \alpha \cdot \nabla J_i(\theta)$$

Donde $J_i(\theta)$ es la función de pérdida para la instancia de datos.

Momentum

El método de momentum emerge como una estrategia inteligente y eficaz para impulsar la convergencia del descenso del gradiente en el aprendizaje automático. A diferencia del descenso del gradiente estándar, que se mueve únicamente en la dirección opuesta al gradiente actual en cada paso, el método de momentum aprovecha la memoria de las iteraciones pasadas para guiar la búsqueda hacia la convergencia de manera más eficiente. Al incorporar un término de momentum, el algoritmo acumula una fracción del gradiente de las iteraciones anteriores, lo que le permite mantener una inercia o "momentum" en su movimiento. Esto tiene un efecto notable al permitir al algoritmo navegar más suavemente a través de los valles de la función de pérdida. En lugar de oscilar abruptamente en direcciones diferentes debido a la variabilidad inherente en el gradiente, el momentum suaviza estas oscilaciones y fomenta una trayectoria más coherente hacia el mínimo global.

Además de acelerar la convergencia, el método de momentum también ayuda a superar posibles obstáculos en el camino hacia el mínimo. Por ejemplo, cuando el algoritmo se encuentra en un valle estrecho pero profundo de la función de pérdida, el momentum le permite atravesar rápidamente esa región estrecha sin quedar atrapado en mínimos locales subóptimos.

Otra ventaja del método de momentum es su capacidad para ayudar al algoritmo a escapar de mínimos locales poco profundos o "mesetas" planas en la función de pérdida. Al acumular impulso a lo largo de múltiples iteraciones, el algoritmo puede ganar suficiente energía cinética para superar estas mesetas y continuar su descenso hacia el mínimo global. La actualización de los parámetros con momentum se realiza como

$$v = \beta \cdot v + (1-\beta) \cdot \nabla J(\theta)$$

donde v es el vector de momentum, β es el *parámetro* de momentum y $\nabla J(\theta)$ es el gradiente de la función de pérdida.

AdaGrad

AdaGrad representa una innovación significativa en el ámbito de los algoritmos de optimización en el aprendizaje automático. Al abordar la cuestión crítica de la tasa de aprendizaje, AdaGrad adopta un enfoque adaptativo y dinámico que lo distingue de sus predecesores. La característica central de AdaGrad radica en su capacidad para ajustar la tasa de aprendizaje para cada parámetro del modelo de forma individualizada. Esta adaptación se basa en la magnitud de los gradientes anteriores asociados con cada parámetro. Es decir, los parámetros que históricamente han experimentado gradientes grandes tendrán tasas de aprendizaje más pequeñas, mientras que aquellos que han tenido gradientes pequeños tendrán tasas de aprendizaje más grandes. Esta personalización permite a AdaGrad adaptarse dinámicamente a las características únicas de cada parámetro y a la naturaleza de los datos

La idea subyacente detrás de esta adaptación es que las direcciones con gradientes más grandes probablemente corresponden a dimensiones poco frecuentes y, por lo tanto, requieren una convergencia más rápida para evitar la saturación prematura. Por el contrario, las direcciones con gradientes más pequeños son probablemente más comunes y, por lo tanto, pueden beneficiarse de una convergencia más lenta para evitar oscilaciones excesivas o una convergencia prematura.

Esta capacidad de AdaGrad para adaptar dinámicamente la tasa de aprendizaje a lo largo del proceso de entrenamiento lo hace particularmente efectivo en problemas con datos no uniformes. Por ejemplo, en tareas de procesamiento de lenguaje natural donde algunas palabras son más frecuentes que otras, Ada-Grad puede ajustar la tasa de aprendizaje para adaptarse a estas diferencias de frecuencia y mejorar así el rendimiento del modelo. La actualización de los parámetros en AdaGrad se realiza como

$$\theta^t = \theta^{t-1} - \frac{\alpha}{\sqrt{F_i + \varepsilon}}$$

donde F_i es la suma de los cuadrados de los gradientes para el parámetro θ_i, ε es una pequeña constante para evitar la división por cero, y α es la tasa de aprendizaje.

Adam

El algoritmo de *adaptive moment estimation* (Adam) representa una evolución significativa en el campo de la optimización en el aprendizaje automático. Adam ofrece una actualización adaptativa y eficiente de los parámetros del modelo, lo que lo convierte en una opción popular en una variedad de aplicaciones. La esencia de Adam radica en su capacidad para adaptar dinámicamente la tasa de aprendizaje de cada parámetro del modelo. Para lograr esto, Adam utiliza dos conceptos clave: el promedio móvil de primer orden y el promedio móvil de segundo orden de los gradientes.

En primer lugar, el promedio móvil de primer orden (momentum) se encarga de mantener una especie de "inercia" en el movimiento de los parámetros, similar al concepto utilizado en el método de momentum. Esto significa que Adam acumula una fracción del gradiente de iteraciones anteriores para mantener una dirección coherente de ajuste de los parámetros a lo largo del tiempo.

Por otro lado, el promedio móvil de segundo orden se utiliza para adaptar la tasa de aprendizaje de manera individualizada para cada parámetro. Esto implica calcular el promedio móvil de los cuadrados de los gradientes pasados, lo que proporciona una estimación de la magnitud de los gradientes y su variabilidad a lo largo del tiempo.

Finalmente, Adam combina estos dos promedios móviles para calcular la actualización de los parámetros del modelo. A través de un proceso cuidadosamente diseñado, Adam ajusta la tasa de aprendizaje de cada parámetro de manera adaptativa, lo que permite una convergencia más rápida y eficiente en una amplia variedad de problemas de aprendizaje automático. La actualización de los parámetros en Adam matemáticamente se puede expresar como:

$$\begin{cases} \theta^t = \theta^{t-1} - \dfrac{\alpha}{\sqrt{v + \varepsilon}} \cdot m \\ m = \beta_1 \cdot m + (1 - \beta_1) \cdot \nabla J(\theta) \\ v = \beta_2 \cdot v + (1 - \beta_2) \cdot \left(\nabla J(\theta)\right)^2 \end{cases}$$

Donde m y v son los promedios móviles del primer y segundo orden de los gradientes, respectivamente, y β_1 y β_2 son parámetros de decaimiento exponencial.

1.6. PYTHON Y BUENAS PRÁCTICAS DE PROGRAMACIÓN

1.6.1. Conceptos fundamentales de Python

Python es un lenguaje de programación de alto nivel ampliamente utilizado en el campo del aprendizaje automático debido a su flexibilidad, simplicidad y la riqueza de sus bibliotecas. En particular, varias bibliotecas de Python son esenciales para el desarrollo de aplicaciones de aprendizaje automático, ya que proporcionan herramientas poderosas y eficientes para manipular datos, entrenar modelos y evaluar el rendimiento de los algoritmos. Además, Python ofrece una sintaxis clara y legible, lo que lo hace ideal tanto para principiantes como para expertos en el campo.

Instalación de bibliotecas

Una de las bibliotecas más importantes para el aprendizaje automático en Python es NumPy. NumPy es una biblioteca fundamental que proporciona soporte para arreglos multidimensionales y operaciones matemáticas de alta velocidad. Los arreglos de NumPy son eficientes en términos de memoria y permiten realizar cálculos vectorizados de manera rápida y sencilla. Además, NumPy incluye funciones para realizar operaciones de álgebra lineal, generación de números aleatorios y manipulación de datos.

```
pip install numpy
```

Otra biblioteca fundamental es Pandas, que se utiliza para la manipulación y análisis de datos estructurados. Pandas proporciona estructuras de datos flexibles y poderosas, como el DataFrame, que facilita la carga, limpieza, transformación y análisis de datos. Con Pandas, es posible realizar operaciones como la selección de datos, agrupación, fusión y concatenación de conjuntos de datos de manera eficiente.

```
pip install pandas
```

Para la visualización de datos, Matplotlib es una biblioteca esencial en Python. Matplotlib ofrece una amplia gama de funciones para crear gráficos estáticos, gráficos de dispersión, histogramas, diagramas de caja y más. Además, Matplotlib se integra bien con otras bibliotecas de Python, como NumPy y Pandas, lo que facilita la visualización de datos almacenados en estos formatos.

```
pip install matplotlib
```

En el ámbito del aprendizaje automático, Scikit-learn es una de las bibliotecas más populares y ampliamente utilizadas. Scikit-learn proporciona una amplia variedad de algoritmos de aprendizaje supervisado y no supervisado, así como herramientas para la selección de modelos, la validación cruzada, la extracción de características y la evaluación del rendimiento del modelo. Scikit-learn está diseñado para ser fácil de usar y proporciona una interfaz consistente para trabajar con diferentes algoritmos y conjuntos de datos.

```
pip install scikit-learn
```

Otra biblioteca importante es TensorFlow, desarrollada por Google, que se utiliza para la implementación de redes neuronales y otros modelos de aprendizaje profundo. TensorFlow proporciona una estructura flexible para construir y entrenar modelos de aprendizaje profundo, así como herramientas para la visualización de gráficos computacionales y la distribución de cálculos en hardware acelerado.

```
pip install tensorflow
```

Además de TensorFlow, PyTorch es otra biblioteca popular para el aprendizaje profundo. PyTorch ofrece una interfaz dinámica y flexible que facilita la construcción y el entrenamiento de modelos complejos de aprendizaje profundo. PyTorch también proporciona herramientas para la visualización de gráficos computacionales, la distribución de cálculos en GPU y la implementación de técnicas avanzadas de aprendizaje profundo.

```
pip install torch torchvision
```

Funciones, clases y tipos

En Python, las funciones, clases y tipos de datos juegan un papel fundamental en el desarrollo de aplicaciones de aprendizaje automático. Las funciones se utilizan para encapsular bloques de código reutilizable, como algoritmos de entrenamiento y evaluación de modelos. Las clases se utilizan para definir estructuras de datos y objetos que representan modelos de aprendizaje automático, conjuntos de datos y métricas de evaluación. Los tipos de datos, como los arreglos de NumPy y los DataFrames de Pandas, se utilizan para almacenar y manipular datos de entrada y salida en los algoritmos de aprendizaje automático.

Las funciones son bloques de código reutilizable que encapsulan una secuencia de instrucciones para realizar una tarea específica. En el contexto del aprendizaje automático, las funciones se utilizan para implementar algoritmos de entrenamiento, evaluación de modelos, preprocesamiento de datos y más. Aquí hay un ejemplo de cómo definir y utilizar una función para calcular la precisión de un modelo de clasificación:

```
def calcular_Precision(y_true, y_pred):
Precision = (y_true == y_pred).mean()
return Precision
y_true = [0, 1, 1, 0, 1] , y_pred = [0, 1, 0, 0, 1]
Precision = calcular_Precision(y_true, y_pred)
print("Precisión del modelo:", Precision)
```

Las clases son estructuras de datos que encapsulan datos y funciones relacionadas en un solo objeto. En el aprendizaje automático, las clases se utilizan para representar modelos de aprendizaje automático, conjuntos de datos, transformadores de datos, métricas de evaluación, entre otros. Aquí hay un ejemplo de cómo definir una clase para un modelo de regresión lineal utilizando la biblioteca Scikit-learn:

```
from sklearn.linear_model import LinearRegression
class ModeloRegresionLineal:
def __init__(self):
self.modelo = LinearRegression()
def entrenar(self, X_train, y_train):
self.modelo.fit(X_train, y_train)
def predecir(self, X_test):
return self.modelo.predict(X_test)
```

Los tipos de datos adecuados son fundamentales para la manipulación eficiente de datos en el aprendizaje automático. Algunos de los tipos de datos más comunes en Python para este propósito son los arreglos de NumPy y los DataFrames de Pandas.

Los arreglos de NumPy proporcionan el tipo de datos Ndarray, que es un arreglo multidimensional eficiente para almacenar y manipular datos numéricos. Estos arreglos son esenciales para operaciones matemáticas y cálculos en el aprendizaje automático. Aquí hay un ejemplo de cómo crear y manipular arreglos de NumPy:

```
from sklearn.linear_model import LinearRegression
class ModeloRegresionLineal:
def __init__(self):
self.modelo = LinearRegression()
def entrenar(self, X_train, y_train):
self.modelo.fit(X_train, y_train)
def predecir(self, X_test):
return self.modelo.predict(X_test)
modelo = ModeloRegresionLineal()
modelo.entrenar(X_train, y_train)
y_pred = modelo.predecir(X_test)
```

Dataframes

DataFrames de Pandas ofrece el tipo de datos DataFrame, que es una estructura de datos tabular similar a una hoja de cálculo. Los DataFrames son útiles para la manipulación y análisis de datos estructurados. Aquí hay un ejemplo de cómo trabajar con DataFrames de Pandas:

```
import pandas as p
data = {'Nombre': ['A', 'B', 'C'],
'Edad': [45, 36, 55]}
df = pd.DataFrame(data)
```

Convertir variables categóricas en variables numéricas es un paso común en el preprocesamiento de datos para modelos de aprendizaje automático. Esto se hace para que los algoritmos de aprendizaje automático puedan trabajar con estas variables, ya que la mayoría de los modelos requieren entradas numéricas.

Prácticas de procesamiento de datos

Hay varias formas de realizar esta conversión, pero la más común es usar Label Encoding. En este caso cada categoría se asigna a un número único. Esta técnica es adecuada cuando las categorías tienen un orden inherente, como en el caso de rangos o niveles.

```
from sklearn.preprocessing import LabelEncoder
categorias = ['A', 'B', 'C', 'D', 'E]
label_encoder = LabelEncoder()
categorias_codificadas = label_encoder.fit_transform(categorias)
```

Otra forma de hacerlo más general para todos los tipos object sería de la forma:

```
label_encoders = {}
for column in X.select_dtypes(include=['object']).columns:
label_encoders[column] = LabelEncoder()
X[column] = label_encoders[column].fit_transform(X[column])
```

En esta parte del código, se convierten las características categóricas en valores numéricos utilizando codificación de etiquetas (Label Encoding). Se itera a través de todas las columnas en X que contienen valores de tipo objeto (categóricos) y se aplica LabelEncoder() de Scikit-learn para asignar un valor numérico único a cada categoría.

Una de las tareas más usuales en ciencia de datos es eliminar alguna columna, como se muestra en el ejemplo:

```
if 'Customer ID' in data.columns:
    data.drop('Customer ID', axis=1, inplace=True)
```

Este paso elimina la columna 'Customer ID' del conjunto de datos si está presente. La eliminación de columnas irrelevantes o no deseadas es una práctica común en el preprocesamiento de datos para asegurar que el modelo no se vea afectado por características que no son útiles para la tarea de predicción.

Otra tarea muy importante es convertir variables objetivo de un valor texto como sí, yes, no..., en valores numéricos binarios de 1,0.

```
data['Churn'] = data['Churn'].replace({'Y': 1, 'N': 0})
```

De igual modo es interesante dividir los datos en atributos o características (X) y etiquetas (y). Las características se almacenan en el DataFrame X, mientras que las etiquetas se almacenan en la Serie y.

```
X = data.drop('Churn', axis=1)
y = data['Churn']
```

Por último, se manejan los valores nulos (NaN) que puedan haber surgido después de la conversión de tipo en el DataFrame X. Estos valores nulos se llenan con ceros utilizando el método fillna() de Pandas.

Orígenes de los datos

Obtener datos de varios orígenes es una tarea común en el desarrollo de aplicaciones de aprendizaje automático, ya que los datos pueden provenir de una variedad de fuentes diferentes. Los archivos locales, como CSV, Excel, JSON o archivos de texto plano, son una fuente común de datos. Puedes cargar estos archivos directamente en tu programa Python utilizando bibliotecas como Pandas o NumPy. Aquí tienes un ejemplo de cómo cargar datos desde un archivo CSV usando Pandas:

```
import pandas as pd
datos_csv = pd.read_csv('datos.csv', delimiter=',')
datos_excel = pd.read_excel('datos.xlsx', sheet_name='hoja1')
```

Si los datos están almacenados en una base de datos relacional como MySQL, PostgreSQL o SQLite, puedes utilizar bibliotecas como SQLAlchemy o Pandas para conectarte a la base de datos y ejecutar consultas SQL para recuperar los datos. Por ejemplo, utilizando SQLAlchemy:

```
from sqlalchemy import create_engine
engine = create_engine('sqlite:///mi_base_de_datos.db')
query = 'SELECT * FROM tabla'
datos = pd.read_sql(query, engine)
```

Muchos servicios web ofrecen API que permiten acceder a sus datos de forma programática. Puedes utilizar bibliotecas como requests para enviar solicitudes HTTP a la API y obtener los datos en formato JSON o XML. Aquí hay un ejemplo de cómo obtener datos de una API REST utilizando la biblioteca requests:

```
import requests
response = requests.get('https://api.example.com/data')
datos = response.json()
```

Salida de datos

La capacidad de exportar datos a archivos CSV y bases de datos es una habilidad fundamental en el ámbito de la ciencia de datos y la programación en general. En Python, existen diversas bibliotecas y herramientas que permiten a los desarrolladores gestionar de manera eficiente la exportación de datos, ya sea para su posterior análisis, visualización o almacenamiento a largo plazo.

```
datos.to_csv('datos_preprocesados.csv', index=False)
```

En Python, las bibliotecas como sqlite3 para bases de datos SQLite, psycopg2 para bases de datos PostgreSQL, y SQLAlchemy para una variedad de bases de datos relacionales, ofrecen una amplia gama de herramientas para interactuar con bases de datos desde un entorno de programación Python.

```
from sqlalchemy import create_engine
engine = create_engine('sqlite:///datos_preprocesados.db')
datos.to_sql('datos_preprocesados', con=engine, index=False, if_exists='replace')
```

Visualización

La visualización de datos es una herramienta poderosa en el análisis de datos y la comunicación de resultados. En Python, existen diversas bibliotecas de visualización, como Matplotlib, Seaborn y Plotly, que ofrecen una amplia gama de funciones y opciones para crear gráficos y representaciones visuales de datos. En este texto, exploraremos las funciones de visualización en Python y sus parámetros. Matplotlib se posiciona como una de las bibliotecas de visualización más destacadas en el ecosistema de Python, siendo reconocida por su versatilidad y capacidad para generar una amplia gama de gráficos personalizados. Sus funciones principales, como plot(), scatter(), bar() y hist(), entre otras, ofrecen a los usuarios la capacidad de representar datos de forma clara y efectiva en diferentes tipos de gráficos. Una de las características distintivas de Matplotlib radica en su flexibilidad, que permite a los usuarios ajustar cada aspecto de la visualización según sus necesidades específicas. Los parámetros comunes, como el color (color), el estilo de línea (linestyle), el grosor de línea (linewidth), el tamaño de puntos (s) y la transparencia (alpha), proporcionan un control detallado sobre la apariencia de los elementos del gráfico. Al emplear estos parámetros, los usuarios pueden personalizar la estética de los gráficos para que se adapten a sus preferencias y requisitos de presentación. Por ejemplo, pueden especificar colores vivos para resaltar puntos de datos importantes, ajustar el grosor de las líneas para mejorar la legibilidad, o modificar la transparencia para revelar patrones ocultos en los datos.

```
import matplotlib.pyplot as plt
x = [1, 2, 3, 4, 5]
y = [2, 4, 11, 9, 2]
plt.plot(x, y, color='blue', linestyle='-', linewidth=2, marker='o', markersize=8, label='Datos')
plt.title('Gráfico de Líneas')
plt.xlabel('Eje X')
plt.ylabel('Eje Y')
plt.legend()
plt.show()
```

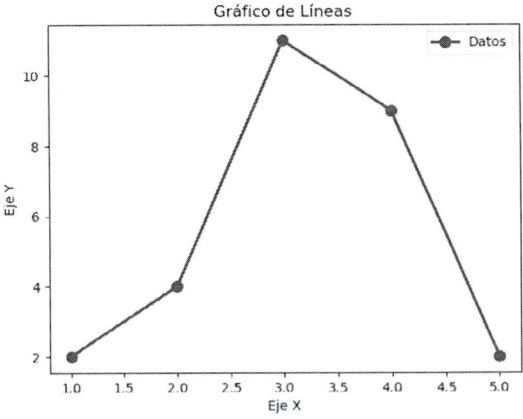

Figura 1.7. Gráfico de líneas.

Seaborn se posiciona como una biblioteca de visualización que se basa en Matplotlib, proporcionando una interfaz de alto nivel para la creación de gráficos estadísticos visualmente atractivos en Python. Esta biblioteca destaca por su capacidad para simplificar la creación de visualizaciones complejas de datos estadísticos, ofreciendo una variedad de funciones especializadas para diferentes tipos de gráficos. Las funciones principales de Seaborn incluyen lineplot(), scatterplot(), barplot() y histplot(), entre otras. Estas funciones permiten a los usuarios visualizar fácilmente relaciones lineales, dispersión, distribuciones de variables categóricas e histogramas de datos numéricos. Además, Seaborn proporciona una amplia gama de opciones de personalización a través de sus parámetros comunes. Entre los parámetros más utilizados se encuentran el color (color), que permite especificar el color de los elementos del gráfico, el estilo de línea (linestyle) para gráficos de líneas, el tamaño de puntos (size) en gráficos de dispersión y la paleta de colores (palette) para gráficos de barras y otras visualizaciones categóricas. Estos parámetros ofrecen a los usuarios un mayor control sobre la apariencia y el comportamiento de sus gráficos, permitiendo una personalización detallada según las necesidades específicas del análisis de datos.

```
import seaborn as sns
x = [1, 2, 3, 4, 5]
y = [2, 4, 11, 9, 2]
sns.scatterplot(x=x, y=y, color='red', size=100, label='Datos')
plt.title('Gráfico de Dispersión')
plt.xlabel('Eje X')
plt.ylabel('Eje Y')
plt.show()
```

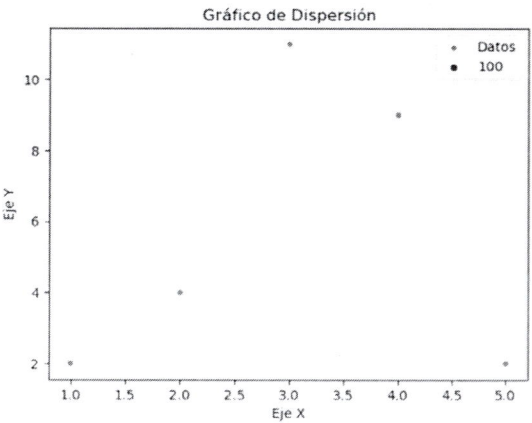

Figura 1.8. Gráfico de dispersión.

Plotly se destaca como una biblioteca de visualización interactiva en Python, proporcionando a los usuarios la capacidad de crear gráficos atractivos y dinámicos. Sus funciones principales, como plot() y scatter(), ofrecen una amplia flexibilidad para representar datos en forma de gráficos de líneas, barras, dispersión y otros tipos de visualizaciones. Además, Plotly proporciona herramientas específicas para gráficos 3D, mapas y otras visualizaciones avanzadas, tales como scatter3d (), para gráficos de dispersión en 3D, y choropleth() para mapas de coropletas.

Cuando se trabaja con Plotly, es común ajustar una serie de parámetros para personalizar la apariencia y el comportamiento del gráfico. Algunos de estos parámetros incluyen el color, el tamaño de los puntos, el texto y el modo de visualización. Estos permiten a los usuarios controlar aspectos como el color de los elementos del gráfico, el tamaño de los puntos en un gráfico de dispersión, agregar texto adicional a los elementos del gráfico y definir el modo de visualización, como líneas, puntos o ambas.

Código Python

```
import plotly.graph_objects as go
x = ['A', 'B', 'C', 'D']
y = [10, 20, 30, 40]
fig = go.Figure(data=[go.Bar(x=x, y=y, marker_color='green', text=y, textposition='outside')])
fig.update_layout(title='Gráfico de Barras', xaxis_title='Eje X', yaxis_title='Eje Y')
fig.show()
```

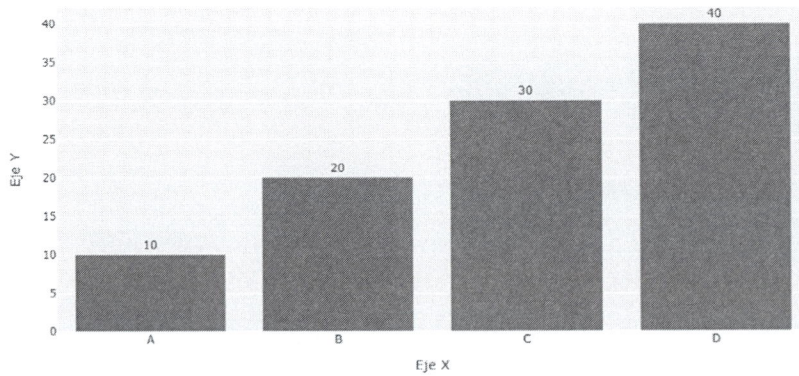

Figura 1.9. Histograma.

1.6.2 Buenas prácticas en la programación de modelos de aprendizaje automático

Las buenas prácticas de programación son fundamentales en el desarrollo de modelos de aprendizaje automático en Python. Estas prácticas no solo mejoran la legibilidad y la escalabilidad del código, sino que también contribuyen a la reproducibilidad y la calidad de los resultados.

Para empezar, es esencial comprender completamente el problema que se está abordando. Esto implica una comprensión clara de los datos disponibles, el objetivo del modelo y las métricas de evaluación adecuadas. Una vez comprendido el problema, es importante dividir el código en módulos y funciones lógicas. Cada función debe tener una única responsabilidad y un nombre descriptivo, lo que facilita el mantenimiento y la reutilización del código.

La documentación clara y concisa es crucial para que otros desarrolladores comprendan el propósito y el funcionamiento del código. Esto incluye comentarios en el código y docstrings explicativos. Los nombres de variables, funciones y clases deben ser significativos para mejorar la legibilidad y comprensión del código. Evitar nombres genéricos como x, y, temp, etc., es importante para evitar confusiones. Además, es fundamental seguir las convenciones de estilo de Python, como las definidas en PEP 8, para garantizar la consistencia en el código y facilitar su lectura. Herramientas como flake8 y black pueden ayudar a verificar y aplicar estas convenciones.

Antes de entrenar un modelo, es crucial verificar la calidad de los datos, identificar valores atípicos y manejar los datos faltantes. Además, dividir los datos en conjuntos de entrenamiento, validación y prueba para evaluar el rendimiento del modelo de manera imparcial. Seleccionar y ajustar modelos adecuadamente es clave para obtener buenos resultados. Esto implica elegir el algoritmo de aprendizaje adecuado y ajustar sus parámetros de manera apropiada utilizando técnicas como búsqueda de parámetros o validación cruzada.

Evaluar el rendimiento del modelo utilizando métricas de evaluación relevantes en datos de prueba es fundamental para comprender su eficacia en la práctica. Además, es importante optimizar el código y el modelo identificando cuellos de botella y aplicando técnicas de optimización para mejorar la eficiencia y la velocidad de los procesos.

Versionar el código y los datos utilizando un sistema de control de versiones como Git facilita el seguimiento de los cambios y la colaboración entre equipos. Realizar pruebas unitarias y de integración ayuda a garantizar que el código funcione como se espera y a detectar posibles regresiones cuando se realizan cambios en el código.

1.7. ANÁLISIS EXPLORATORIO DE DATOS (EDA)

El análisis exploratorio de datos (EDA, por sus siglas en inglés) es un componente esencial en el proceso de análisis de datos en el ámbito de la ciencia de datos. Este enfoque se centra en examinar y comprender los datos en su forma más básica antes de aplicar técnicas más avanzadas de modelado o inferencia estadística. Al entender la naturaleza y la estructura de los datos, los científicos de datos pueden tomar decisiones más informadas y desarrollar modelos más precisos.

Uno de los primeros pasos en el EDA es entender la estructura de los datos. Esto implica examinar las primeras filas de los datos para identificar las diferentes características disponibles y comprender su formato. Es crucial identificar las columnas, los tipos de datos de cada columna y cualquier valor ausente que pueda afectar la calidad de los análisis posteriores.

Una vez que se ha establecido la estructura básica de los datos, el siguiente paso es explorar los datos de manera general. Esto implica calcular estadísticas descriptivas básicas, como la media, la mediana, la desviación estándar, los valores máximos y mínimos. Estas estadísticas proporcionan una visión general de la distribución y la variabilidad de los datos, lo que puede ayudar a identificar posibles problemas o áreas de interés.

La visualización de la distribución de las características es otro aspecto fundamental del EDA. Utilizando herramientas como histogramas, boxplots y gráficos de densidad, los científicos de datos pueden visualizar la distribución de las características numéricas y comprender mejor su comportamiento. Estas visualizaciones pueden revelar patrones, tendencias o anomalías en los datos que pueden no ser evidentes mediante el análisis de estadísticas descriptivas solamente.

Además de explorar características numéricas, el EDA también implica analizar características categóricas. Esto incluye examinar las frecuencias de cada categoría y utilizar gráficos como barras o gráficos circulares para visualizar las distribuciones. Entender la distribución de las características categóricas es crucial para comprender la composición de los datos y puede proporcionar información valiosa sobre posibles relaciones o patrones.

Otro aspecto importante del EDA es tratar con valores atípicos y valores faltantes. Identificar y comprender la naturaleza de los valores atípicos y los valores faltantes en los datos es crucial para garantizar la precisión y la integridad de los análisis posteriores. Dependiendo del contexto y la naturaleza de los datos, los científicos de datos pueden optar por eliminar, imputar o abordar de otra manera estos valores para minimizar su impacto en los resultados finales. A continuación, se muestran algunos ejemplos con su código Python generalizado de diferentes visualizaciones.

```
# Visualizar las primeras filas del dataframe
print(df.head())
# Obtener información del dataframe
print(df.info())
# Resumen estadístico del dataframe
print(df.describe())
# Verificar valores nulos
print(df.isnull().sum())
```

```
# Histograma
plt.figure(figsize=(10, 6))
sns.histplot(df['fuel_type'], kde=True)
plt.title('Histograma')
plt.xlabel('Valor)
plt.ylabel('Frecuencia')
plt.xticks(rotation=45) # Rotar las etiquetas del eje x para una mejor visuali-
zación
```

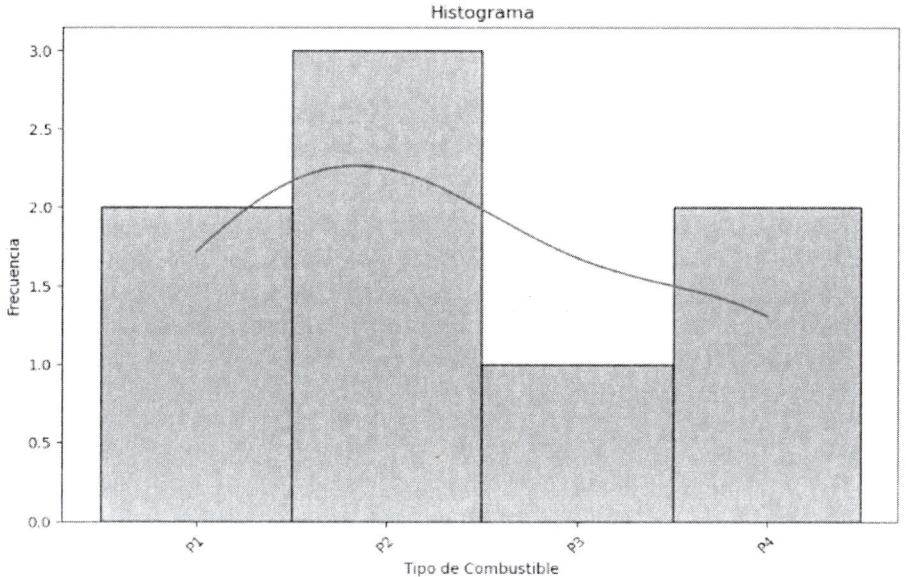

Figura 1.10. Ejemplo de histograma.

```
# Gráfico de dispersión de dos columnas
plt.figure(figsize=(10, 6))
sns.scatterplot(x='Valor1', y='Valor2', data=dataframe)
plt.title('Gráfico de dispersión')
plt.xlabel('ending_price')
plt.ylabel('max_torque_nm')
plt.show()
```

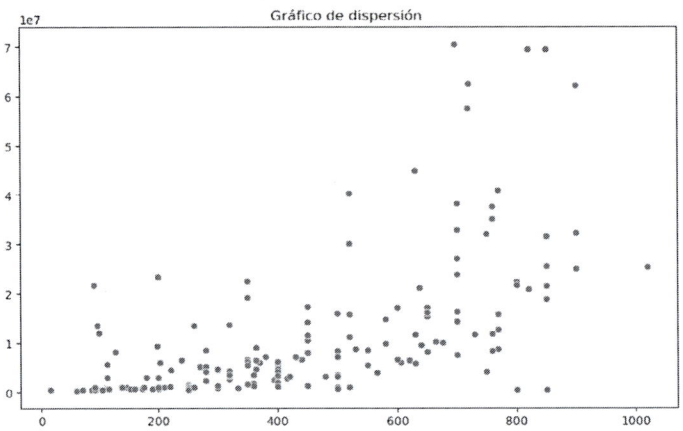

Figura 1.11. Ejemplo de análisis de dispersión.

```
# Diagrama de caja de una columna
plt.figure(figsize=(10, 6))
sns.boxplot(x=dataframe['Valor'])
plt.title('Diagrama de caja de la columna')
plt.xlabel('')
plt.show()
# Diagrama de densidad
plt.figure(figsize=(12, 6))
sns.kdeplot(dataframe['Valor'], fill=True)
plt.title('Diagrama de densidad')
plt.xlabel('')
plt.ylabel('Densidad')
plt.show()
```

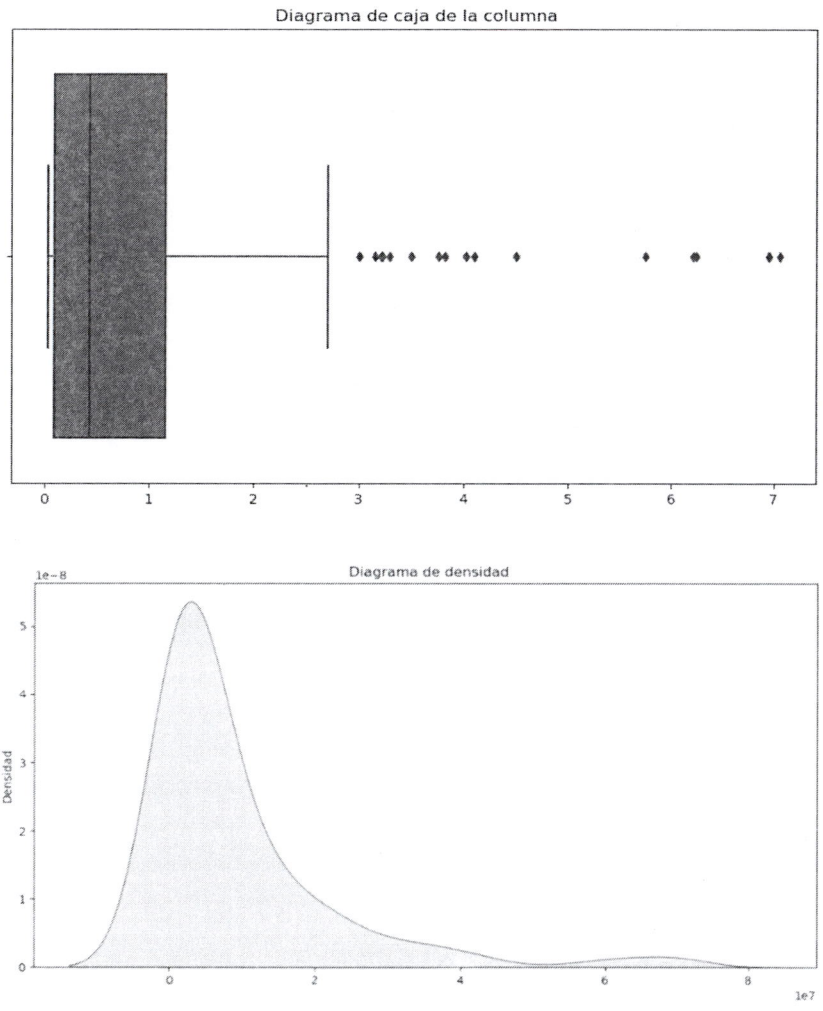

Figura 1.12. Ejemplo de *box-ploy* y gráfico de densidad.

```
correlation_matrix = dataframe..corr()
plt.figure(figsize=(10, 6))
heatmap = sns.heatmap(correlation_matrix, annot=True, cmap='coolwarm')
plt.title('Matriz de correlación')
```

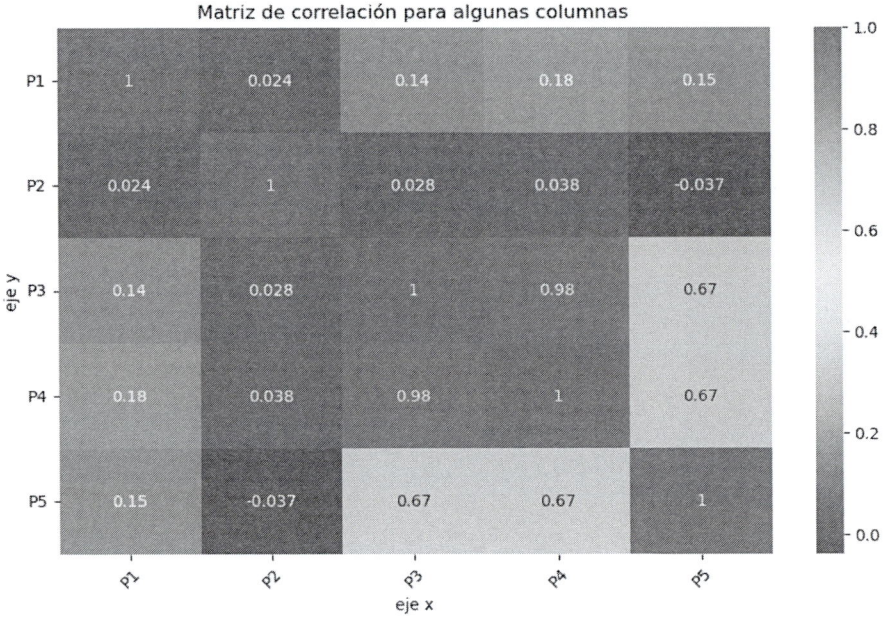

Figura 1.13. Ejemplo de matriz de correlación.

Módulo II

APRENDIZAJE SUPERVISADO. CLASIFICACIÓN

2.1. TÉCNICAS DE VALIDACIÓN DE MODELOS

2.1.1. Matriz de confusión para modelos de clasificación

Una matriz de confusión es una herramienta esencial en la evaluación de modelos de clasificación en el campo de la inteligencia artificial y el aprendizaje automático. Proporciona una visión detallada del rendimiento del modelo al comparar las predicciones realizadas por el modelo con las clases reales de los datos. En términos más técnicos, una matriz de confusión es una tabla que muestra la distribución de las predicciones del modelo en relación con las clases verdaderas de los datos. La estructura básica de una matriz de confusión se compone de las siguientes cuatro células:

- **Verdaderos positivos (TP):** Representa las instancias que el modelo clasifica correctamente como positivas. Es decir, son las instancias en las que el modelo predice correctamente que una muestra pertenece a la clase positiva.
- **Verdaderos negativos (TN):** Representa las instancias que el modelo clasifica correctamente como negativas. Es decir, son las instancias en las que el modelo predice correctamente que una muestra no pertenece a la clase positiva.
- **Falsos positivos (FP):** Representa las instancias que el modelo clasifica incorrectamente como positivas. Es decir, son las instancias en las que el modelo predice erróneamente que una muestra pertenece a la clase positiva cuando, en realidad, pertenece a la clase negativa.
- **Falsos negativos (FN):** Representa las instancias que el modelo clasifica incorrectamente como negativas. Es decir, son las instancias en las que el modelo predice erróneamente que una muestra pertenece a la clase negativa cuando, en realidad, pertenece a la clase positiva.

Matriz de confusión		Estimado por el modelo	
		Negativo	Positivo
Real	Negativo	**TN**	**FP**
	Positivo	**FN**	**TP**

Código Python

```
confusion_matrix(y_true, y_pred)
```

A continuación, se muestran las diferentes medidas a tener en cuenta en un análisis con la matriz de confusión.

Exactitud (*accuracy*)

La precisión es una medida que indica la proporción de predicciones correctas realizadas por el modelo sobre el total de predicciones realizadas. La precisión es una métrica importante para evaluar el rendimiento de un modelo de clasificación, ya que proporciona información sobre la calidad general de las predicciones realizadas. Sin embargo, es importante considerar que la precisión puede no ser suficiente por sí sola para evaluar completamente el rendimiento de un modelo, especialmente en conjuntos de datos desbalanceados donde una clase puede dominar sobre las demás. En tales casos, puede ser útil considerar otras métricas de evaluación como la recall, la F1-score o la matriz de confusión.

$$\text{Exactitud} = \frac{TN + TP}{TN + TP + FN + FP}$$

Sensibilidad (*recall*)

La sensibilidad, también conocida como *recall* o tasa de verdaderos positivos, es una medida que indica la proporción de instancias positivas que fueron correctamente identificadas por el modelo. Se calcula como el cociente entre el número de verdaderos positivos y el número total de instancias positivas, es decir, la suma de los verdaderos positivos y los falsos negativos.

$$\text{Recall} = \frac{TP}{TP + FN}$$

En un problema de clasificación binaria, los verdaderos positivos son las instancias positivas que fueron correctamente clasificadas como positivas por el modelo, y los falsos negativos son las instancias positivas que fueron incorrectamente clasificadas como negativas.

La sensibilidad es una métrica importante, especialmente en aplicaciones donde es crucial detectar correctamente los casos positivos, como en diagnósticos médicos o detección de fraudes. Una alta sensibilidad indica que el modelo es capaz de identificar la mayoría de los casos positivos en el conjunto de datos. Sin embargo, una alta sensibilidad a menudo viene acompañada de una tasa de falsos positivos más alta, por lo que es importante considerar esta métrica en conjunto con otras, como la precisión o la especificidad, para obtener una evaluación completa del rendimiento del modelo.

Precisión (*precision*)

El valor predictivo positivo, también conocido como precisión positiva, es una medida que indica la proporción de instancias predichas como positivas por el modelo que son realmente positivas. Se calcula como el cociente entre el número de verdaderos positivos y el número total de instancias predichas como positivas, es decir, la suma de los verdaderos positivos y los falsos positivos.

$$\text{Precisión} = \frac{\text{TP}}{\text{TP} + \text{FP}}$$

El valor predictivo positivo es una métrica importante para evaluar el rendimiento de un modelo de clasificación, ya que proporciona información sobre la precisión de las predicciones positivas. Un valor predictivo positivo alto indica que la mayoría de las instancias predichas como positivas por el modelo realmente lo son. Sin embargo, es importante considerar esta métrica en conjunto con otras, como la sensibilidad o la especificidad, para obtener una evaluación completa del rendimiento del modelo.

Especificidad (*specifity*)

La especificidad es una medida que indica la proporción de instancias negativas que fueron correctamente identificadas por el modelo. Se calcula como el cociente entre el número de verdaderos negativos y el número total de instancias negativas, es decir, la suma de los verdaderos negativos y los falsos positivos.

$$\text{Especifidad} = \frac{\text{TN}}{\text{TN} + \text{FP}}$$

La especificidad es una métrica importante para evaluar el rendimiento de un modelo de clasificación, especialmente en aplicaciones donde es crucial evitar los falsos positivos, como en diagnósticos médicos o detección de fraudes. Una alta especificidad indica que el modelo es capaz de identificar la mayoría de los casos negativos en el conjunto de datos. Sin embargo, una alta especificidad a menudo viene acompañada de una tasa de falsos negativos más alta, por lo que es importante considerar esta métrica en conjunto con otras, como la sensibilidad o el valor predictivo positivo, para obtener una evaluación completa del rendimiento del modelo.

El F1-score

La medida que combina la precisión y la sensibilidad en una sola métrica se conoce como la puntuación F1 (también llamada puntuación F-measure o F1-score). Se calcula como la media armónica entre la precisión (valor predictivo positivo) y la sensibilidad (*recall*).

$$\text{F1 Score} = \frac{2 \cdot \text{Sensibilidad} \cdot \text{Precisión}}{\text{Sensibilidad} + \text{Precisión}}$$

Esta fórmula combina tanto la precisión como la sensibilidad en una sola métrica, lo que la hace útil para evaluar el rendimiento de un modelo de clasificación de manera más completa. La puntuación F1 alcanza su máximo valor de 1 cuando tanto la precisión como la sensibilidad son perfectas, y disminuye a medida que una de estas métricas mejora a expensas de la otra.

La puntuación F1 es especialmente útil en situaciones donde hay un desequilibrio entre las clases de interés, ya que tiene en cuenta tanto los falsos positivos como los falsos negativos. En general, se prefiere un modelo que tenga un alto valor de F1, lo que indica un buen equilibrio entre la precisión y la sensibilidad.

La tasa de verosimilitud positiva (LRP *positive likelihood ratio*)

LRP, que significa *positive likelihood ratio* (proporción de probabilidad de positivos), es una medida que evalúa la capacidad de un modelo de clasificación para predecir correctamente los casos positivos. La *positive likelihood ratio* (LRP) se define como la proporción entre la probabilidad de que un modelo clasifique correctamente un caso positivo y la probabilidad de que clasifique incorrectamente un caso negativo.

$$\text{LRP} = \frac{\text{Sensibilidad}}{1 - \text{Especifidad}}$$

La LRP proporciona una medida de cuánto más probable es que un resultado positivo sea el resultado de una condición positiva en comparación con una condición negativa. Un valor de LRP mayor que 1 indica que es más probable que un resultado positivo sea el resultado de una condición positiva, mientras que un valor de LRP menor que 1 indica que es más probable que un resultado positivo sea el resultado de una condición negativa.

La fracción de falsos positivos (FFP) y de falsos negativos (FFN)

La fracción de falsos positivos (FFP, por sus siglas en inglés, *false positive fraction*) y la fracción de falsos negativos (FFN, por sus siglas en inglés, *false negative fraction*) son métricas que miden la proporción de categorías que han sido clasificadas incorrectamente como positivas y negativas, respectivamente:

$$\text{FFP} = \frac{\text{FP}}{\text{FP} + \text{TN}} \rightarrow \text{FFN} = \frac{\text{FN}}{\text{FN} + \text{TN}}$$

En ambos casos, los Falsos Positivos y los Falsos Negativos son las instancias que fueron incorrectamente clasificadas como positivas y negativas, respectivamente. Los Verdaderos Negativos y los Verdaderos Positivos son las instancias que fueron correctamente clasificadas como negativas y positivas, respectivamente. Estas métricas son importantes para evaluar el rendimiento de un modelo de clasificación, ya que proporcionan información sobre la proporción de errores cometidos por el modelo en la clasificación de las diferentes categorías. Una FFP o FFN baja indica que el modelo está cometiendo menos errores en la clasificación, mientras que una FFP o FFN alta indica que el modelo está cometiendo más errores.

El *odds ratio*

El ratio de odds (OR, por sus siglas en inglés, *odds ratio*) nos da una idea de cuántas veces es más probable que el modelo prediga correctamente un caso positivo en comparación con cuando predice incorrectamente un caso positivo. Matemáticamente, el *odds ratio* se calcula como la razón entre las probabilidades de que el modelo clasifique correctamente un caso positivo y las probabilidades de que clasifique incorrectamente un caso positivo.

$$\text{ODDS} = \frac{\text{ODDS}_{\text{Presencia}}}{\text{ODDS}_{\text{Ausencia}}} = \frac{\text{TP} \cdot \text{TN}}{\text{FN} \cdot \text{FP}}$$

2.1.2. Curva ROC

La Curva ROC (*receiver operating characteristic*) es una representación gráfica que ilustra el rendimiento de un modelo de clasificación binaria en un rango de umbrales de decisión. En esta curva, se traza la tasa de verdaderos positivos (sensibilidad) frente a la tasa de falsos positivos (1 - especificidad) para diferentes valores de umbral de clasificación. Idealmente, la curva ROC debería acercarse lo más posible a la esquina superior izquierda del gráfico, lo que indica una alta sensibilidad y una baja tasa de falsos positivos. Por el contrario, una curva ROC que se aproxime a la línea diagonal (con pendiente 1:1) sugiere un rendimiento similar al azar del modelo.

El área bajo la curva ROC (AUC) proporciona una medida cuantitativa del rendimiento global del modelo. Un AUC de 1.0 indica un modelo perfecto que puede distinguir completamente entre clases positivas y negativas, mientras que un AUC de 0.5 sugiere una clasificación aleatoria. En general, un AUC más alto indica un mejor rendimiento del modelo en la discriminación entre clases.

La interpretación de la curva ROC y su AUC es esencial en la evaluación y comparación de modelos de clasificación, proporcionando información valiosa sobre su capacidad para clasificar correctamente las muestras en función de sus características. Una curva ROC con un AUC significativamente mayor que

0.5 indica que el modelo es capaz de distinguir efectivamente entre las clases, mientras que un AUC cercano a 0.5 sugiere que el modelo no es mejor que una clasificación aleatoria.

Al comparar modelos, aquellos con una curva ROC que se acerque más a la esquina superior izquierda del gráfico y, por lo tanto, tenga un AUC más alto, se consideran preferibles en términos de rendimiento de clasificación. La curva ROC y el AUC también son útiles para ajustar el umbral de clasificación de un modelo según los requisitos específicos del problema, como minimizar los falsos positivos o maximizar la sensibilidad.

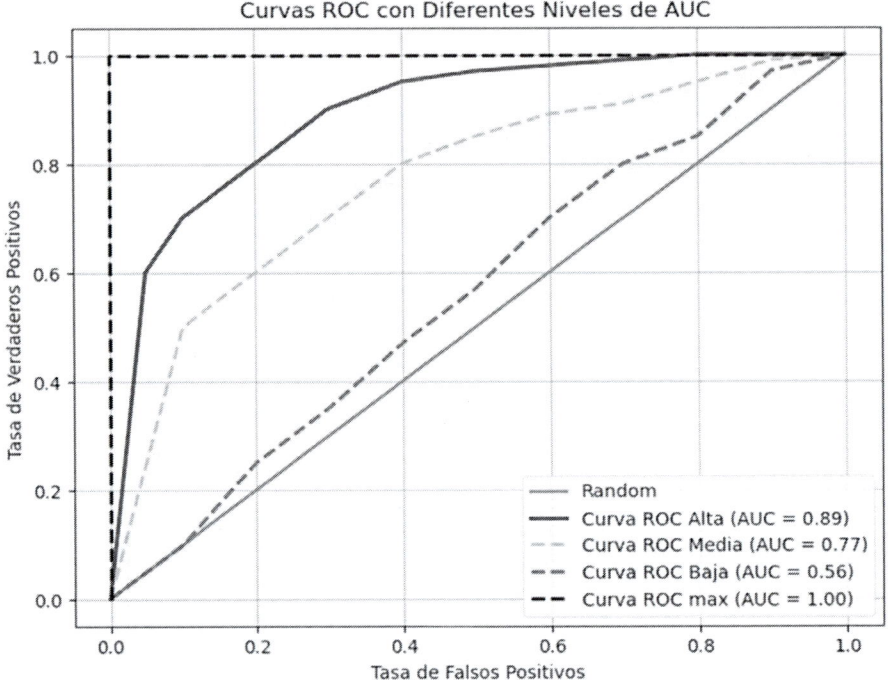

Figura 2.1. Curva ROC.

El punto de intersección de dos distribuciones representa un valor en el eje donde ambas distribuciones tienen la misma probabilidad de ocurrencia. Esta probabilidad es indicada por la densidad de probabilidad de cada distribución normal en dicho punto. En otras palabras, es el punto donde las dos distribuciones se encuentran. Cuando el área bajo la curva (AUC) es igual a 1, significa que las dos curvas están perfectamente juntas, sin solapamiento entre ellas. Esto implica que el modelo de clasificación puede predecir de manera perfecta, sin cometer errores. Sin embargo, cuando el AUC no es igual a 1, las curvas se solapan, lo que indica que habrá falsos positivos y falsos negativos en las predicciones del modelo. En este caso, el solapamiento entre las curvas sugiere que no todas las instancias se clasificarán correctamente y habrá errores en las predicciones.

Las curvas de *precision-recall* son herramientas fundamentales en la evaluación de modelos de clasificación, proporcionando una visión detallada de cómo varían la precisión y el recall a medida que se ajusta el umbral de clasificación del modelo. La precisión representa la proporción de verdaderos positivos entre los elementos clasificados como positivos, mientras que el *recall* indica la proporción de verdaderos positivos clasificados correctamente respecto a todos los elementos positivos. Una de las principales ventajas de estas curvas es su capacidad para identificar el punto óptimo de operación del modelo, donde se logra un equilibrio entre precisión y *recall*. Esto es crucial para determinar la eficacia general del modelo en clasificar correctamente las instancias positivas mientras se minimizan los falsos positivos. Además, las curvas de precision-recall son especialmente útiles en conjuntos de datos desequilibrados, donde una clase puede estar significativamente más representada que la otra. En estos casos, la simple precisión puede ser engañosa, y las curvas de *precision-recall* ofrecen una evaluación más informativa y completa del rendimiento del modelo.

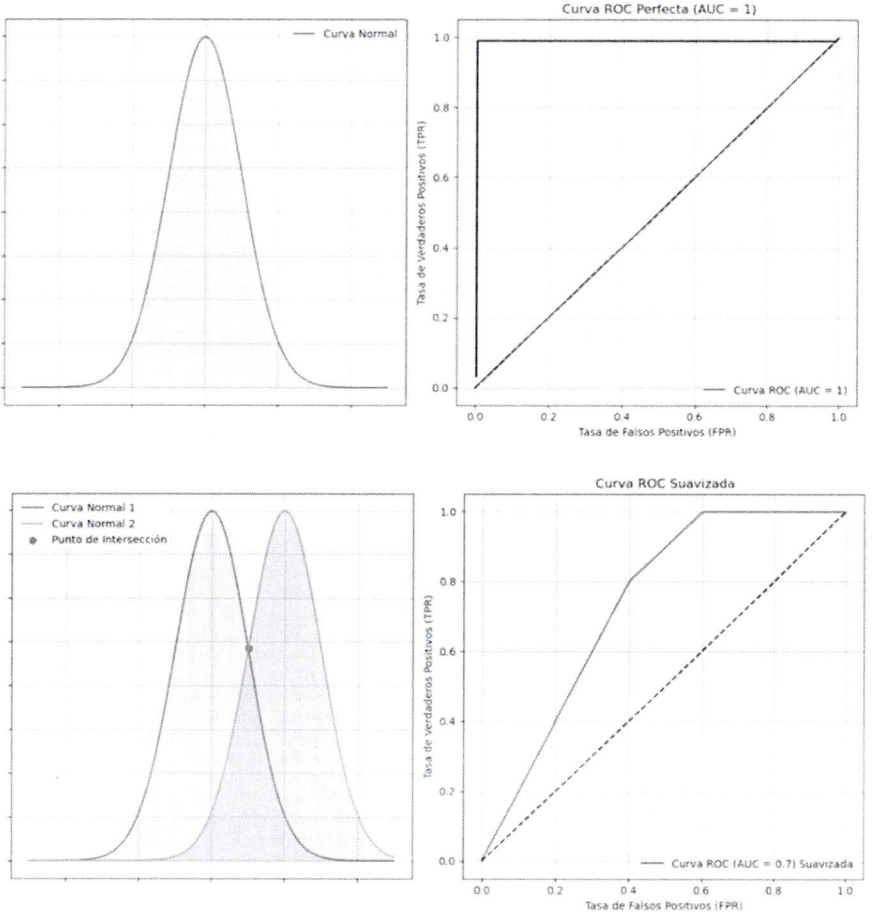

Figura 2.2. Curva ROC Vs función de distribución.

Una de las principales ventajas de estas curvas es su capacidad para identificar el punto óptimo de operación del modelo, donde se logra un equilibrio entre precisión y *recall*. Esto es crucial para determinar la eficacia general del modelo en clasificar correctamente las instancias positivas mientras se minimizan los falsos positivos. Además, las curvas de *precision-recall* son especialmente útiles en conjuntos de datos desequilibrados, donde una clase puede estar significativamente más representada que la otra. En estos casos, la simple precisión puede ser engañosa, y las curvas de *precision-recall* ofrecen una evaluación más informativa y completa del rendimiento del modelo.

Una aplicación clave de estas curvas es su capacidad para ayudar en la selección y comparación de modelos. Al visualizar cómo cambian la precisión y el *recall* en diferentes puntos de operación, los investigadores pueden determinar qué modelo es más adecuado para un problema específico y ajustar sus parámetros en consecuencia. Detectar desequilibrios de clase es otra utilidad importante de las curvas de *precision-recall*. Una caída abrupta en la curva puede indicar problemas con el modelo o dificultades en la clasificación de ciertas clases, lo que requiere una revisión adicional del modelo y sus características.

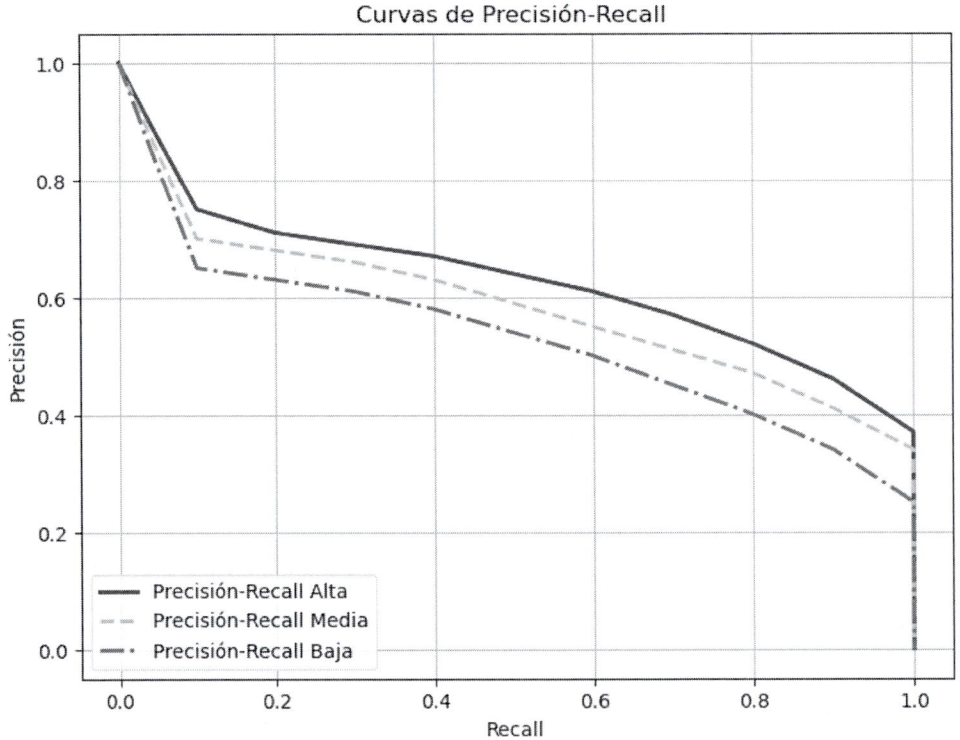

Figura 2.3. Curva *Precision-recall*.

Código Python

```
roc_curve(y_true,y_score,pos_label, sample_weight, drop_intermediate)

Precision_recall_curve(y_true, probas_pred,pos_label,sample_weight, drop_
intermediate)
```

Los parámetros para ejecutar el código son:

- **y_true**: los valores verdaderos (o etiquetas de clase) de los datos de prueba.
- **y_score**: puntajes de decisión de la muestra. En el caso de clasificación binaria, generalmente son las probabilidades estimadas de las clases positivas.
- **pos_label**: etiqueta de la clase positiva. Por defecto, es 1.
- **sample_weight**: pesos de muestra.
- **drop_intermediate**: booleano para especificar si se deben devolver puntos de corte de manera predeterminada o no. Si es True, se eliminarán los puntos de corte con valores idénticos.

2.1.3. Validación cruzada o *cross validation*

La validación cruzada es una técnica fundamental en el campo del aprendizaje automático que se utiliza para evaluar la capacidad de generalización de los modelos predictivos. Su objetivo principal radica en estimar cómo se desempeñará un modelo en datos no vistos, es decir, en datos que no formaron parte del proceso de entrenamiento del modelo. Esto resulta crucial para evaluar la verdadera capacidad predictiva de un modelo y su aplicabilidad en entornos del mundo real.

El proceso de validación cruzada implica la división del conjunto de datos en múltiples particiones, comúnmente denominadas *folds* o pliegues. En cada iteración del proceso, uno de estos *folds* se selecciona como conjunto de datos de prueba, mientras que los restantes se utilizan para entrenar el modelo. Esta operación se repite varias veces, de forma que cada *fold* actúa como conjunto de prueba exactamente una vez. Posteriormente, los resultados de cada iteración se promedian para proporcionar una evaluación global del rendimiento del modelo.

La validación cruzada ofrece ventajas significativas sobre enfoques más simples de división de datos, como la división en conjunto de entrenamiento y conjunto de prueba. En primer lugar, ayuda a detectar y mitigar problemas de sobreajuste al evaluar el rendimiento del modelo en diferentes particiones de datos. Esto proporciona una estimación más confiable del rendimiento del modelo en datos no vistos y, por lo tanto, una mejor comprensión de su capacidad de generalización.

Existen diferentes métodos de validación cruzada, cada uno con sus propias características y aplicaciones. Algunos de los métodos más comunes incluyen el método de *K-folds*, *leave-one-out* (LOO), *Leave-P-out* y *Stratified K-folds*, entre otros. La elección del método apropiado depende del tamaño del conjunto de datos, la complejidad del modelo y otras consideraciones específicas del problema. Aunque la validación cruzada proporciona una evaluación más robusta del rendimiento del modelo, también presenta algunas limitaciones. Por ejemplo, puede ser computacionalmente costosa, ya que implica ajustar y evaluar el modelo múltiples veces. Además, en conjuntos de datos desequilibrados, es importante tener en cuenta estrategias especiales para garantizar una distribución equitativa de las clases en los *folds*, evitando sesgos en la evaluación del rendimiento del modelo.

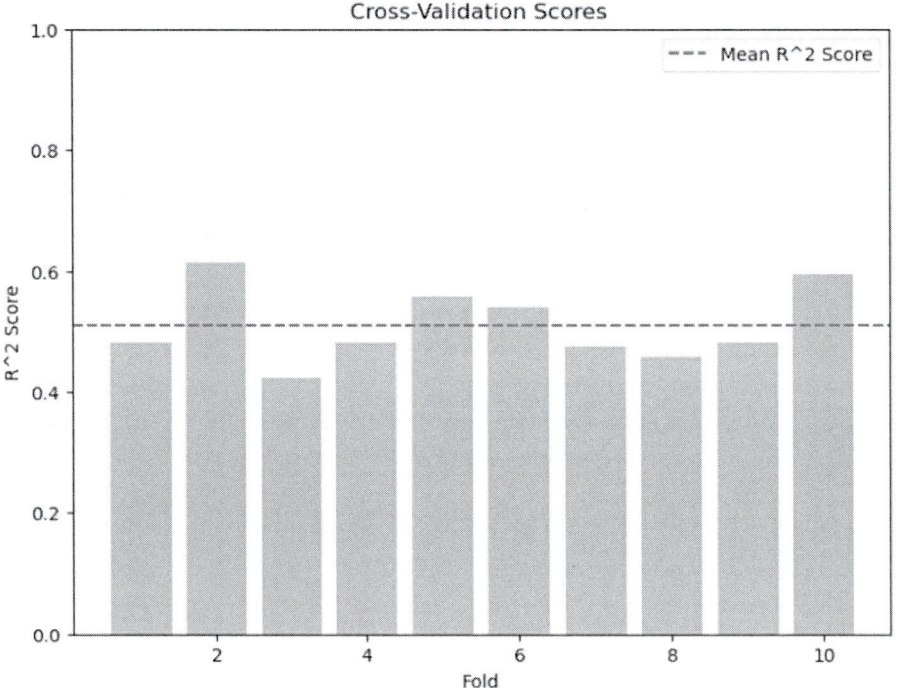

Figura 2.4. *Cross validation scores.*

Código Python

```
cross_val_score(estimator, X, y, scoring, cv)
```

Los parámetros para ejecutar el código son:

- **estimator**: el estimador que se utilizará para ajustar los datos.

- **X**: las características de entrada.
- **y**: Los valores objetivo.
- **scoring**: la métrica de evaluación a utilizar. Por defecto, es la exactitud (accuracy), pero puedes especificar otras métricas como *precision*.
- **cv**: el esquema de validación cruzada que se utilizará para dividir los datos. Puede ser un entero, un objeto de validación cruzada o un iterable que especifica las divisiones

2.1.4. Entropía e índice Gini. Curvas de aprendizaje

La entropía y el índice de Gini son medidas comunes de impureza utilizadas en el análisis supervisado, especialmente en la construcción de árboles de decisión y otros modelos de clasificación. Ambas métricas se utilizan para evaluar la homogeneidad de una distribución de clases en un conjunto de datos y guiar la selección de divisiones óptimas durante la construcción del modelo.

La entropía es una medida fundamental en el análisis de datos que permite cuantificar la incertidumbre presente en una distribución de clases. Inspirada en los principios de la teoría de la información propuesta por Claude Shannon, la entropía se utiliza ampliamente en el campo del aprendizaje automático, especialmente en la construcción de árboles de decisión y otros modelos de clasificación. Cuando se aplica a la clasificación de datos, la entropía proporciona una medida intuitiva de la homogeneidad de una distribución de clases. Cuanto mayor sea la entropía, mayor será la incertidumbre y la impureza en los datos, lo que significa que la distribución de clases es más diversa y menos homogénea. Por otro lado, una entropía baja indica que la distribución de clases es más homogénea y que hay menos incertidumbre en los datos. La fórmula de la entropía se calcula como:

$$\text{Entropía} = -\sum_{i=1}^{N} p_i \cdot \log(P_i)$$

Donde N es el número de clases en el conjunto de datos, p_i es la proporción de ejemplos en el conjunto de datos en la clase i. La entropía alcanza su máximo cuando todas las clases están representadas por igual en el conjunto de datos, lo que indica la máxima incertidumbre.

El índice de Gini, también conocido como coeficiente de Gini, es una medida fundamental en el análisis de datos que se utiliza para evaluar la impureza de la distribución de clases en un conjunto de datos. A menudo asociado con la teoría de la economía y la desigualdad de ingresos, el índice de Gini encuentra una aplicación importante en el campo del aprendizaje automático, especialmente en la construcción de árboles de decisión y otros modelos de clasificación. La definición del índice de Gini se basa en la probabilidad de que

dos elementos seleccionados aleatoriamente de un conjunto de datos sean incorrectamente clasificados si se clasifican de acuerdo con la distribución de clases
presente en el conjunto. Matemáticamente, el índice de Gini se calcula como el
doble del área entre la curva de Lorenz y la línea de equidad, dividido por el área
total bajo la línea de equidad. Esta medida oscila entre 0 y 1, donde 0 indica una
distribución completamente homogénea (es decir, todas las observaciones per-
tenecen a la misma clase) y 1 indica una distribución completamente heterogénea (es decir, las clases están distribuidas uniformemente). En el contexto de
un problema de clasificación, un valor bajo del índice de Gini indica una distribución de clases más homogénea y, por lo tanto, una mayor pureza en los datos.
Por otro lado, un valor alto del índice de Gini sugiere una distribución de clases
más heterogénea y, por lo tanto, una mayor impureza en los datos. Durante la
construcción de un modelo de clasificación, como un árbol de decisión, se busca
minimizar el índice de Gini en cada nodo del árbol, dividiendo el conjunto de
datos en subconjuntos más homogéneos. Esto conduce a una mejor capacidad
de predicción del modelo y a una mayor precisión en la clasificación de nuevos
datos. Matemáticamente el índice de Gini se calcula como:

$$\text{Gini} = 1 - \sum_{i=1}^{N} p_i^2$$

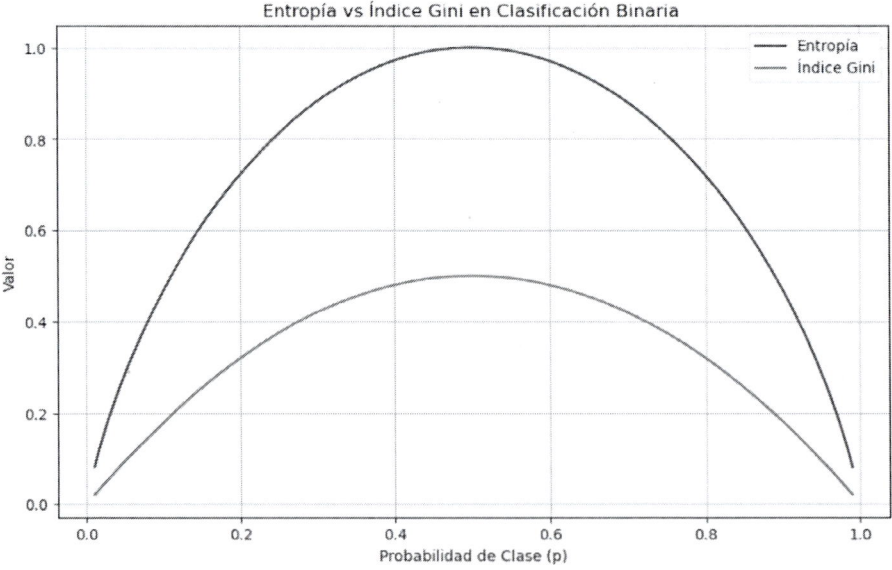

Figura 2.5. Entropía *vs.* índice de Gini.

Una curva de aprendizaje es una representación gráfica que nos ayuda a
comprender cómo evoluciona el rendimiento de un modelo a medida que se

aumenta el tamaño del conjunto de datos de entrenamiento. Este tipo de curva es crucial para la evaluación y el ajuste de modelos de aprendizaje automático, ya que nos permite detectar problemas como el sobreajuste, el subajuste y la capacidad del modelo para generalizar a nuevos datos.

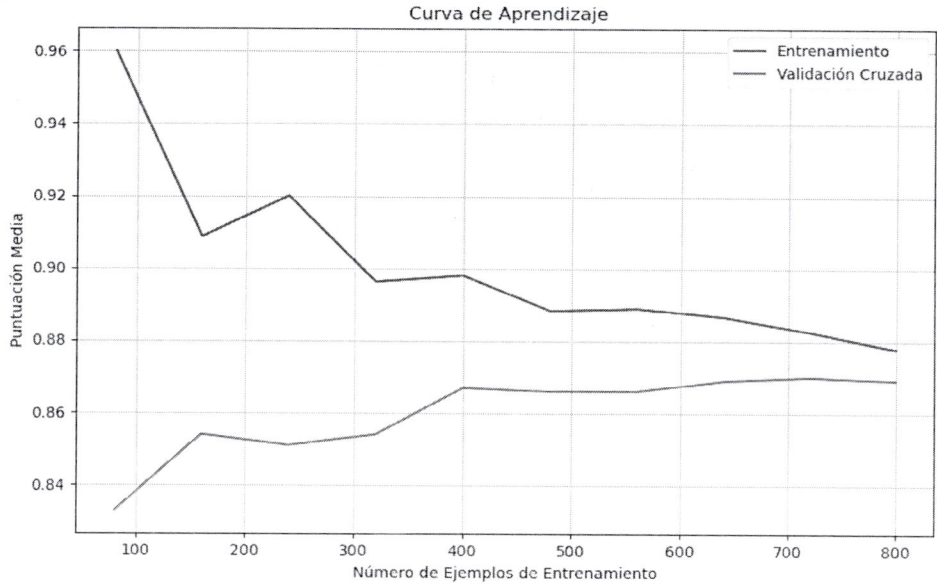

Figura 2.6. Curva de aprendizaje.

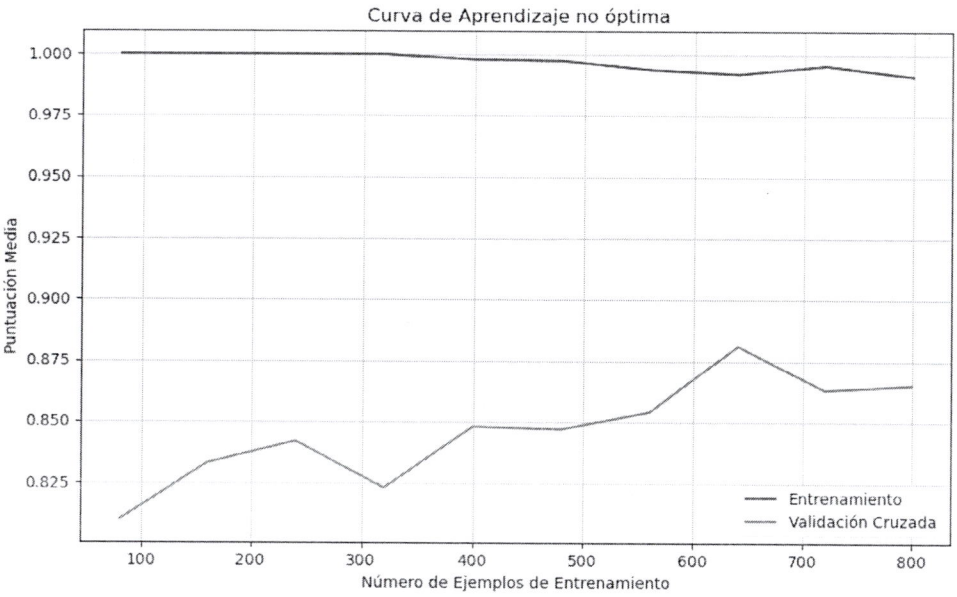

Figura 2.7. Curva de aprendizaje con desplazamiento de curvas.

La curva de entrenamiento es una representación visual del rendimiento de un modelo a medida que se aumenta el tamaño del conjunto de datos de entrenamiento. Cuando hay pocos datos de entrenamiento disponibles, el modelo puede ajustarse demasiado a estos datos y tener un rendimiento deficiente en el conjunto de entrenamiento. Sin embargo, a medida que se agregan más ejemplos de entrenamiento, el modelo tiene la oportunidad de aprender patrones más complejos, lo que suele resultar en una mejora en su rendimiento. No obstante, llega un punto en el que agregar más datos de entrenamiento puede no mejorar significativamente el rendimiento del modelo, lo que se refleja en la estabilización de la curva de entrenamiento.

Por otro lado, la curva de validación cruzada muestra cómo el rendimiento del modelo generaliza a datos no vistos a medida que aumenta el tamaño del conjunto de datos de entrenamiento. Idealmente, queremos que tanto la curva de entrenamiento como la de validación cruzada converjan a un puntaje alto, lo que indicaría que el modelo está aprendiendo de manera efectiva y generaliza bien a nuevos datos. Sin embargo, si hay una brecha significativa entre la curva de entrenamiento y la curva de validación cruzada, podría indicar que el modelo está sobreajustando los datos de entrenamiento, es decir, está aprendiendo ruido en los datos en lugar de patrones genuinos. Por otro lado, si ambas curvas convergen a un puntaje bajo, podría indicar subajuste, lo que significa que el modelo es demasiado simple para capturar la estructura subyacente de los datos.

No existe un umbral específico universalmente aceptado para determinar qué tan grande debe ser la brecha entre el puntaje de entrenamiento y el puntaje de validación cruzada para considerar que un modelo está sobreajustado. Sin embargo, una regla general es que una brecha significativa podría considerarse cuando la diferencia entre los puntajes es sustancial.

Si los puntajes de entrenamiento y validación cruzada son iguales, esto podría indicar que el modelo está generalizando bien y no está sobreajustando ni subajustando los datos. Sin embargo, es importante tener en cuenta que la igualdad de puntajes de entrenamiento y validación cruzada no garantiza necesariamente un buen rendimiento del modelo en datos no vistos. Es posible que el modelo esté aprendiendo patrones específicos de los datos de entrenamiento que no se generalizan bien a nuevas instancias.

Por lo tanto, además de observar la igualdad de los puntajes de entrenamiento y validación cruzada, es esencial realizar una evaluación exhaustiva del rendimiento del modelo en un conjunto de datos de prueba independiente para confirmar su capacidad para generalizar a datos no vistos. Además, es recomendable utilizar técnicas como la validación cruzada y la búsqueda de parámetros para obtener una estimación más precisa del rendimiento del modelo en datos no vistos.

Código Python

> *learning_curve(estimator, X, y, train_sizes, cv, scoring, shuffle, random_state, n_jobs, train_sizes_ab)*

Parámetros:

- **estimator**: este es el estimador que se utilizará para entrenar.
- **X**: la matriz de características del conjunto de datos.
- **y**: el vector de etiquetas del conjunto de datos.
- **train_sizes**: una secuencia o array que especifica los tamaños relativos del conjunto de entrenamiento para los cuales se calcularán las puntuaciones.
- **cv**: el esquema de validación cruzada a utilizar.
- **scoring**: la métrica de evaluación a utilizar para calcular las puntuaciones.
- **shuffle**: un booleano que indica si se deben barajar los datos antes de dividirlos en pliegues de validación cruzada.
- **random_state**: controla la aleatoriedad en el proceso de barajado si shuffle es True, y en la selección de divisiones de validación cruzada.
- **n_jobs**: el número de trabajadores a utilizar para el cálculo en paralelo.
- **train_sizes_abs**: una secuencia que especifica los tamaños absolutos del conjunto de entrenamiento para los cuales se calcularán las puntuaciones. Si se proporciona, este parámetro ignorará train_sizes.

2.1.5. Medidas de distancias

En el campo del aprendizaje automático, se utilizan varias medidas de distancia para cuantificar la similitud o la diferencia entre dos puntos en un espacio de un conjunto de atributos. Estas medidas de distancia son fundamentales en el análisis de datos y el aprendizaje automático, ya que permiten comparar y cuantificar la similitud entre puntos en espacios de múltiples dimensiones. La elección de la distancia adecuada depende del problema específico que se esté abordando y de las características de los datos. Experimentar con diferentes medidas de distancia puede ayudar a encontrar la más adecuada para un conjunto de datos particular y mejorar el rendimiento de los modelos de aprendizaje automático. Estas medidas son fundamentales en algoritmos como *k-Nearest Neighbors* (k-NN), *clustering*, y en la definición de funciones de coste.

A continuación, se expone una breve definición de algunas de las distancias más comunes utilizadas en aprendizaje automático:

- **Distancia euclidiana**: es la distancia más comúnmente utilizada y se define como la longitud del segmento de línea recta que une dos puntos en un espacio euclidiano. Se calcula como la raíz cuadrada de la suma de las diferencias al cuadrado entre las coordenadas de los puntos.

$$d(x,y) = \sqrt{\sum_{i=1}^{K} (x_i - y_i)^2}$$

- **Distancia de Manhattan**: también conocida como distancia de ciudad o norma L1, es la suma de las diferencias absolutas entre las coordenadas de los puntos. Se calcula sumando las diferencias absolutas entre las coordenadas de los puntos a lo largo de cada dimensión.

$$d(x,y) = \sum_{i=1}^{K} |x_i - y_i|$$

- **Distancia Minkowski**: es una generalización de la distancia euclidiana y de la distancia de Manhattan. Se calcula como la raíz n de la suma de las diferencias elevadas a la potencia p entre las coordenadas de los puntos.

$$d(x,y) = \sqrt[n]{\sum_{i=1}^{K} (x_i - y_i)^n}$$

- **Distancia de Chebyshev**: también conocida como la distancia del máximo se define como la máxima diferencia entre las coordenadas de los puntos a lo largo de todas las dimensiones. Se calcula como el valor absoluto de la diferencia máxima entre las coordenadas de los puntos en cada dimensión.

$$d(x,y) = \max\left(\sum_{i=1}^{K} |x_i - y_i|\right)$$

2.2. TEORÍA DE LA DECISIÓN: CLASIFICACIÓN BAYESIANA

2.2.1. Teorema de Bayes

El teorema de Bayes, una piedra angular en la teoría de la probabilidad y la estadística, constituye un pilar esencial en la toma de decisiones y la inferencia en numerosos campos del conocimiento. Su relevancia abarca desde la inteligencia artificial y el aprendizaje automático hasta la medicina y la economía, proporcionando un marco robusto para actualizar nuestras creencias sobre la ocurrencia de un evento a medida que adquirimos nueva información.

En esencia, el teorema de Bayes nos brinda un método sistemático para revisar nuestras creencias iniciales (llamadas "creencias *a priori*") sobre la probabilidad de un evento en función de la evidencia observada (llamada "evidencia") o nueva información. Esta actualización de nuestras creencias se realiza mediante un proceso formal que tiene en cuenta tanto la probabilidad de observar la evidencia si el evento es cierto, como la probabilidad de observar la evidencia si el evento no es cierto.

Este enfoque bayesiano es especialmente valioso en situaciones donde la incertidumbre es inherente, ya que nos permite cuantificar y ajustar nuestras creencias a medida que acumulamos más información. Por ejemplo, en medicina, el teorema de Bayes se utiliza para interpretar resultados de pruebas diagnósticas y calcular la probabilidad de que un paciente tenga una enfermedad dada la evidencia proporcionada por la prueba.

En el ámbito de la inteligencia artificial y el aprendizaje automático, el teorema de Bayes forma la base de los métodos bayesianos, que se utilizan para la clasificación, la regresión y la estimación de parámetros en modelos probabilísticos. Estos métodos permiten incorporar tanto la incertidumbre en los datos como la incertidumbre en los parámetros del modelo, lo que resulta en predicciones más precisas.

En su formulación básica, el teorema de Bayes establece la relación entre la probabilidad condicional de un evento A dado un evento B y la probabilidad condicional de un evento B dado un evento A. Matemáticamente, se expresa como:

$$P(A_i|B) = \frac{P(B|A_i) \cdot P(A_i)}{P(B)} = \frac{P(B|A_i) \cdot P(A_i)}{\sum_{i=1}^{n} P(B|A_i) \cdot P(A_i)}$$

Matemáticamente, el teorema de Bayes se expresa como sigue:

- **P(A|B)** representa la probabilidad de que ocurra el evento A dado que ha ocurrido el evento B. Esta es la probabilidad que estamos tratando de calcular, también conocida como la probabilidad *a posteriori*.

- **P(B|A)** es la probabilidad de que ocurra el evento B dado que ha ocurrido el evento A. Esta es la probabilidad de verosimilitud, que describe qué tan probable es que la evidencia B ocurra si el evento A es verdadero.
- **P(A)** es la probabilidad a priori de que ocurra el evento A antes de observar el evento B. Representa nuestras creencias o conocimientos previos sobre la ocurrencia de A.
- **P(B)** es la probabilidad marginal de que ocurra el evento B, independientemente de si A es verdadero o falso. Esta es la probabilidad total de la evidencia B.

El sumatorio en el denominador se extiende sobre todos los posibles eventos A_i, y calcula la probabilidad total de observar el evento B, teniendo en cuenta todas las posibles causas A_i. Esta formulación con sumatorio en el denominador es útil cuando se trabaja con eventos discretos o cuando hay múltiples posibles causas A_i que podrían llevar a la ocurrencia del evento B. Se suma la contribución de cada causa potencial ponderada por su probabilidad *a priori* P(Ai), junto con la probabilidad de que B ocurra dado cada A_i, $P(B|A_i)$. Esto proporciona una forma de normalizar las probabilidades condicionales, asegurando que sumen 1 y permitiendo una actualización precisa de las creencias sobre A dado B.

Veamos un ejemplo práctico del teorema de Bayes. Se tiene una fábrica que produce piezas para automoción del tipo A, B y C. Se ha medido las piezas defectuosas como se indica en el gráfico adjunto.

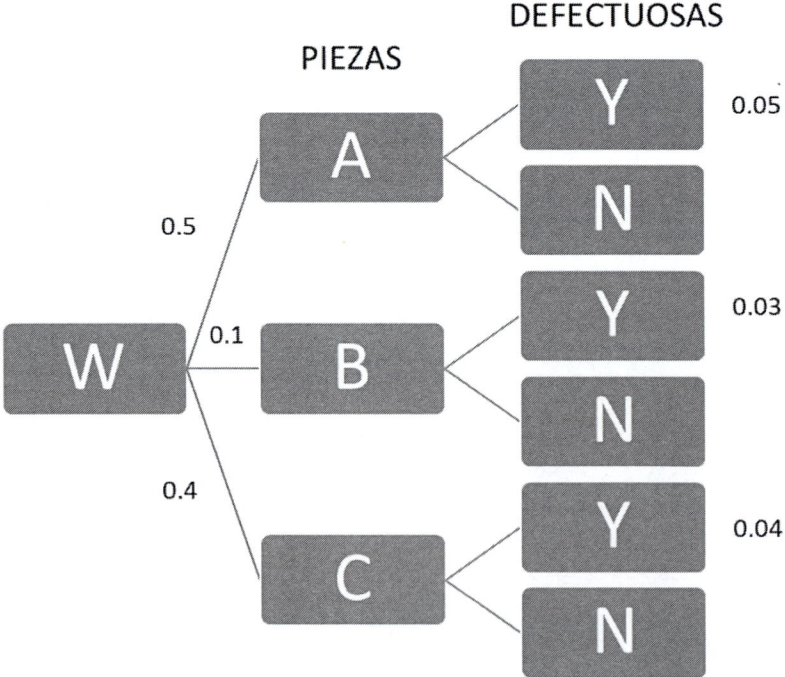

Figura 2.8. Ejemplo de aplicación del teorema de Bayes.

¿Cuál será la probabilidad de que la pieza defectuosa pertenezca al tipo C? En primer lugar, se calcula la probabilidad global de que una pieza sea defectuosa. La formulación matemática sería:

$$P(D) = P(A) \cdot P(D|A) + P(B) \cdot P(D|B) + P(A) \cdot P(D|B)$$

$$P(D) = 0.5 \cdot 0.05 + 0.1 \cdot 0.03 + 0.4 \cdot 0.04 = 0.044$$

Aplicando el teorema de Bayes se tiene que la probabilidad de B que sea defectuosa:

$$P(B|D) = \frac{P(B) \cdot P(D|B)}{P(D)} = \frac{P(B) \cdot P(D|B)}{P(A) \cdot P(D|A) + P(B) \cdot P(D|B) + P(A) \cdot P(D|B)}$$

$$P(B|D) = \frac{0.1 \cdot 0.03}{0.5 \cdot 0.05 + 0.1 \cdot 0.03 + 0.4 \cdot 0.04} = 0.07$$

2.2.2 Algoritmo de Naive Bayes

El algoritmo de Naive Bayes es una técnica fundamental en el campo del aprendizaje automático supervisado, ampliamente utilizada para la clasificación y, en ocasiones, para la regresión. Su eficacia radica en su base teórica en el teorema de Bayes, un principio estadístico que describe la probabilidad condicional de un evento dado el conocimiento previo de otro evento relacionado. Este teorema proporciona un marco sólido para calcular las probabilidades de pertenencia a una clase específica basada en la información proporcionada por las características de los datos.

A pesar de su simplicidad y los supuestos simplificados que conlleva, el algoritmo de Naive Bayes ha demostrado ser altamente efectivo en una variedad de problemas del mundo real. Una de las características clave de Naive Bayes es su "ingenuidad" o suposición simplificada de independencia condicional entre las características. Esto significa que el algoritmo asume que cada característica contribuye de forma independiente a la probabilidad de pertenencia a una clase, lo que puede no ser cierto en la práctica.

A pesar de esta simplificación, Naive Bayes sigue siendo efectivo en muchos casos, especialmente cuando se trabaja con conjuntos de datos de alta dimensionalidad y datos categóricos. Su capacidad para manejar eficazmente este tipo de datos se debe a su capacidad para escalar bien con conjuntos de datos grandes y su eficiencia computacional en comparación con otros algoritmos más complejos. Además, su facilidad de implementación y su bajo requerimiento de ajuste de parámetros lo hacen atractivo para su uso en aplicaciones del mundo real. En resumen, a pesar de sus supuestos simplificados, el algoritmo de Naive Bayes sigue siendo una herramienta poderosa y ampliamente utilizada en el aprendizaje automático debido a su eficacia y eficiencia en una variedad de contextos.

El algoritmo de Naive Bayes es particularmente útil cuando se trata de conjuntos de datos grandes y complejos, donde la ingenuidad del modelo puede ayudar a simplificar el proceso de aprendizaje y clasificación. Además, es computacionalmente eficiente y rápido de entrenar, lo que lo hace adecuado para aplicaciones en tiempo real y grandes volúmenes de datos. Supongamos que tenemos un conjunto de datos de entrenamiento que consiste en m instancias etiquetadas, donde cada instancia está representada por un vector de características $A=(A_1, A_2, \ldots, A_n)$, y cada instancia tiene una etiqueta de clase B. Denotamos $P(B)$ como la probabilidad de observar la clase y, y $P(A|B)$ como la probabilidad de observar el vector de características A dado que la clase es B. Usando Bayes la probabilidad condicional sería:

$$P(B|A) = \frac{P(A|B) \cdot P(B)}{P\ A}$$

Considerando que $P(A)$ es una constante y asumiendo la independencia condicional entre las características dadas las clases, se puede factorizar la $P(A|B)$ como el producto de las probabilidades condicionales de cada característica:

$$P(A|B) = P(A_1|B) \cdot P(A_2|B) \cdot \cdots \cdot P(A_n|B)$$

Para hacer una predicción se calcula $P(B|A)$ para cada clase B y selecciona la máxima probabilidad como resultado. El proceso de entrenamiento de un modelo de Naive Bayes involucra el cálculo de la probabilidad de cada clase y la probabilidad de cada característica dada cada clase, utilizando un conjunto de datos de entrenamiento. Para las probabilidades se pueden usar distintas distribuciones de probabilidad dependiendo si la función objetivo es categórica o continua. Los más usados son el clasificador de Bernoulli, el clasificador gaussiano y el clasificador multinomial. Para las probabilidades $P(B)$ simplemente se calcula la frecuencia relativa en los datos de entrenamiento. Una vez que el modelo está entrenado, puede emplearse para realizar predicciones sobre nuevos datos. Para una nueva instancia, el algoritmo de Naive Bayes calcula la probabilidad posterior de cada clase dada la instancia y selecciona la clase con la probabilidad posterior más alta como la predicción.

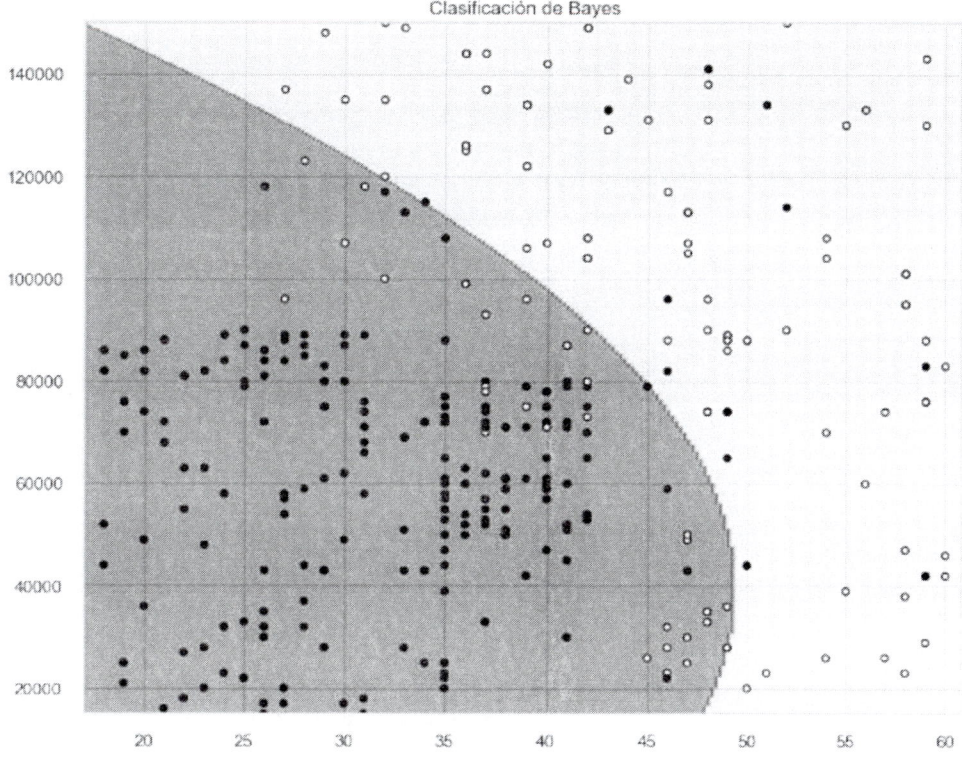

Figura 2.9. Clasificación bayesiana binaria con la curva de frontera.

Código Python

Gaussian Naive Bayes: GaussianNB(), Multinomial Naive Bayes: MultinomialNB()

Bernoulli Naive Bayes: BernoulliNB()

El algoritmo Naive Bayes no presenta una gran cantidad de parámetros para ajustar. Sin embargo, es importante destacar que los parámetros pueden variar ligeramente según la variante específica de Naive Bayes que se esté utilizando, como GaussianNB, MultinomialNB o BernoulliNB.

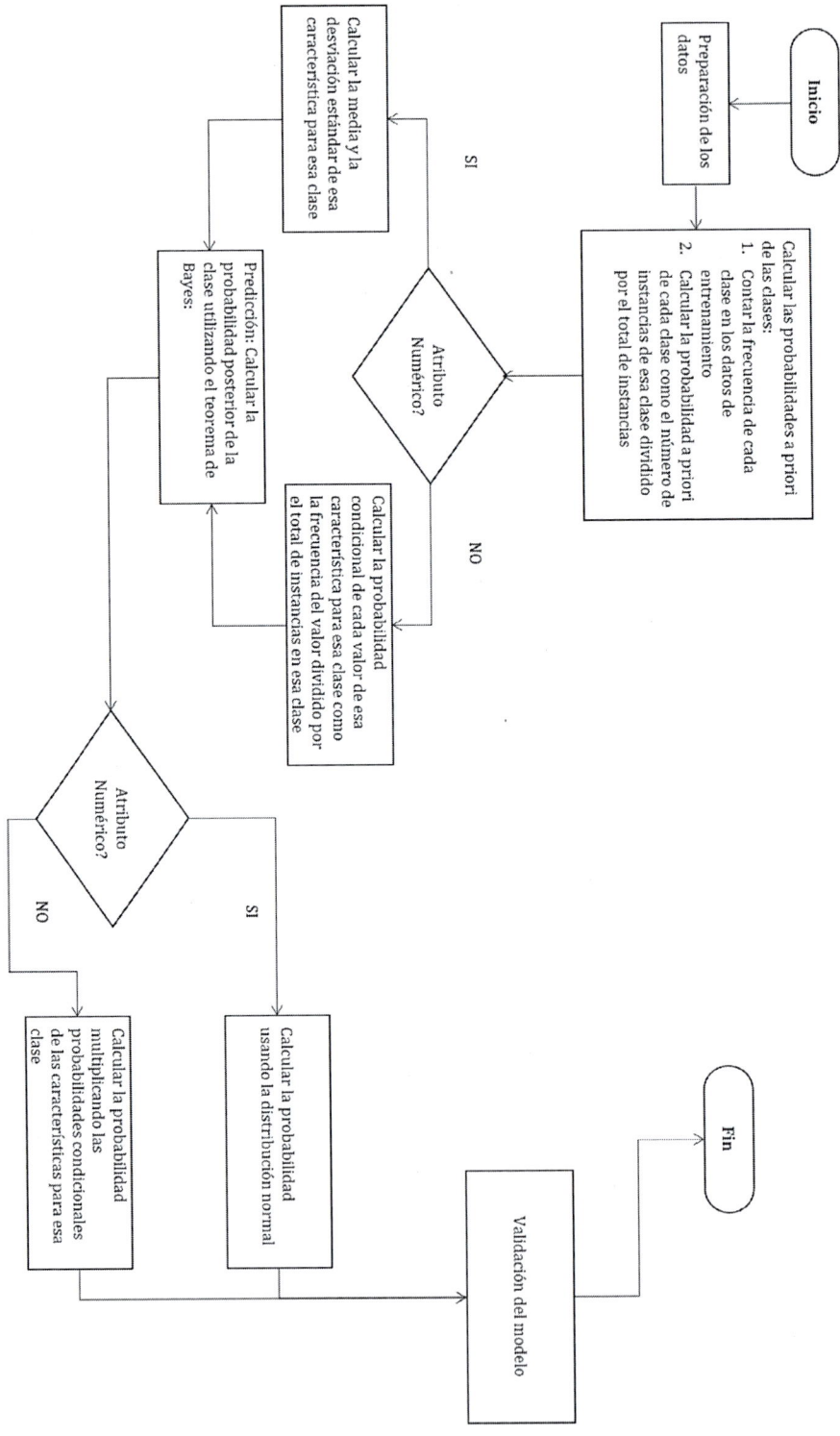

Figura 2.10. Diagrama de flujo para desarrollar modelos Naive-Bayes.

2.3. SISTEMAS DE CLASIFICACIÓN BÁSICOS

2.3.1. Árbol de decisión simple

El modelo de clasificación de árbol es uno de los algoritmos de aprendizaje automático más utilizados para la construcción de árboles de decisión en la clasificación de datos. Desarrollado por Ross Quinlan, el modelo de árbol simple es una extensión del algoritmo ID3 (Iterative Dichotomiser 3) que maneja datos con valores faltantes y datos con atributos continuos. A lo largo de las décadas, ha demostrado ser un método efectivo y versátil en una amplia gama de aplicaciones.

Una de las características principales del modelo es su capacidad para construir árboles de decisión a partir de conjuntos de datos etiquetados, donde cada instancia se caracteriza por un conjunto de atributos y se asocia con una etiqueta de clase. El algoritmo opera de manera recursiva, dividiendo el conjunto de datos en subconjuntos más pequeños basados en los valores de los atributos, con el objetivo de maximizar la homogeneidad de las clases dentro de cada subconjunto. Durante la construcción del árbol de decisión, el modelo utiliza un enfoque basado en la información para seleccionar el atributo de división en cada nodo. Este enfoque calcula la ganancia de información para cada atributo, que mide cuánto de la división de los datos en función de que ese atributo reduce la incertidumbre sobre las etiquetas de clase. La ganancia de información se calcula utilizando la entropía, que es una medida de la incertidumbre en la distribución de las etiquetas de clase en un conjunto de datos. El atributo con la mayor ganancia de información se selecciona como el atributo de división en ese nodo. Si un atributo tiene un conjunto de valores categóricos, el modelo puede generar múltiples ramas en el árbol, una para cada valor posible del atributo. Si un atributo tiene un conjunto de valores continuos, el modelo puede generar múltiples umbrales para dividir los datos en dos grupos.

Una vez construido el árbol de decisión, el modelo puede utilizarlo para realizar predicciones sobre nuevas instancias de datos. Este proceso se realiza pasando cada instancia a través del árbol, siguiendo las ramas correspondientes a los valores de los atributos de la instancia, hasta llegar a una hoja que representa una etiqueta de clase. Para realizar una predicción, se comienza en la raíz del árbol y se evalúa el valor del atributo en ese nodo para la instancia de datos que se está clasificando. Basándose en este valor, se sigue por la rama correspondiente hasta llegar a otro nodo o una hoja del árbol. Este proceso se repite recursivamente hasta alcanzar una hoja, que contiene la etiqueta de clase asignada.

Cada hoja del árbol representa una decisión de clasificación y contiene la etiqueta de clase predicha para las instancias que siguen ese camino desde la raíz. Por lo tanto, cuando una nueva instancia se propaga a través del árbol, su camino a lo largo de las ramas determina qué etiqueta de clase se le asigna al final. Este enfoque de clasificación basado en árboles de decisión es eficiente y fácil de interpretar, lo que lo hace ampliamente utilizado en una variedad de aplicaciones de aprendizaje automático y minería de datos. Además, el modelo, con su capacidad para construir árboles de decisión de manera eficiente y utilizar criterios de selección de atributos basados en la información, es particularmente útil para la clasificación de conjuntos de datos complejos con múltiples atributos y clases.

El algoritmo también incluye técnicas de poda para evitar el sobreajuste del árbol de decisión a los datos de entrenamiento. Este proceso de poda implica eliminar subárboles que no mejoran significativamente el rendimiento del modelo en un conjunto de validación independiente. Al eliminar partes del árbol que no contribuyen de manera significativa a la precisión general del modelo, se ayuda a evitar el sobreajuste y se promueve una mejor generalización a datos no vistos.

Aunque el modelo de árbol es altamente efectivo en una variedad de escenarios, también tiene sus limitaciones. Por ejemplo, puede ser sensible al ruido en los datos y puede generar árboles de decisión que son demasiado complejos y propensos al sobreajuste en conjuntos de datos pequeños o ruidosos. Además, la precisión del modelo puede verse afectada por la elección de los parámetros y la calidad de los datos de entrenamiento, lo que requiere un cuidadoso ajuste y validación durante el proceso de construcción del árbol. Sin embargo, a pesar de estas limitaciones, el algoritmo sigue siendo una herramienta valiosa y ampliamente utilizada en el campo del aprendizaje automático y la minería de datos.

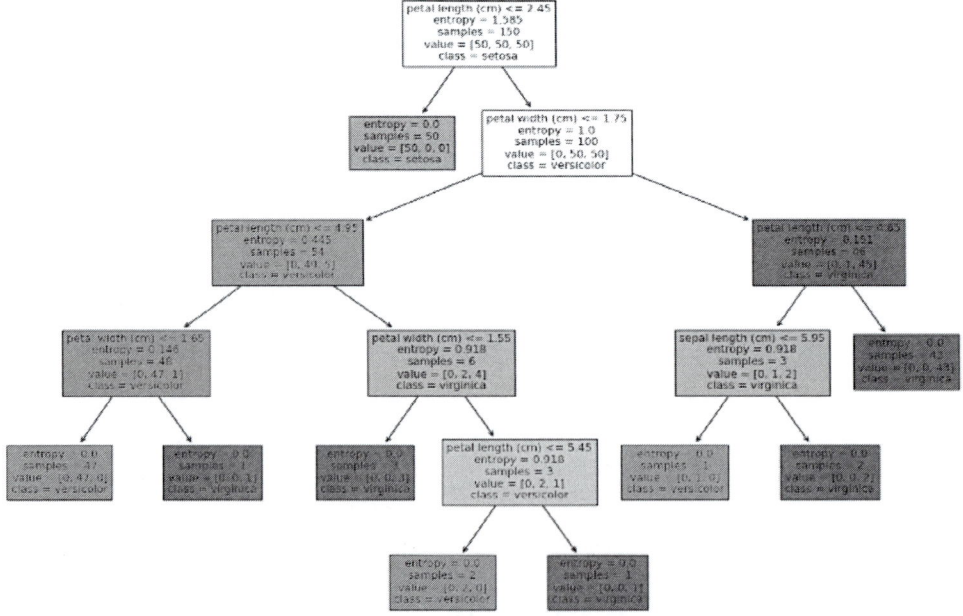

Figura 2.11. Ejemplo de árbol de decisión simple.

Código Python

> *DecisionTreeClassifier(criterion, splitter, max_depth, min_samples_split, min_samples_leaf, max_features, random_state)*

Parámetros:

- **criterion**: la función para medir la calidad de una división.
- **splitter**: la estrategia utilizada para seleccionar la división en cada nodo
- **max_depth**: la profundidad máxima del árbol.
- **min_samples_split**: el número mínimo de muestras requeridas para dividir un nodo interno.
- **min_samples_leaf**: el número mínimo de muestras requeridas para ser una hoja.
- **min_weight_fraction_leaf**: la fracción mínima ponderada de la suma total de pesos requerida para ser una hoja.
- **max_features**: el número de características a considerar al buscar la mejor división.
- **random_state**: controla la aleatoriedad de la selección de características en cada nodo.
- **max_leaf_nodes**: el número máximo de hojas que puede tener el árbol.
- **min_impurity_decrease**: un nodo se dividirá si esta división induce una disminución de la impureza mayor o igual a este valor.
- **min_impurity_split**: umbral para detener el crecimiento del árbol.
- **class_weight**: pesos asociados con las clases en la forma.

2.3.2. Algoritmo k-NN

El algoritmo k-nearest neighbors (k-NN) es una técnica de aprendizaje supervisado ampliamente utilizada tanto para clasificación como para regresión. A pesar de su simplicidad, el k-NN puede ser altamente efectivo en una variedad de problemas de aprendizaje automático. Su enfoque radica en su capacidad para tomar decisiones basadas en la similitud de las instancias de datos previamente observadas.

Una de las características distintivas del k-NN es que no requiere la construcción explícita de un modelo durante la fase de entrenamiento. En cambio, el algoritmo simplemente memoriza los datos de entrenamiento, almacenando las instancias con sus etiquetas correspondientes. Luego, cuando se enfrenta a una nueva instancia de datos, el k-NN busca las k instancias más cercanas en el espacio de características, utilizando alguna medida de similitud, como la distancia euclidiana.

La idea subyacente detrás del k-NN es que las instancias que están "cercanas" entre sí en el espacio de características tienen etiquetas de clase (o valores de regresión) similares. Por lo tanto, para clasificar una nueva instancia de datos, el algoritmo k-NN cuenta el número de instancias de cada clase entre los k vecinos más cercanos y asigna la etiqueta de clase más común a la instancia. Es importante destacar que la elección del valor de k es un parámetro crítico en el algoritmo k-NN y puede afectar significativamente su rendimiento. Un valor demasiado pequeño de k puede hacer que el modelo sea sensible al ruido en los datos, mientras que un valor demasiado grande puede hacer que el modelo sea demasiado generalizado.

En la etapa de entrenamiento, el algoritmo simplemente memoriza los datos de entrenamiento, que consisten en pares de vectores de características y etiquetas de clase (para clasificación) o valores numéricos (para regresión). Cuando se enfrenta a una nueva instancia de datos, el algoritmo k-NN busca las k instancias más cercanas en el espacio de características. La "cercanía" se mide típicamente utilizando una métrica de distancia, como la distancia euclidiana. Estas instancias más cercanas son los "vecinos" de la nueva instancia. Una vez que se han identificado los k vecinos más cercanos, el algoritmo k-NN decide la etiqueta de clase de la nueva instancia basándose en la mayoría de los votos entre esos k vecinos en el caso de clasificación. En el caso de regresión, se puede tomar el promedio (o alguna otra medida de centralidad) de los valores de las etiquetas de los k vecinos más cercanos como la predicción para la nueva instancia.

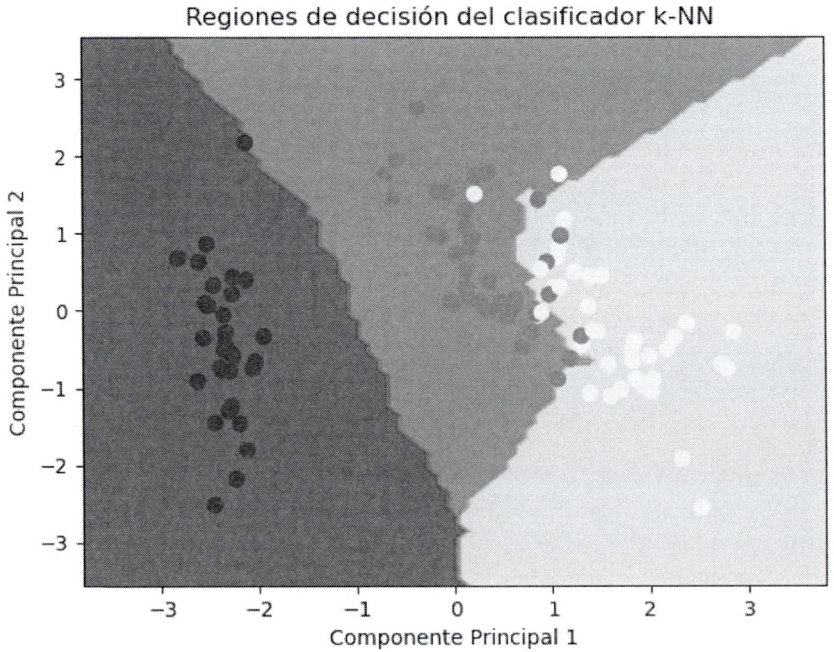

Figura 2.12. Clasificador k-NN.

Uno de los aspectos importantes del algoritmo k-NN es la selección del parámetro k, que representa el número de vecinos a considerar. El valor de k puede afectar significativamente el rendimiento del algoritmo, ya que un valor muy bajo puede llevar a una clasificación o predicción demasiado sensible al ruido, mientras que un valor muy alto puede suavizar demasiado las fronteras de decisión o las tendencias en el caso de regresión. La elección de k es un aspecto importante que debe ajustarse mediante técnicas de validación cruzada u otros métodos de selección de modelos.

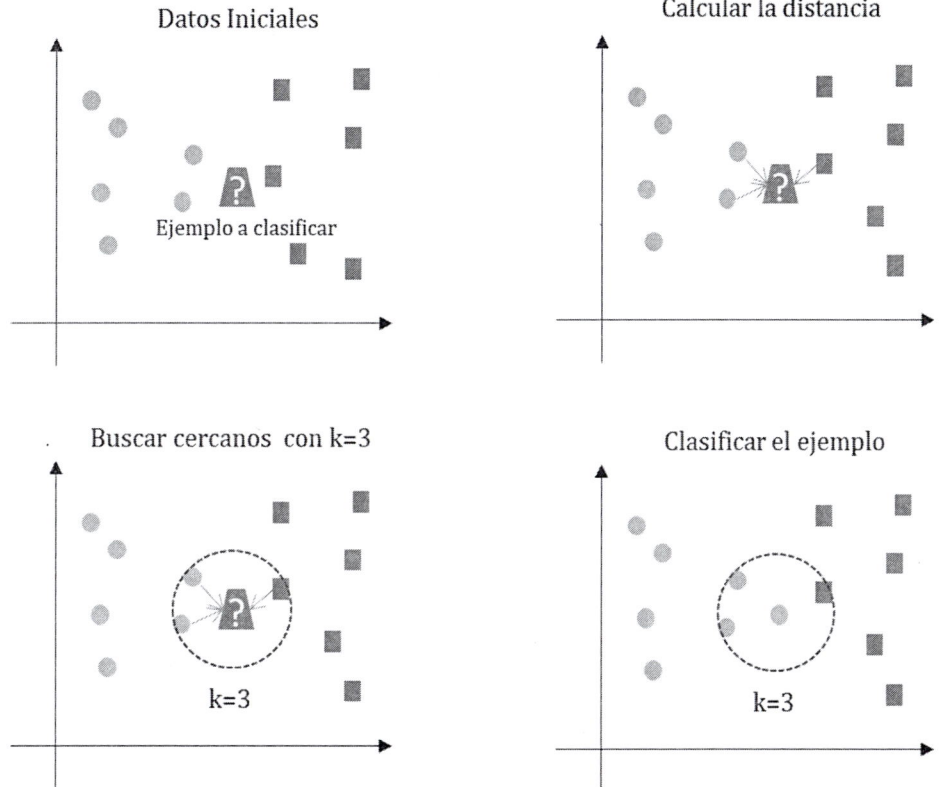

Figura 2.13. Etapas del algoritmo de k-NN.

Una de las ventajas del algoritmo k-NN es su capacidad para adaptarse a datos no lineales y complejos. Además, es fácil de entender e interpretar, lo que lo hace útil en escenarios donde se requiere transparencia en el modelo. Su principal desventaja es que puede ser computacionalmente costoso, especialmente en conjuntos de datos grandes, ya que necesita calcular la distancia entre el nuevo punto y todos los puntos en el conjunto de entrenamiento. Además, KNN no aprende explícitamente un modelo, sino que memoriza los datos de entrenamiento, lo que puede llevar a un rendimiento deficiente en datos de prueba no vistos si los datos no están bien estructurados o si hay ruido en los datos.

Código Python

> KNeighborsClassifier(n_neighbors, weights, algorithm, leaf_size, p, metric, metric_params, n_jobs)

Parámetros:

- **n_neighbors**: el número de vecinos más cercanos que se utilizarán para la predicción. Es el *parámetro* principal del algoritmo k-NN.
- **weights**: función de peso utilizada en la predicción. Puede ser uno de los siguientes valores: uniform (todos los vecinos tienen el mismo peso) o distance (el peso de cada vecino es inversamente proporcional a su distancia.
- **algorithm**: algoritmo utilizado para calcular los vecinos más cercanos.
- **leaf_size**: tamaño de la hoja pasado al algoritmo de árbol de bolas o árbol KD. Solo se usa si el algoritmo se establece en ball_tree o kd_tree.
- **p**: parámetro de potencia para la métrica de Minkowski.
- **metric**: Métrica de distancia utilizada para calcular la distancia entre puntos. Euclidean, Manhattan, Minkowski.
- **metric_params**: parámetros adicionales para la métrica de distancia.
- **n_jobs**: número de trabajos en paralelo para ejecutar. -1 significa usar todos los procesadores disponibles.

2.4. SISTEMAS DE CLASIFICACIÓN AVANZADOS

2.4.1. *Random forest*

El algoritmo *random forest* es un método de aprendizaje automático potente y flexible que se encuentra dentro de la categoría de métodos de conjunto. Se fundamenta en la creación de múltiples árboles de decisión durante la etapa de entrenamiento, utilizando un enfoque conocido como "ensacado" (*bagging*). Durante este proceso, se extraen muestras de entrenamiento aleatorias con reemplazo, así como características aleatorias en cada división del árbol, lo que introduce variabilidad entre los árboles individuales y ayuda a mitigar el sobreajuste. En la etapa de predicción, cada árbol en el bosque emite una estimación basada en las características de entrada. En problemas de clasificación, se emplea un esquema de votación para determinar la clase final asignada a una instancia de entrada, mientras que, en problemas de regresión, las predicciones de los árboles individuales se promedian para obtener una estimación final del valor de regresión.

El término *in bag* se refiere a los datos utilizados durante la fase de entrenamiento del algoritmo *random forest*. Durante esta fase, se selecciona aleatoriamente una muestra del conjunto de datos original con reemplazo, lo que significa que algunas instancias pueden ser seleccionadas varias veces, mientras que otras no son seleccionadas en absoluto debido a la aleatoriedad del proceso de muestreo. Esta técnica se conoce como el método de *bootstrap*. Por otro lado, los datos que no se utilizan para el entrenamiento de un árbol específico se denominan *out of bag* (OOB), lo que significa que estos datos no se incluyen en la muestra para ese árbol en particular. Este enfoque permite evaluar el rendimiento del modelo aplicando datos no utilizados en el proceso de entrenamiento. El cálculo del error *out of bag* se realiza probando cada árbol con los datos *out of bag* correspondientes, y luego se calcula el error promedio del bosque de decisión tomando el promedio de estos errores. Cada árbol se pondera en función de su tasa de error *out of bag* calculada, asignándole un peso que es inversamente proporcional a su tasa de error. Esto significa que los árboles con tasas de error más bajas tienen un peso mayor en la estimación final.

A pesar de ofrecer una alta precisión y resistencia al sobreajuste, la interpretación de *random forest* puede ser compleja debido a la combinación de múltiples árboles de decisión. Además, el proceso de construcción de múltiples árboles puede resultar en un mayor tiempo de entrenamiento y predicción.

Para determinar las variables más significativas en un modelo de *random forest*, se suelen emplear diversos enfoques. Uno de los métodos más comunes es evaluar la importancia de las características o variables mediante la medición de su contribución al rendimiento del modelo. En primer lugar, se obtiene la importancia de las características utilizando el atributo *feature_importances*, que proporciona un valor de importancia para cada característica después de entrenar el modelo. Esta importancia se calcula según cuánto se reduzca la impureza de los nodos del árbol al tomar decisiones basadas en esa característica durante la construcción del bosque. Con base en esta visualización, se puede establecer un umbral de importancia y seleccionar solo aquellas características cuya importancia supere dicho umbral. En el ámbito de la clasificación, los random forests se utilizan frecuentemente en problemas de reconocimiento de imágenes y de voz, donde la robustez y la capacidad de manejar grandes volúmenes de datos con alta dimensionalidad son críticas.

Además, en el campo de la biomedicina, los *random forest* han encontrado aplicaciones en la detección y diagnóstico de enfermedades, como el cáncer y las enfermedades cardíacas, mediante el análisis de datos genéticos y de imagen médica. En finanzas, estos modelos son ampliamente empleados en la predicción de riesgos crediticios, detección de fraudes y pronóstico de mercados financieros, debido a su capacidad para manejar conjuntos de datos desequilibrados y no lineales. Asimismo, en el ámbito medioambiental, los *random forest* son utilizados para la clasificación de imágenes satelitales, pronóstico de incendios forestales y detección de cambios en el uso de la tierra. Por otro lado, en el ámbito de la recomendación, son empleados para la personalización de contenido y filtrado colaborativo en plataformas de *streaming* y comercio electrónico. En la industria manufacturera, se aplican para el monitoreo de la calidad del producto, la predicción de fallos en maquinaria y el mantenimiento predictivo. En conclusión, los bosques aleatorios son una herramienta poderosa y altamente adaptable que encuentra aplicación en una amplia gama de campos y problemas, gracias a su capacidad para manejar datos complejos, hacer predicciones precisas y proporcionar *insights* valiosos en entornos diversos y dinámicos.

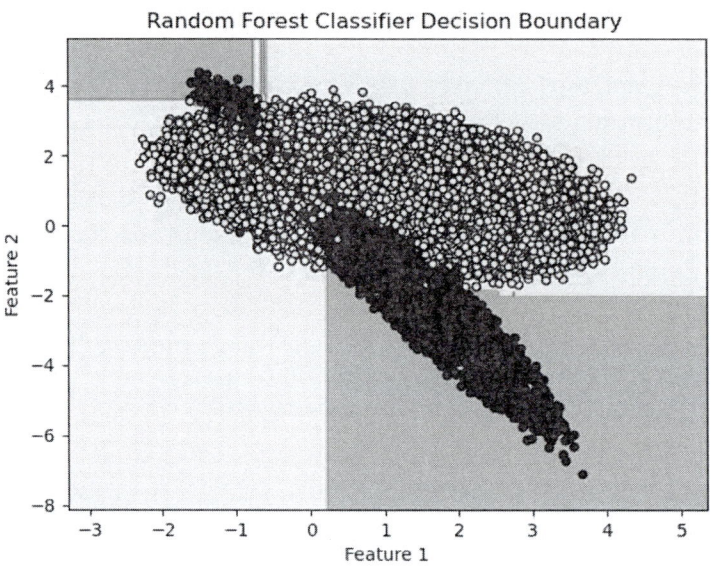

Figura 2.14. Ejemplo de clasificación *random forest*.

Código Python

```
RandomForestClassifier(n_estimatorss, criterion, max_depth, min_samples_
split, min_samples_leaf, max_features, bootstrap, random_state)
```

Parámetros:

- **n_estimators**: el número de árboles en el bosque.
- **criterion**: la función para medir la calidad de una división. Puede ser "gini" para impureza Gini o "entropy" para ganancia de información.
- **max_depth**: la profundidad máxima de los árboles.
- **min_samples_split**: el número mínimo de muestras requeridas para dividir un nodo interno. Este parámetro puede ayudar a controlar el sobreajuste limitando la división de nodos que tienen muy pocas muestras.
- **min_samples_leaf**: el número mínimo de muestras requeridas para ser considerado como una hoja. Similar a min_samples_split, pero se aplica a las hojas.

- **max_features**: el número de características a considerar al buscar la mejor división. Reducir este número puede acelerar el entrenamiento y ayudar a evitar el sobreajuste.
- **bootstrap**: indica si se debe realizar un muestreo con reemplazo al construir árboles.
- **random_state**: semilla para controlar la aleatoriedad del modelo.

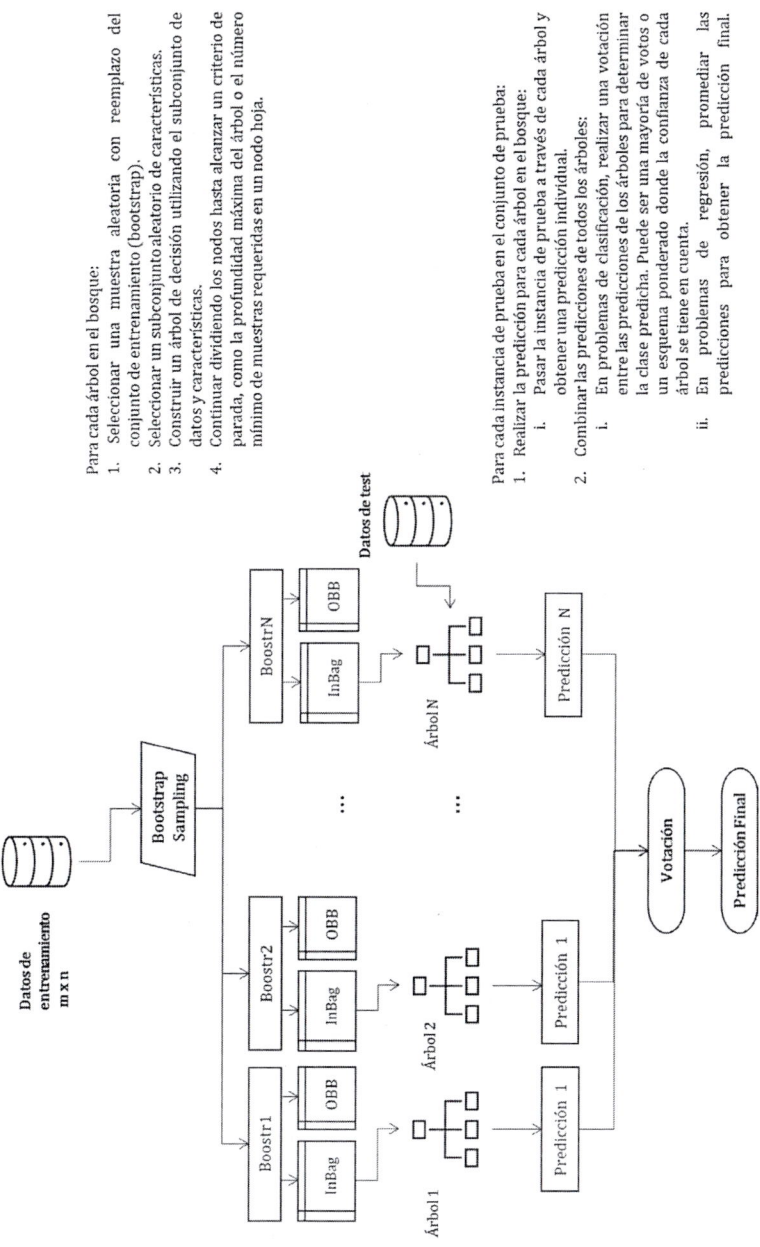

Figura 2.15. Algoritmo de *random forest*.

2.4.2. *Boosting*

Boosting es una técnica de ensamblaje de modelos que combina los resultados de múltiples clasificadores débiles para construir un clasificador robusto y preciso. En el proceso de *boosting* se agregan sucesivamente clasificadores débiles de forma iterativa, y cada uno de ellos se enfoca en corregir los errores cometidos por los clasificadores anteriores. Esto se logra asignando pesos diferentes a cada clasificador débil según su precisión en la clasificación de los datos. Los datos se ajustan durante el proceso de entrenamiento, de manera que los casos mal clasificados por los clasificadores anteriores reciben más atención en las siguientes iteraciones, lo que permite mejorar gradualmente la precisión del modelo final.

Los criterios de parada son reglas clave en el proceso de *boosting* para evitar el sobreajuste del modelo y garantizar un rendimiento óptimo. Estos criterios incluyen el número máximo de iteraciones o árboles en el ensamblaje, la convergencia del rendimiento del modelo, que implica detener el entrenamiento cuando ya no se observa una mejora significativa en la precisión del modelo en un conjunto de validación, y el establecimiento de un tamaño mínimo del árbol para evitar la creación de árboles excesivamente complejos que puedan llevar al sobreajuste.

Existen varios tipos de *boosting*, entre los que destacan el *boosting* adaptativo o *AdaBoost* y el *boosting* de gradiente.

AdaBoost (*Adaptive boosting*)

El algoritmo AdaBoost, abreviatura de *adaptive boosting* (impulso adaptativo), se destaca como uno de los pioneros y más utilizados en el ámbito del boosting. Su funcionamiento es clave para mejorar la precisión de los modelos de clasificación mediante la construcción de un conjunto de clasificadores débiles, típicamente árboles de decisión, y su secuencial ajuste al conjunto de datos original.

La esencia de AdaBoost radica en su capacidad para asignar pesos dinámicos a las instancias de datos durante el proceso de entrenamiento. En cada iteración del algoritmo se prioriza el ajuste a las instancias mal clasificadas del conjunto de datos anterior. Esta priorización se logra otorgando más peso a estas instancias, lo que significa que tendrán una mayor influencia en la construcción del siguiente clasificador. Esta adaptabilidad en el manejo de los pesos permite que AdaBoost se centre progresivamente en las áreas más difíciles de clasificar, refinando así su capacidad predictiva en cada paso.

Al finalizar las iteraciones, los resultados de cada clasificador débil se combinan de manera ponderada mediante un proceso de votación. Este enfoque de combinación garantiza que se tenga en cuenta la contribución relativa de cada clasificador en la predicción final del modelo.

La versatilidad de AdaBoost se manifiesta en su capacidad para abordar una amplia gama de problemas de clasificación binaria. Su robustez y eficacia han sido validadas en numerosas aplicaciones prácticas, desde la detección de fraudes financieros hasta la clasificación de imágenes médicas. En resumen, AdaBoost es una herramienta poderosa y confiable en el arsenal de algoritmos de aprendizaje automático, destacando por su capacidad para mejorar significativamente la precisión de los modelos de clasificación.

Gradient boosting

El *gradient boosting* es otra técnica prominente dentro del campo del *boosting*, que se distingue por construir un modelo aditivo de forma incremental. A diferencia del AdaBoost, en *gradient boosting* cada nuevo clasificador débil se ajusta para predecir el error residual del modelo existente en lugar de modificar directamente los pesos de las instancias de datos.

En este enfoque, cada clasificador débil se especializa en corregir los errores que quedan después de que los clasificadores anteriores han realizado sus predicciones. Esto implica que, en lugar de centrarse en influir en el peso de las instancias de datos, *gradient boosting* se enfoca en la optimización del modelo a través de la reducción del error residual.

El proceso de ajuste en *gradient boosting* se lleva a cabo mediante el descenso del gradiente, una técnica de optimización que minimiza una función de pérdida. Esta función mide la discrepancia entre las predicciones del modelo y las etiquetas verdaderas. Así, en cada iteración del algoritmo, se busca reducir esta discrepancia ajustando el nuevo clasificador débil.

El clasificador final en *gradient boosting* es una combinación ponderada de todos los clasificadores débiles, donde los pesos de cada uno se determinan durante el proceso de entrenamiento. Esta ponderación garantiza que se tenga en cuenta la contribución relativa de cada clasificador en la predicción final del modelo.

La versatilidad de *gradient boosting* se evidencia en su capacidad para abordar una amplia variedad de problemas, tanto de regresión como de clasificación. Su flexibilidad y poder predictivo lo convierten en una herramienta valiosa en el ámbito del aprendizaje automático, siendo aplicable en contextos tan diversos como la predicción de precios de acciones o la detección de fraudes financieros.

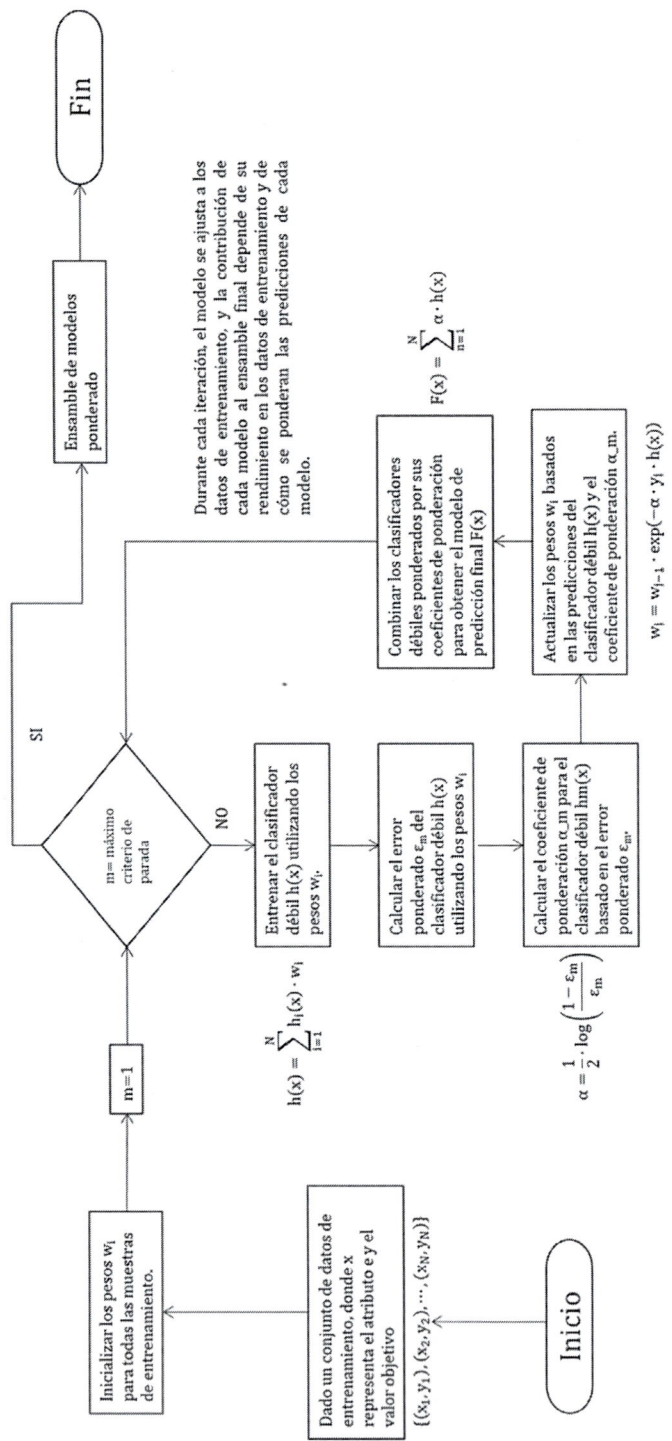

Figura 2.16. Algoritmo *boost*.

XGBoost (*extreme gradient boosting*)

XGBoost, una implementación altamente eficiente de *gradient boosting*, se distingue por su excepcional velocidad y rendimiento. Esta herramienta sobresale en la optimización de la velocidad de entrenamiento y la precisión del modelo, lo cual la hace invaluable en numerosas aplicaciones de aprendizaje automático.

Lo que hace a XGBoost particularmente eficaz es su utilización de técnicas avanzadas, como la poda de árboles, la gestión optimizada de la memoria y la paralelización de tareas. Estas estrategias están diseñadas para mejorar tanto la velocidad como la precisión del modelo, permitiendo un entrenamiento más rápido y una mayor capacidad predictiva. Además, XGBoost ofrece funcionalidades adicionales que contribuyen a la robustez y generalización del modelo. Esto incluye la capacidad de realizar selección de características y aplicar técnicas de regularización, lo que ayuda a prevenir el sobreajuste y mejorar la capacidad de generalización del modelo a datos nuevos.

La popularidad de XGBoost ha crecido considerablemente, especialmente en el ámbito de la ciencia de datos y la industria, donde se enfrentan grandes conjuntos de datos y se requiere un rendimiento superior. Su capacidad para manejar eficientemente grandes volúmenes de datos y superar otras implementaciones de *gradient boosting* lo ha convertido en una herramienta indispensable para la construcción de modelos predictivos precisos y escalables.

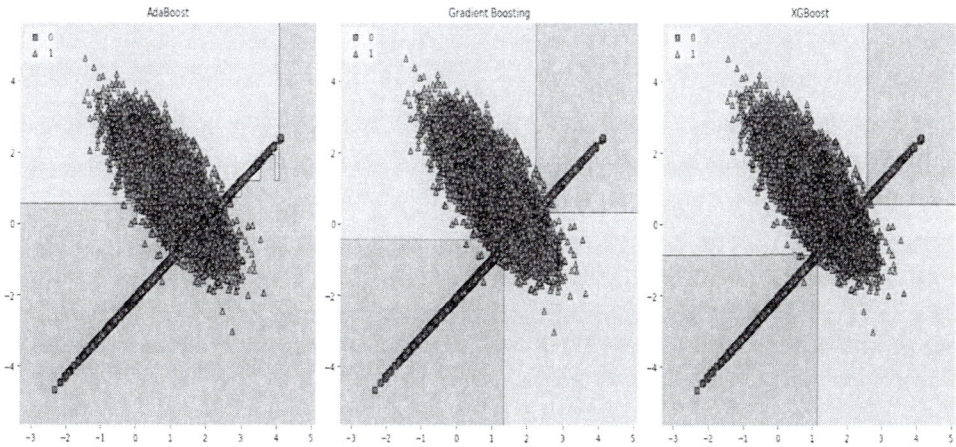

Figura 2.17. Ejemplo de clasificación de *boost*.

Para determinar las variables más significativas en un modelo de *boosting*, se puede utilizar un enfoque similar al utilizado en otros tipos de modelos, como *random forest*.

Algoritmo	Ventajas	Desventajas
AdaBoost	Versátil y fácil de implementar.	Sensible al ruido y los valores atípicos.
	Reducción del sobreajuste.	No siempre robusto frente a datos desequilibrados.
	No requiere ajuste de parámetros complicado.	Tiende a ser más lento que otros métodos.
Gradient boosting	Alta precisión.	Sensible al sobreajuste si no se ajustan los parámetros.
	Robusto frente a datos desequilibrados.	Más lento que métodos lineales.
	Flexibilidad en funciones de pérdida y árboles de decisión.	Requiere ajuste de parámetros.
XGBoost	Velocidad y eficiencia.	Sensible al sobreajuste si no se ajustan los parámetros.
	Mejora en la precisión.	Requiere ajuste de parámetros.
	Robusto frente a datos desequilibrados y ruido.	Menos interpretable que otros modelos.

Los modelos de *boosting* han encontrado aplicaciones significativas en una variedad de campos debido a su capacidad para producir modelos de alta precisión y generalización.

En el campo de la medicina, los modelos de *boosting* se aplican en el diagnóstico médico para predecir enfermedades como el cáncer, la diabetes y las enfermedades cardiovasculares, utilizando datos clínicos, de imágenes médicas y biomarcadores. Los modelos de *boosting* también se utilizan en la identificación de riesgos y la predicción de resultados para mejorar el tratamiento y la atención médica personalizada. En el ámbito financiero, los modelos de *boosting* se emplean en la detección de fraudes, la evaluación del riesgo crediticio, la predicción de la volatilidad del mercado y la realización de análisis de series temporales para pronosticar tendencias del mercado. Estos modelos son fundamentales para identificar patrones y anomalías en grandes volúmenes de datos financieros, ayudando así a tomar decisiones comerciales más informadas y mitigar riesgos. En el sector minorista y de comercio electrónico, los modelos de boosting se utilizan para la personalización de recomendaciones de productos, la segmentación de clientes, la optimización de precios y la predicción de la demanda. Estos modelos aprovechan los datos de transacciones, comportamientos de compra y preferencias del cliente para mejorar la experiencia del usuario y aumentar las ventas.

Código Python

```
AdaBoostClassifier(base_estimator, n_estimators, learning_rate, algorithm,
random_state)
```

Parámetros:

- **base_estimator**: el estimador base utilizado para construir los clasificadores débiles en cada iteración.
- **n_estimators**: el número máximo de clasificadores débiles que se utilizarán en el ensemble.
- **learning_rate**: la tasa de aprendizaje que controla la contribución de cada clasificador débil en el ensemble.
- **algorithm**: el algoritmo utilizado para calcular los pesos de las instancias en cada iteración.
- **random_state**: semilla aleatoria para reproducibilidad.

```
GradientBoostingClassifier(loss, learning_rate, n_estimators, subsample,
criterion, min_samples_split, min_samples_leaf, min_weight_fraction_leaf,
max_depth, min_impurity_decrease, min_impurity_split, init, random_state,-
max_features, verbos, warm_start)
```

Parámetros:

- **loss**: la función de pérdida a optimizar. Puede ser 'deviance' para la clasificación con pérdida de deviance o 'exponential' para la clasificación con pérdida exponencial.
- **learning_rate**: tasa de aprendizaje, reduce la contribución de cada árbol. Valores más bajos generalmente conducen a mejores resultados, pero requieren más árboles en el conjunto.
- **n_estimators**: el número de árboles de regresión que se ajustarán. Cuantos más árboles, más complejo será el modelo.
- **subsample**: la proporción de muestras utilizadas para ajustar cada árbol. Valores menores a 1.0 conducen a la estocasticidad, lo que puede prevenir el sobreajuste.
- **criterion**: la función para medir la calidad de una partición. Puede ser friedman_mse, mse o mae.
- **min_samples_split**: el número mínimo de muestras para dividir un nodo interno.
- **min_samples_leaf**: el número mínimo de muestras para estar en un nodo hoja.

- **min_weight_fraction_leaf**: similar a min_samples_leaf pero expresado como una fracción del número total de muestras ponderadas.
- **max_depth**: la profundidad máxima de los árboles de decisión.
- **min_impurity_decrease**: un nodo se dividirá si esta división induce una disminución de la impureza mayor o igual a este valor.
- **min_impurity_split**: umbral para detener el crecimiento del árbol. Un nodo se dividirá si su impureza es mayor que el umbral.
- **init**: el estimador base que se ajustará en la primera iteración.
- **random_state**: controla la reproducibilidad de la aleatoriedad del ajuste.
- **max_features**: el número de características que se deben considerar la división.
- **verbose**: controla la verbosidad del proceso de ajuste.
- **warm_start**: cuando está configurado en True, reutiliza la solución de la llamada anterior para ajustar y agregar más estimadores al conjunto, de lo contrario, simplemente se ajusta un nuevo conjunto.

El *gradient boosting classifier* de scikit-learn y el XGBClassifier de XGBoost comparten parámetros cruciales para optimizar el rendimiento del modelo. Estos incluyen el número de árboles (n_estimators), la tasa de aprendizaje (learning_rate), la profundidad máxima (max_depth) y criterios de división (min_samples_split y min_samples_leaf). Controlando el subsample, se ajusta la proporción de muestras utilizadas en cada árbol. Valores típicos como 100 para n_estimators, 0.1 para learning_rate y 3 a 5 para max_depth son comunes. Se recomienda una búsqueda de parámetros para maximizar la precisión del modelo.

```
xgb_model = xgb.XGBClassifier(learning_rate, n_estimators, max_depth, min_child_weight, subsample, colsample_bytree, reg_alpha, reg_lambda, gamma, scale_pos_weight, base_score, random_state, verbosity=1)
```

Parámetros:

- **n_estimators**: número de árboles que se van a construir. Un valor más alto generalmente da como resultado un mejor rendimiento, pero también aumenta el tiempo de entrenamiento.
- **max_depth**: la profundidad máxima de cada árbol. Controla la complejidad del modelo y ayuda a prevenir el sobreajuste.
- **learning_rate**: tasa de aprendizaje utilizada para actualizar los pesos de los árboles en cada paso de *boosting*. Un valor más bajo hace que el modelo sea más robusto al evitar ajustes demasiado rápidos.
- **subsample**: fracción de muestras utilizadas para ajustar los árboles individuales. Un valor más bajo puede reducir el sobreajuste, especialmente cuando n_estimators es grande.

- **colsample_bytree**: fracción de características utilizadas para ajustar cada árbol. Controla la selección de características en cada árbol
- **reg_alpha y reg_lambda**: parámetros de regularización L1 y L2, respectivamente. Ayudan a prevenir el sobreajuste.
- **gamma**: controla la reducción mínima de la función de pérdida requerida para hacer una división adicional en un nodo del árbol. Un valor más alto conduce a una mayor conservación de árboles, lo que puede ayudar a prevenir el sobreajuste.
- **min_child_weight**: peso mínimo necesario para crear una nueva partición en un nodo del árbol. Un valor más alto puede ayudar a prevenir el sobreajuste al imponer restricciones en la cantidad mínima de muestras

2.5. MÁQUINAS DE SOPORTE VECTORIAL

Las máquinas de soporte vectorial (SVM, por sus siglas en inglés) son un conjunto de algoritmos de aprendizaje supervisado utilizados para la clasificación y regresión. Fueron desarrolladas por Vladimir Vapnik y sus colegas en los laboratorios AT&T Bell en la década de 1990. Las SVM se han convertido en una herramienta poderosa en el ámbito del aprendizaje automático debido a su capacidad para manejar eficazmente datos de alta dimensionalidad y problemas de clasificación no lineales. En su forma más simple, una SVM se puede entender como un algoritmo que encuentra el hiperplano óptimo que separa dos clases en un espacio multidimensional. Este hiperplano se define como el que maximiza el margen entre las clases, es decir, la distancia entre los puntos más cercanos de cada clase al hiperplano.

Para las SVM lineales se toma el heurístico de que cumple con la ecuación:

$$y = x \cdot w^T + b = 0$$

Donde w es la normal y b la distancia al origen de coordenadas. Para buscar la función que permita establecer una frontera en una clasificación se tiene que:

$$x \cdot w^T + b > 0 \text{ para } y=1$$
$$x \cdot w^T + b < 0 \text{ para } y=-1$$

La condición de clasificación para cualquier categoría se define como la multiplicación de y por la ecuación $x \cdot w^T + b$:

$$y \cdot (x \cdot w^T + b) - 1 \geq 0$$

Se define m como el margen máximo entre dos proyecciones de los datos de entrenamiento. Este viene dado por la suma de las distancias d+ y d-. Matemáticamente lo podemos formular como:

$$d+ = d- = \frac{|wx + b|}{\|w\|} = \frac{1}{\|w\|} \rightarrow m = \frac{2}{\|w\|}$$

Considerando $\|w\|^2 = w^T \cdot w$, se puede definir el problema de la máquina de soporte vectorial como un problema de programación cuadrática:

$$\begin{cases} \text{Min} \rightarrow \phi(x) = \frac{1}{2} \cdot w^T \cdot w \\ \text{Sujeto a: } y_i \cdot (w^T \cdot x_i) \geq 1 \end{cases}$$

Para obtener la solución se puede utilizar operadores de Lagrange:

$$L(x, \alpha) = f(x) + \sum_i \alpha_i \cdot g_i(x)$$

Donde F(x) es la función a optimizar $\phi(x)$, α es el operador de Lagrange (mayor o igual que cero) y $g_i(x)$ son las restricciones $y \cdot (x \cdot w^T + b) - 1 \geq 0$. El Lagrangiano L del problema de SVM queda de la siguiente forma:

$$L(w, b, \alpha) = \frac{1}{2} \cdot w^T \cdot w + \sum_i \alpha_i \cdot [y_i \cdot (w^T \cdot x_i) - 1]$$

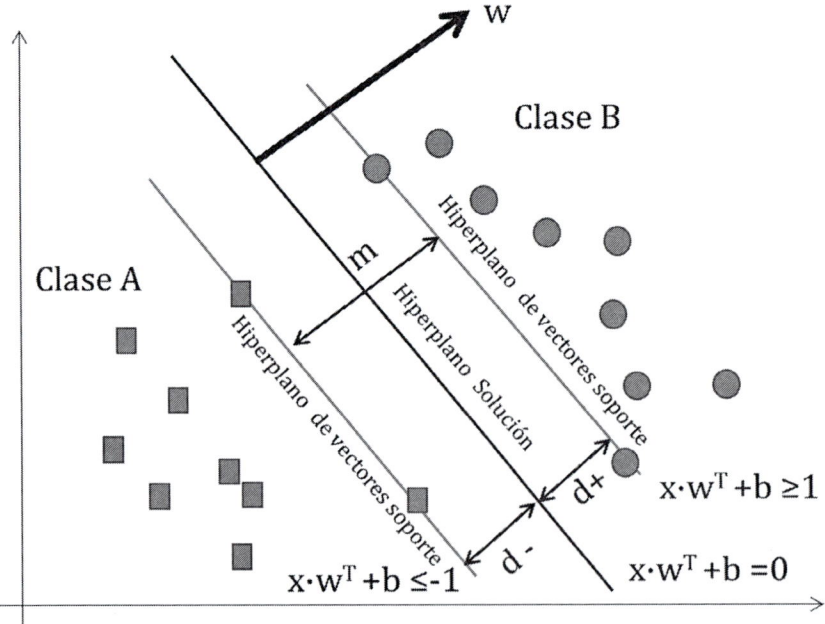

Figura 2.18. Máquinas de soporte vectorial.

La minimización de L supone el cálculo de la primera derivada e igualarla a cero:

$$\frac{\partial L}{\partial w} = w - \sum_i \alpha_i \cdot y_i \cdot x_i = 0 \ \rightarrow w = \sum_i \alpha_i \cdot y_i \cdot x_i$$

$$\frac{\partial L}{\partial b} = -\sum_i \alpha_i \cdot y_i = 0 \ \rightarrow w = \sum_i \alpha_i \cdot y_i$$

$$L(w, b, \alpha) = \frac{1}{2} \cdot \left(\sum_i \alpha_i \cdot y_i \cdot x_i\right)^T \cdot \left(\sum_j \alpha_j \cdot y_j \cdot x_j\right) + \sum_i \alpha_i \cdot y_i \cdot \left(\sum_j \alpha_j \cdot y_j \cdot x_j\right)^T \cdot x_i + \sum_i \alpha_i \ =$$

$$\text{Maximizar} : L(w, b, \alpha) = -\frac{1}{2} \cdot \sum_i \sum_j \alpha_i \cdot \alpha_j \cdot y_i \cdot y_j \cdot x_i^T \cdot x_j + \sum_i \alpha_i, \text{sujeto a} \sum_i \alpha_i \cdot y_i = 0$$

Cuando los datos no son linealmente separables en el espacio de características original, SVM puede aplicar el *kernel trick*. Esto implica mapear los datos a un espacio de características de mayor dimensión utilizando una función de kernel, como el *kernel polinomial* o radial (RBF), donde es más probable que los datos sean linealmente separables. Si la función de kernel la denotamos como K(), el problema quedaría de la siguiente forma:

$$\text{Función a maximizar} : L(w, b, \alpha) = -\frac{1}{2} \cdot \sum_i \sum_j \alpha_i \cdot \alpha_j \cdot y_i \cdot y_j \cdot K(x_i^T \cdot x_j)$$

$$b = y_i - \sum_i \alpha_i \cdot y_i \cdot K(x_i^T \cdot x_j) \rightarrow f(x) = w \cdot x + b = \text{sgn}\left(\sum_i \alpha_i \cdot y_i \cdot K(x_i^T \cdot x_j) + b\right)$$

Dependiendo del tipo de problema se pueden utilizar diferentes tipos de kernel. Aquí hay una descripción de algunos de los kernels más comunes:

- **El kernel lineal** es una función básica utilizada en máquinas de vectores de soporte (SVM) y otros algoritmos de aprendizaje automático. Se define como el producto escalar estándar entre dos vectores de características en el espacio original de datos. En términos más simples, el kernel lineal mide la similitud entre dos instancias de datos representadas como vectores en un espacio de características.

- **El kernel polinomial** es una función comúnmente utilizada en máquinas de vectores de soporte (SVM) y otros algoritmos de aprendizaje automático. Esta función se emplea para mapear los datos originales a un espacio de características de mayor dimensión mediante la elevación a una potencia dada y luego calcular el producto escalar en este espacio transformado. Matemáticamente, se define como:

$$K(x_i^T \cdot x_j) = (a \cdot x_i^T \cdot x_j + c)^n$$

- **El kernel radial,** también conocido como kernel gaussiano o RBF (*radial basis function*), es una función comúnmente utilizada en máquinas de vectores de soporte (SVM) y otros algoritmos de aprendizaje automático. Este kernel mapea los datos a través de una función gaussiana para capturar relaciones no lineales entre las características. Matemáticamente, se expresa como:

$$K(x_i^T \cdot x_j) = e^{-c \cdot \|x_i^T - x_j\|^2}$$

- **El kernel sigmoidal** es una función utilizada en máquinas de vectores de soporte (SVM) y otros algoritmos de aprendizaje automático. Esta función está inspirada en la función de activación sigmoidal comúnmente utilizada en redes neuronales. Matemáticamente, se define como

$$K(x_i^T \cdot x_j) = \tanh(c \cdot x_i^T \cdot x_j + d)$$

El método de máquinas de soporte vectorial con margen blando es una técnica ampliamente utilizada en aprendizaje automático para la clasificación de datos. La característica clave de este método es su capacidad para manejar datos que no son perfectamente separables mediante una línea o hiperplano. El concepto de "margen blando" implica que el modelo permite cierto grado de error en la clasificación durante el entrenamiento, lo que es crucial para evitar el sobreajuste y mejorar la capacidad de generalización a datos no vistos.

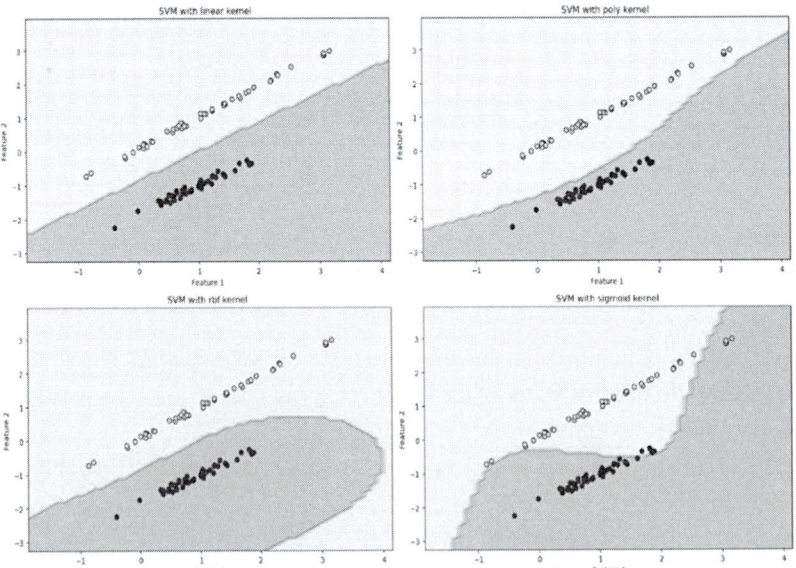

Figura 2.19. Ejemplos de diferentes tipos de máquinas de soporte vectorial.

El parámetro de regularización, representado por C, desempeña un papel crucial en el SVM (máquinas de soporte vectorial) con margen blando. Este parámetro controla el equilibrio entre dos objetivos fundamentales: maximizar el margen entre las clases y minimizar la cantidad de puntos de datos mal clasificados en el conjunto de entrenamiento. En otras palabras, C determina cuánto se permite que el SVM tolere puntos atípicos o ruido en los datos durante el proceso de entrenamiento. Un valor bajo de C permite un margen más amplio y una clasificación incorrecta de algunos puntos de datos, lo que conduce a un modelo más suave y generalizado. Por otro lado, un valor alto de C penaliza más fuertemente las clasificaciones incorrectas, lo que puede conducir a un modelo con un margen más estrecho pero que se ajusta más exactamente a los datos de entrenamiento.

Código Python

```
SVC(C, kernel, degree, gamma, coef0, shrinking, probability, tol, cache_size, class_weight, verbose, max_iter, decision_function_shape, break_ties, random_state)
```

Parámetros:

- **C**: parámetro de regularización. Controla el balance entre tener un margen más amplio y clasificar correctamente los puntos de entrenamiento.
- **kernel**: especifica el tipo de kernel a utilizar en el algoritmo SVM. Los tipos de kernel comunes incluyen linear para SVM lineal, rbf para SVM radial (RBF), poly para SVM polinomial y sigmoid para SVM sigmoidal.
- **degree**: grado del kernel polinomial.
- **gamma**: coeficiente de kernel para rbf, poly y sigmoid. Controla el ancho de la función de kernel y, por lo tanto, la influencia de cada punto de entrenamiento.
- **coef0**: término independiente en la función de kernel.
- **shrinking:** si se debe utilizar la heurística de reducción de la cantidad de vectores de soporte.
- **probability**: si se deben calcular las probabilidades de clase para SVC. Por defecto es False.
- **tol**: tolerancia para detener el criterio de convergencia.
- **cache_size**: tamaño de la memoria caché en MB.
- **class_weight**: pesos asociados con clases.
- **max_iter**: número máximo de iteraciones permitidas.
- **decision_function_shape**: ovo para OneVsOne y ovr para OneVsRest.
- **break_ties**: si se debe romper los empates en el cálculo de la decisión de la clase.

- **random_state**: semilla aleatoria para garantizar la reproducibilidad de los resultados.

2.6. INTRODUCCIÓN A REDES NEURONALES

2.6.1. Definición y tipos de redes neuronales

Las redes neuronales han emergido como una herramienta poderosa en el ámbito de la inteligencia artificial y el aprendizaje automático. Inspiradas en el funcionamiento del cerebro humano, estas estructuras computacionales son capaces de aprender patrones complejos y realizar tareas que van desde el reconocimiento de imágenes hasta la traducción de idiomas. Su popularidad ha crecido exponencialmente en los últimos años debido a sus impresionantes capacidades y su capacidad para abordar problemas difíciles de manera efectiva.

Una red neuronal consta de una capa de entrada que recibe datos, seguida de múltiples capas ocultas que aprenden características mediante pesos y sesgos, activadas por funciones no lineales. La capa de salida genera la predicción final. Los pesos y sesgos se ajustan durante el entrenamiento para minimizar una función de pérdida, utilizando un optimizador. La capa de entrada transmite datos a las capas ocultas, cuyas salidas se propagan hacia adelante. Las funciones de activación, como ReLU o sigmoide, agregan no linealidades. La capa de salida produce la predicción final, utilizando una función de activación adecuada. Durante el entrenamiento, se calcula la pérdida entre las predicciones y las etiquetas reales. El optimizador actualiza los pesos y sesgos para minimizar la pérdida. Este proceso se repite a través de múltiples iteraciones hasta que la red converge a una solución óptima. La elección de la arquitectura, las funciones de activación, la función de pérdida y el optimizador dependen del problema a resolver.

Las aplicaciones de las redes neuronales son vastas y diversificadas. Desde el reconocimiento de voz y la clasificación de imágenes hasta la predicción del mercado financiero y la optimización de procesos industriales, estas redes están transformando numerosos campos. Su capacidad para modelar relaciones no lineales y adaptarse a datos complejos las hace especialmente adecuadas para problemas del mundo real donde las soluciones convencionales no son suficientes. Existen varios tipos de redes neuronales, cada una diseñada para resolver diferentes tipos de problemas y tareas.

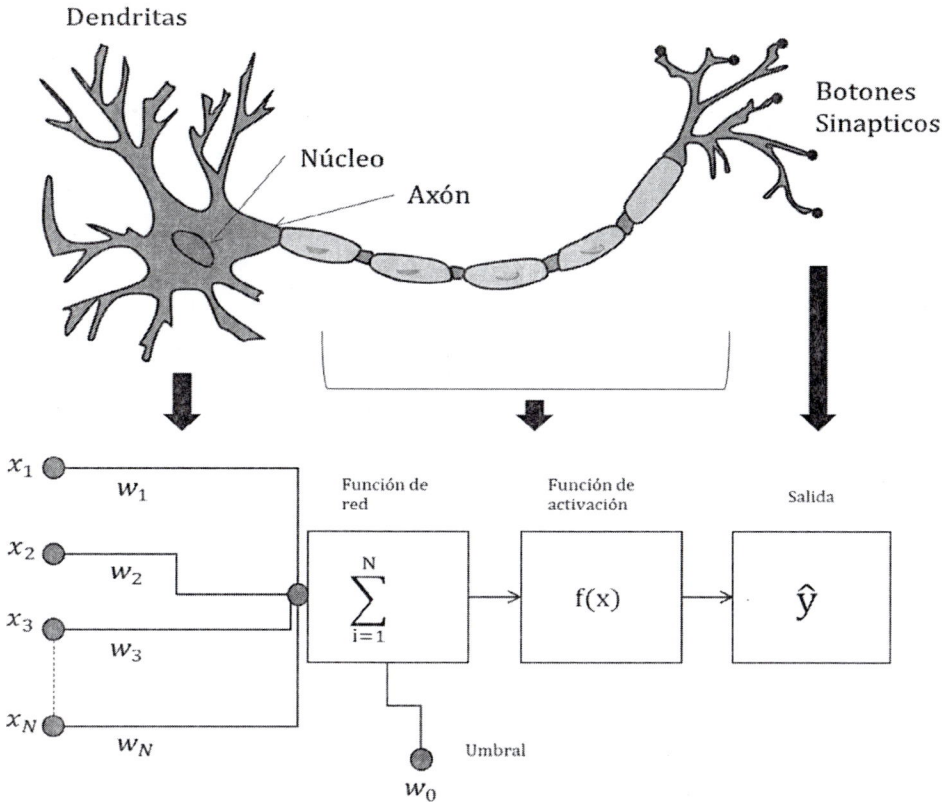

Figura 2.20. Redes neuronales artificiales *vs.* neurona humana.

Algunos de los tipos más comunes son:

1. **Redes neuronales artificiales (ANN).** También conocidas como percep-trones multicapa, son la forma más básica de redes neuronales. Consisten en múltiples capas de neuronas interconectadas, incluyendo una capa de entrada, una o más capas ocultas y una capa de salida. Son utilizadas para problemas de clasificación, regresión y reconocimiento de patrones.
2. **Redes neuronales convolucionales (CNN).** Son especialmente diseña-das para procesar datos estructurados en forma de matrices, como imáge-nes. Estas redes utilizan capas convolucionales para extraer características locales de la entrada y son ampliamente utilizadas en tareas de visión por computadora, como reconocimiento facial y clasificación de imágenes.
3. **Redes neuronales recurrentes (RNN).** Son redes que tienen conexio-nes retroalimentadas, lo que les permite procesar secuencias de datos. Son ideales para tareas que implican datos secuenciales, como el proce-samiento del lenguaje natural, la traducción automática y la generación de texto.

4. **Redes neuronales profundas (DNN).** Son redes neuronales con múltiples capas ocultas entre la capa de entrada y la capa de salida. Estas redes pueden aprender representaciones jerárquicas de datos complejos y se utilizan para resolver problemas extremadamente difíciles en áreas como el reconocimiento de voz, la traducción automática y el procesamiento de imágenes.

5. **Redes neuronales generativas (GAN).** Son un tipo especial de redes que aprenden a generar nuevos datos que son similares a los datos de entrenamiento. Consisten en dos redes neuronales, un generador que crea muestras nuevas y un discriminador que intenta distinguir entre muestras reales y falsificadas. Son utilizadas en la generación de imágenes realistas, la creación de música y la síntesis de texto.

6. **Redes neuronales siamesas.** Son redes diseñadas para comparar dos entradas y determinar si son similares o no. Se utilizan en tareas de emparejamiento, como la verificación de identidad facial y la búsqueda de documentos similares.

Descenso de gradiente

El descenso de gradiente es un pilar esencial en el entrenamiento de redes neuronales, donde su función principal es ajustar los pesos de las conexiones entre neuronas para minimizar una función de pérdida, que mide la discrepancia entre las predicciones del modelo y los valores reales esperados. Este algoritmo busca iterativamente el mínimo local de la función de pérdida actualizando los pesos en la dirección opuesta al gradiente de la función de pérdida respecto a los pesos. Es decir, se mueve en la dirección que más reduce la pérdida. Esto implica los siguientes pasos: inicialización de los pesos, propagación hacia adelante para calcular las predicciones del modelo, cálculo de la función de pérdida, derivación del gradiente utilizando la retropropagación, actualización de los pesos utilizando la regla de actualización del descenso de gradiente, y repetición de estos pasos hasta que se alcance un criterio de detención. Este proceso gradualmente optimiza los pesos de la red neuronal, mejorando su capacidad para realizar predicciones precisas en la tarea específica para la que está siendo entrenada.

Supongamos que tenemos una red neuronal con M capas y una función de pérdida E(W), donde w representa el conjunto de todos los pesos y sesgos en la red neuronal. La función de pérdida se define en términos de la diferencia entre las predicciones de la red neuronal y los valores reales para un conjunto de datos de entrenamiento.

$$E(w) = \frac{1}{N} \cdot \sum_{i=1}^{N} M(y_i, \widehat{y}_i)$$

Donde N es el número total de ejemplos de entrenamiento y M es una función de pérdida, que puede tomar diferentes formas:

- **El error absoluto medio (MAE)** es una medida de la discrepancia promedio entre las predicciones de un modelo y los valores reales. A diferencia del MSE, el MAE no penaliza las diferencias al cuadrado, lo que lo hace menos sensible a valores atípicos en los datos.
- **La entropía cruzada** es una medida comúnmente utilizada en problemas de clasificación. Se utiliza para cuantificar la diferencia entre dos distribuciones de probabilidad: la distribución de probabilidad real de las etiquetas y la distribución de probabilidad predicha por el modelo. La entropía cruzada penaliza fuertemente las predicciones incorrectas, lo que la hace efectiva para entrenar modelos de clasificación.

$$\begin{cases} \text{Binaria: CE} = -\dfrac{1}{N} \cdot \sum_{i=1}^{N} [y_i \cdot \log|\hat{y}_i| + (1 - y_i) \cdot \log|1 - \hat{y}_i|] \\[4mm] \text{Multiclase: CE} = -\dfrac{1}{N} \cdot \sum_{i=1}^{N} \sum_{j=1}^{M} y_{i,j} \cdot \log|\hat{y}_{i,j}| \end{cases}$$

- **La pérdida de Huber** es una función de pérdida que combina el error cuadrático y el error absoluto. Se utiliza para hacer que el modelo sea más robusto a los valores atípicos en los datos. La pérdida de Huber penaliza las diferencias pequeñas entre las predicciones y los valores reales de manera cuadrática y las diferencias grandes de manera lineal, proporcionando así un equilibrio entre la sensibilidad a los errores pequeños y la robustez a los errores grandes. Donde δ es un parámetro que determina el umbral entre las regiones cuadráticas y lineales de la pérdida.

$$H = -\frac{1}{N} \cdot \sum_{i=1}^{N} \begin{cases} (y_i - \hat{y}_i)^2 \ \text{para} \ \ y_i - \hat{y}_i \leq \delta \\[3mm] \delta \cdot (|y_i - \hat{y}_i|) - \dfrac{1}{2} \cdot \delta^2 \ \text{para} \ \ y_i - \hat{y}_i > \delta \end{cases}$$

El descenso de gradiente se basa en la actualización iterativa de los pesos en la dirección opuesta del gradiente de la función de pérdida respecto a los pesos. Matemáticamente, esto se expresa como:

$$w_i^t = w_i^{t-1} - \alpha \cdot \nabla E(w)$$

Donde α es la tasa de aprendizaje, un parámetro que controla el tamaño de los pasos de actualización y $\nabla E(w)$ es el gradiente de la función de pérdida respecto a los pesos w. Es un vector que indica la dirección y la magnitud del mayor aumento de la función de pérdida.

La tasa de aprendizaje en el entrenamiento de redes neuronales es un factor crucial que determina cuánto se ajustan los pesos en cada paso de optimización. Una tasa baja hace que el proceso sea lento, mientras que una tasa alta puede llevar a la inestabilidad. En la práctica, encontrar la tasa óptima requiere experimentación y puede influir en la velocidad y calidad del aprendizaje.

2.6.2. Redes neuronales multicapa

Una red neuronal multinodal es un tipo de red neuronal en la que las neuronas en cada capa están conectadas a todas las neuronas de la capa siguiente. Esto significa que cada neurona en una capa está conectada a todas las neuronas en la capa siguiente, lo que permite una mayor flexibilidad en la representación de patrones en los datos. Esta arquitectura es especialmente útil cuando se trabaja con conjuntos de datos complejos y no lineales, ya que permite a la red aprender relaciones más sofisticadas entre las características de entrada y las salidas deseadas. En una red neuronal multinodal, las conexiones entre las neuronas pueden tener diferentes pesos, lo que significa que algunas conexiones pueden ser más fuertes que otras. Estos pesos se ajustan durante el entrenamiento de la red para minimizar la diferencia entre las salidas producidas por la red y las salidas deseadas. Además, las redes neuronales multinodales pueden tener múltiples capas ocultas entre la capa de entrada y la capa de salida, lo que les permite aprender representaciones jerárquicas de los datos. Esto significa que las primeras capas de la red pueden aprender características simples y luego estas características se combinan en capas posteriores para aprender características más complejas.

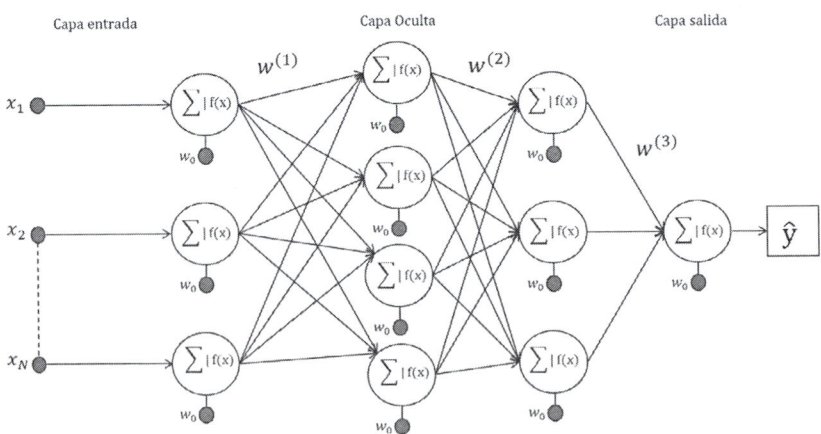

Figura 2.21. Ejemplos de red neuronal con capas ocultas.

Función de activación

Las funciones de activación juegan un papel crítico en el funcionamiento de una red neuronal, actuando como una puerta de salida que determina cómo la información fluye a través de la red. Estas funciones son esenciales para introducir no linealidades en el modelo, permitiendo a la red aprender y modelar relaciones más complejas en los datos. En una red neuronal, cada neurona en una capa oculta o de salida toma las entradas ponderadas, las suma, y luego aplica una función de activación a esta suma ponderada más un sesgo. Esta operación transforma la entrada en una salida no lineal, lo que hace que la red neuronal pueda capturar patrones y relaciones más sofisticadas entre las características de entrada y las salidas deseadas. En una red neuronal, cada neurona en una capa oculta o de salida toma las entradas ponderadas, las suma y luego aplica una función de activación a esta suma ponderada más un sesgo. Esta operación transforma la entrada en una salida no lineal, lo que hace que la red neuronal pueda capturar patrones y relaciones más sofisticadas entre las características de entrada y las salidas deseadas. Dado un conjunto de redes neuronales con N puntos de entrada y por cada punto se le asigna un peso w con un umbral de w_0, la función de activación puede formularse como:

$$\hat{y} = f\left(\sum_{i=1}^{N} w_i \cdot x_i + w_0\right)$$

Al introducir no linealidades, las funciones de activación permiten a la red modelar comportamientos más complejos en los datos. Sin ellas, la red sería esencialmente una combinación lineal de transformaciones lineales, lo que limitaría su capacidad para aprender y generalizar a datos nuevos y no vistos durante el entrenamiento. La función f puede tomar diferentes formas, pero las habituales son:

Nombre	Fómula
Sigmoidea	$f(x) = \dfrac{1}{1 + e^{-x}}$
Tanh	$f(x) = \dfrac{e^x - e^{-x}}{e^x + e^{-x}}$
Relu	$f(x) = \max\{0, x\}$
Softmax	$f(x) = \dfrac{e^x}{\sum_{i=1}^{N} e^{x_i}}$
Softsign	$f(x) = \dfrac{1}{1 + |x|}$
Selu	$f(x) = \begin{cases} \alpha \cdot (e^x - 1), x < 0 \\ x \qquad\quad , x \geq 0 \end{cases}$
Softplus	$f(x) = \log|1 + e^x|$
Swish	$(x) = \dfrac{x}{1 + e^{-x}}$

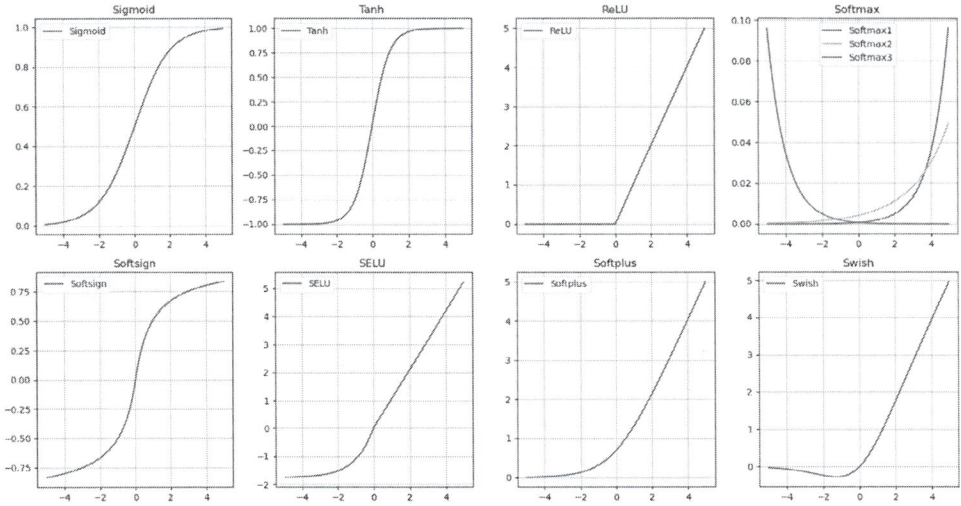

Figura 2.22. Ejemplos de diferentes funciones de activación.

Algoritmo de *backpropagation*

El algoritmo de retro propagación es un componente central en el entrenamiento de redes neuronales artificiales, especialmente en aquellas de múltiples capas. Su función principal radica en el ajuste iterativo de los pesos de la red con el objetivo de minimizar una función de pérdida, la cual cuantifica la discrepancia entre las salidas predichas por la red y las salidas reales esperadas.

Este algoritmo se basa en el principio del gradiente descendente, donde se calcula el gradiente de la función de pérdida con respecto a los pesos de la red. El gradiente resultante indica la dirección en la cual los pesos deben ajustarse para reducir la pérdida. En otras palabras, el algoritmo de retropropagación utiliza la información proporcionada por el gradiente para realizar pequeños ajustes en los pesos de la red, con el objetivo de moverse hacia un mínimo local de la función de pérdida.

La inspiración biológica detrás de este algoritmo proviene del funcionamiento de las neuronas en el cerebro. En el sistema nervioso biológico, las neuronas reciben señales de entrada a través de sus dendritas, las cuales son procesadas y transmitidas a través de la célula nerviosa hasta su axón, donde la señal es enviada a otras neuronas a través de las sinapsis. De manera similar, en una red neuronal artificial, las entradas son procesadas a través de múltiples capas de neuronas artificiales, donde cada neurona aplica una función de activación a la suma ponderada de las entradas.

El proceso de retropropagación implica la propagación del error desde la capa de salida hacia las capas internas de la red, ajustando los pesos de manera inversa a la dirección del gradiente de la función de pérdida. Esto permite que las capas internas de la red ajusten sus pesos para minimizar el error en la salida final. Es importante destacar que este proceso se realiza de manera iterativa, utilizando técnicas como el descenso de gradiente estocástico o el descenso de gradiente por lotes para actualizar los pesos de la red en cada paso del entrenamiento. Para analizar cada uno de los pasos y su formulación vamos a suponer una red neuronal simple con una entrada, salida y una capa oculta. Tomamos como w_j como los pesos desde la capa oculta y la salida y w_{kj} como los pesos entre la entrada y la capa oculta.

La función de salida para cada punto x_i sería:

$$\hat{y}_i = f\left[\sum_{j=1}^{J} w_j \cdot \left(\sum_{k=1}^{K} w_{kj} \cdot x_{ik}\right)\right]$$

La función de error a minimizar sería la siguiente:

$$MSE = \frac{1}{N} \cdot \sum_{i=1}^{N} (y_i - \hat{y}_i)^2 = \frac{1}{N} \cdot \sum_{i=1}^{N} \left\{ y_i - f\left[\sum_{j=1}^{J} w_j \cdot \left(\sum_{k=1}^{K} w_{kj} \cdot x_{ik}\right)\right]\right\}^2$$

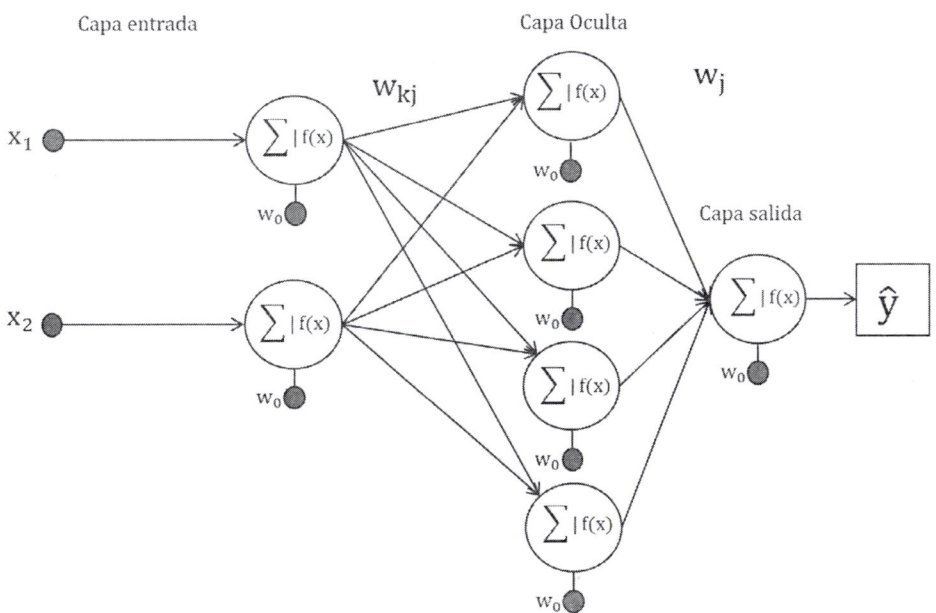

Figura 2.23. Red neuronal de tres capas.

---

[2] La derivada de una potencia es $-2\cdot (y-f(x))\cdot f'(x)$. A su vez $f(x)= f(w_j)\cdot f(w_{jk})$

Las derivadas de cada una de ellas toma la siguiente forma:

$$\frac{\partial MSE}{\partial w_j} = -\frac{2}{N} \cdot \sum_{i=1}^{N}(y_i - \hat{y}_i) \cdot f'\left[\sum_{j=1}^{J} w_j \cdot \left(\sum_{k=1}^{K} w_{kj} \cdot x_{ik}\right)\right] \cdot f\left(\sum_{k=1}^{K} w_{kj} \cdot x_{ik}\right)$$

$$\frac{\partial MSE}{\partial w_{kj}} = -\frac{2}{N} \cdot \sum_{i=1}^{N}(y_i - \hat{y}_i) \cdot f'\left[\sum_{j=1}^{J} w_j \cdot \left(\sum_{k=1}^{K} w_{kj} \cdot x_{ik}\right)\right] \cdot f\left(\sum_{j=1}^{J} w_j\right)$$

El algoritmo consiste en ir iterando los pesos en cada una de las etapas con un parámetro α o tasa de aprendizaje:

$$\begin{cases} w_j^t = w_j^{t-1} - \alpha \cdot \dfrac{\partial MSE}{\partial w_j} \\[2em] w_{kj}^t = w_{kj}^{t-1} - \alpha \cdot \dfrac{\partial MSE}{\partial w_{kj}} \end{cases}$$

La relación entre la precisión de un modelo de red neuronal y el número de capas ocultas es un aspecto crítico en el diseño y desarrollo de sistemas de aprendizaje automático. Cuando se considera cómo el número de capas ocultas influye en la precisión, es fundamental comprender el papel de estas capas en la capacidad de la red para aprender y representar los patrones subyacentes en los datos.

Una capa oculta en una red neuronal es responsable de aprender y extraer características de los datos de entrada que son relevantes para la tarea de clasificación o regresión. Cuantas más capas ocultas tenga una red, más oportunidades tendrá para aprender representaciones complejas y jerárquicas de los datos. Esto significa que las características aprendidas en capas posteriores pueden basarse en las características aprendidas en capas anteriores, lo que permite a la red modelar relaciones más profundas y abstractas entre las características de entrada y las salidas deseadas.

En muchos casos, agregar más capas ocultas puede conducir a una mejora en la precisión del modelo, especialmente en problemas donde los datos tienen relaciones no lineales o estructuras complejas. Por ejemplo, en tareas de visión por computadora como la clasificación de imágenes, las redes neuronales profundas con múltiples capas ocultas han demostrado ser altamente efectivas para extraer características significativas de las imágenes, lo que lleva a una mayor precisión en la clasificación.

Sin embargo, a medida que aumenta el número de capas ocultas, también aumenta el riesgo de sobreajuste. El sobreajuste ocurre cuando el modelo se adapta demasiado a los detalles específicos del conjunto de entrenamiento y no generaliza bien a nuevos datos. Este es un desafío común en el aprendizaje profundo y puede mitigarse mediante técnicas como la regularización, la disminución de la tasa de aprendizaje y el uso de conjuntos de validación.

Es importante destacar que más capas ocultas no siempre significan un mejor rendimiento del modelo. En algunos casos, agregar capas adicionales puede no proporcionar beneficios significativos y puede aumentar la complejidad computacional y el riesgo de sobreajuste sin mejorar la precisión. Por lo tanto, encontrar el equilibrio adecuado entre la complejidad del modelo y el rendimiento es crucial y a menudo requiere experimentación y ajuste fino.

Los parámetros de una red neuronal pueden variar dependiendo del tipo de red, su arquitectura, el problema que se está abordando y la librería de aprendizaje profundo que estés utilizando. Aquí hay una lista de algunos parámetros comunes que se pueden encontrar en la mayoría de las implementaciones de redes neuronales en Python utilizando bibliotecas populares como TensorFlow o PyTorch.

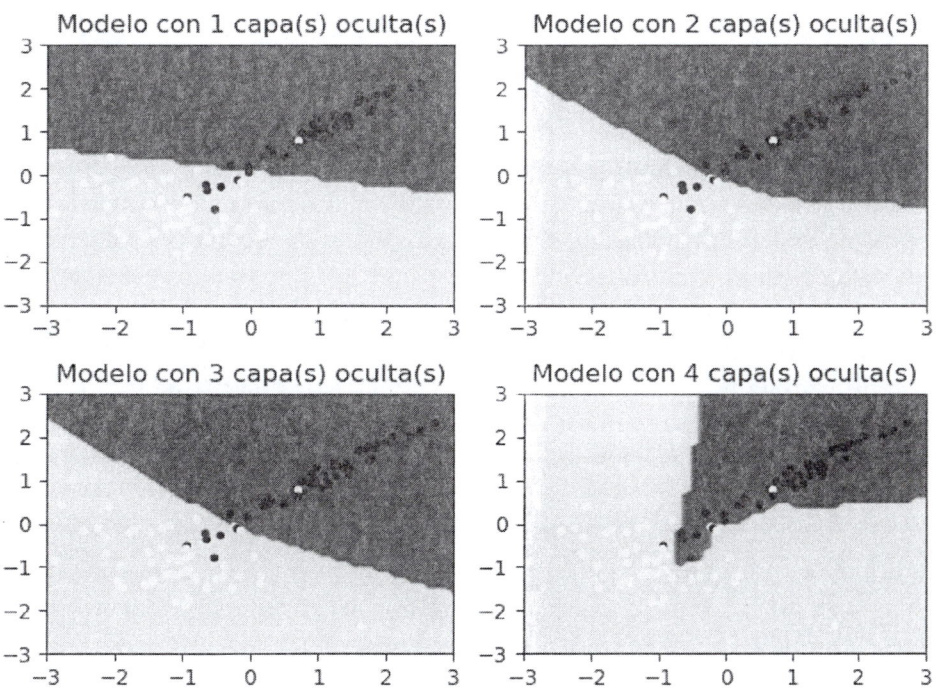

Figura 2.24. Ejemplo de clasificación con hasta cuatro capas ocultas.

Código Python

Este esquema proporciona una estructura básica para construir y entrenar una red neuronal utilizando TensorFlow y Keras en Python.

```
import tensorflow as tf
from tensorflow.keras import layers, models
model = models.Sequential()
model.add(layers.Dense(units,activation,input_shape))
model.add(layers.Dense(units, activation))
model.add(layers.Dense(units, activation=))
model.compile(optimizer,loss,metrics)
model.fit(X_train, y_train, epochs, batch_size, validation_dat) a
test_loss, test_acc = model.evaluate(X_test, y_test)
```

El modelo se define utilizando la función Sequential () de Keras, que permite crear una red neuronal secuencial, donde las capas se agregan una tras otra en secuencia. Las capas se agregan al modelo utilizando el método add(). Esto permite configurar la arquitectura de la red neuronal, incluyendo las capas ocultas y la capa de salida. La cantidad de capas y sus configuraciones pueden ajustarse según sea necesario para adaptarse al problema específico que se esté abordando.

Luego, el modelo se compila utilizando el método compile (), que configura el proceso de entrenamiento. Durante la compilación, se especifica el optimizador que se utilizará para ajustar los pesos de la red neuronal, así como la función de pérdida que se utilizará para medir el error entre las predicciones del modelo y los valores reales. Además, se pueden especificar métricas de evaluación adicionales para monitorear el rendimiento del modelo durante el entrenamiento.

Una vez compilado el modelo, se entrena utilizando el método fit (). Durante el entrenamiento, el modelo se ajusta a los datos de entrenamiento iterativamente a lo largo de un número especificado de épocas. Se pueden especificar otros parámetros, como el tamaño del lote y los datos de validación, para mejorar el proceso de entrenamiento y evitar el sobreajuste.

Finalmente, una vez que el modelo ha sido entrenado, se puede evaluar su rendimiento utilizando el método evaluate (). Esto implica pasar un conjunto de datos de prueba independiente al modelo y medir su precisión y otros parámetros de rendimiento. La evaluación proporciona información importante sobre la capacidad del modelo para generalizar a datos no vistos y su rendimiento en el mundo real.

2.6.3. Redes neuronales convolucionales (CNN)

Las redes neuronales convolucionales (CNN) son un tipo especializado de redes neuronales profundas diseñadas específicamente para procesar datos que tienen una estructura de cuadrícula, como imágenes. Han demostrado un tremendo éxito en tareas de visión por computadora, como la clasificación de imágenes, la detección de objetos, la segmentación semántica, entre otras aplicaciones.

El nombre "convolucional" se deriva del uso de operaciones de convolución en al menos una de sus capas. Estas operaciones de convolución permiten que las CNN capturen patrones espaciales locales en los datos de entrada. A través de capas convolucionales, las CNN pueden aprender jerarquías de características, desde bordes y texturas simples hasta características más complejas y abstractas.

El diseño típico de una red neuronal convolucional (CNN) se compone de varias capas que trabajan en conjunto para procesar y aprender características relevantes de los datos de entrada, especialmente en el contexto de imágenes. Estas capas incluyen capas de convolución, capas de agrupación (o *pooling*) y capas completamente conectadas. Cada tipo de capa desempeña un papel específico en la extracción y transformación de características, lo que permite a la red aprender representaciones significativas de los datos.

Capas de convolución

Las capas de convolución son fundamentales en una CNN. Utilizan filtros (o kernels) que se aplican a regiones locales de los datos de entrada para extraer características relevantes. Cada filtro detecta patrones específicos, como bordes, texturas o formas, convirtiéndose así en detectores de características especializados. Durante el entrenamiento, los pesos de estos filtros se ajustan para maximizar la capacidad de la red para identificar características relevantes. Además, las capas de convolución suelen estar seguidas por funciones de activación no lineales, como ReLU, que introducen no linealidades en la red. Matemáticamente, la operación de convolución en una CNN implica deslizar un filtro sobre la entrada y calcular el producto escalar entre los pesos del filtro y los valores de píxeles en la región correspondiente de la entrada. Formalmente, si I es la imagen de entrada y K es el filtro (también llamado kernel), la convolución se define como:

$$C(i, j) = \sum_{M} \sum_{N} I(i + m, j + n) \cdot K(m, n)$$

Donde C(i,j) es el valor en la posición (i,j) de la salida de la convolución. I(i+m,-j+n) son los valores de píxeles en la región de la entrada sobre la que se aplica el filtro. K(m,n) son los pesos del filtro en la posición (m,n).

Capas de agrupación (*pooling*)

Las capas de agrupación, también conocidas como capas de *pooling*, se utilizan para reducir la dimensionalidad de las representaciones intermedias y controlar el sobreajuste. Esto se logra combinando localmente las salidas de las capas anteriores. La operación más común en las capas de pooling es el MaxPooling, que selecciona el valor máximo dentro de una región predefinida. Esto ayuda a preservar las características más dominantes mientras reduce el tamaño de la representación, lo que a su vez mejora la eficiencia computacional y proporciona invariancia a pequeñas traslaciones en la entrada. Formalmente, para una región de tamaño n×n, la operación de MaxPooling se define como:

$$P(i, j) = I(i \cdot n + m, j \cdot n + n)$$

Donde P(i,j) es el valor de la salida de la operación de agrupación en la posición (i,j) y I es la entrada.

Capas completamente conectadas

Al final de la CNN se suelen añadir una o varias capas completamente conectadas. Estas capas toman las características extraídas por las capas anteriores y las transforman en una salida final, como una clasificación o una regresión. Cada neurona en estas capas está conectada a todas las neuronas de la capa anterior, lo que permite que la red aprenda relaciones más complejas entre las características. Durante el entrenamiento, los pesos de estas conexiones se ajustan para minimizar alguna función de pérdida, lo que permite que la red se adapte a los datos específicos de la tarea.

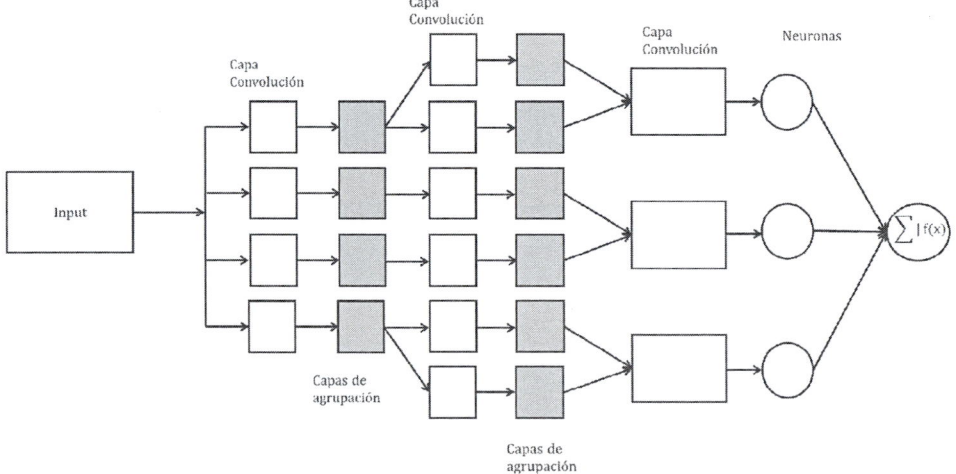

Figura 2.25. Red neuronal CNN.

En conjunto, estas capas forman una arquitectura robusta y flexible que ha demostrado ser extremadamente efectiva en una amplia gama de tareas de visión por computadora, como clasificación de imágenes, detección de objetos, segmentación semántica y más. La combinación de convoluciones, *pooling* y capas completamente conectadas permite a las CNN aprender representaciones jerárquicas de los datos de entrada, lo que les permite capturar características complejas y realizar tareas sofisticadas de análisis de imágenes. El proceso de entrenamiento de una CNN implica la propagación hacia atrás (*backpropagation*) a través de la red para ajustar los pesos de las conexiones neuronales, de manera que la red pueda aprender a extraer automáticamente las características relevantes de los datos de entrada para realizar la tarea deseada. Este proceso de entrenamiento requiere grandes cantidades de datos etiquetados y se beneficia enormemente del uso de unidades de procesamiento gráfico (GPU) debido a la intensidad computacional de las operaciones involucradas.

Código Python

```
import numpy as np
import tensorflow as tf
from tensorflow.keras import layers, models
conv_model = models.Sequential([
layers.Conv2D(32, (3, 3), activation='relu', input_shape=(28, 28, 1)),
 layers.MaxPooling2D((2, 2)),
layers.Conv2D(64, (3, 3), activation='relu'),
layers.MaxPooling2D((2, 2)),
layers.Conv2D(64, (3, 3), activation='relu'),
layers.Flatten(),
 layers.Dense(64, activation='relu'),
layers.Dense(10, activation='softmax')])
conv_model.compile(optimizer='adam',
 loss='sparse_categorical_crossentropy',
metrics=['accuracy'])
```

El código proporcionado es una implementación de una red neuronal convolucional (CNN) utilizando TensorFlow y Keras, dos bibliotecas ampliamente utilizadas en el campo del aprendizaje profundo.

En el código, se define el modelo de la CNN utilizando models.Sequential (), que permite apilar capas una sobre la otra en orden secuencial. Las capas de la CNN incluyen convoluciones 2D (layers.Conv2D), agrupaciones máximas (layers.MaxPooling2D), aplanamiento (layers.Flatten) y capas densas (layers. Dense). Estas capas están diseñadas para aprender y extraer características de las imágenes de entrada, seguidas de una capa de salida para la clasificación de las imágenes.

Después de definir el modelo, se compila utilizando el método compile (), donde se especifica el optimizador (Adam), la función de pérdida (entropía cruzada categórica) y la métrica de evaluación (precisión). Esto configura cómo se entrenará y evaluará el modelo durante el proceso de entrenamiento.

2.6.4. Redes neuronales recurrentes (RNN)

Las redes neuronales recurrentes (RNN) son una clase especializada de redes neuronales artificiales diseñadas específicamente para abordar problemas que involucran datos secuenciales. Estas redes se destacan por su capacidad única para procesar y comprender secuencias de datos mientras mantienen un estado interno que conserva la información de las entradas anteriores. Esta característica las hace especialmente idóneas para una amplia gama de aplicaciones que abarcan desde el procesamiento del lenguaje natural (PLN) hasta la predicción del tiempo atmosférico y el reconocimiento de voz.

En el ámbito del procesamiento del lenguaje natural, las RNN han demostrado ser particularmente valiosas. Por ejemplo, pueden utilizarse para tareas como la generación de texto, donde la red aprende a producir secuencias de texto coherentes a partir de un conjunto de datos de entrenamiento. También se emplean en la traducción automática, donde la red aprende a mapear secuencias de palabras en un idioma a secuencias equivalentes en otro idioma.

Otro campo donde las RNN destacan es en la predicción de series temporales, como el pronóstico meteorológico. Dado que los datos meteorológicos tienden a exhibir patrones temporales y dependencias secuenciales, las RNN pueden capturar estas complejidades y generar predicciones precisas sobre el clima futuro. Además, las RNN son ampliamente utilizadas en sistemas de reconocimiento de voz. Aquí, las secuencias de audio se convierten en representaciones de datos que la red puede procesar para identificar palabras o frases habladas.

El diseño de las RNN y su capacidad para mantener y utilizar la información sobre las entradas anteriores se logra mediante la introducción de conexiones retroalimentadas en la red. Esto permite que la información fluya no solo de manera lineal a través de las capas de la red, sino también en bucles, lo que permite que la red mantenga una memoria a corto plazo de las secuencias de entrada. Para entender el desarrollo matemático de las RNN, es esencial comprender cómo se propagan los datos a través de la red, cómo se calculan las salidas en función de las entradas y los estados anteriores, y cómo se ajustan los pesos durante el entrenamiento para mejorar el rendimiento de la red. Aquí se presenta una descripción más detallada de estos aspectos.

Propagación hacia adelante (*forward propagation*)

Durante la propagación hacia adelante, los datos de entrada se multiplican por los pesos de las conexiones y se pasan a través de una función de activación en cada nodo de la red. En una RNN, este proceso se realiza para cada paso de tiempo en la secuencia de entrada. Además, a diferencia de las redes neuronales convencionales, las RNN tienen conexiones retroalimentadas que les permiten mantener información sobre los estados anteriores. Esta retroalimentación es fundamental para capturar dependencias temporales en los datos secuenciales.

Cálculo de los estados ocultos (*hidden states*)

En cada paso de tiempo, la red calcula un estado oculto que encapsula la información sobre la secuencia de entrada hasta ese punto, así como la información de los estados anteriores. Este estado oculto se calcula utilizando una combinación de la entrada actual y el estado oculto anterior, junto con una función de activación. La fórmula básica para calcular el estado oculto h(t) es

$$h(t) = f(W_t \cdot x_t + W_{t-1} \cdot h(t-1) + b_t)$$

Donde h_t es el estado oculto, x_t es la entrada, f es la función de activación, W_t es la matriz de pesos de la entrada y W_{t-1} es la matriz del estado oculto anterior.

Cálculo de la salida

Una vez que se ha calculado el estado oculto en cada paso de tiempo, se puede calcular la salida en ese paso de tiempo. Esto se hace típicamente aplicando otra función de activación a una combinación lineal del estado oculto actual. La fórmula para calcular la salida sería:

$$y(t) = f(W_{ts} \cdot h_t + b_0)$$

Donde W_{ts} es la matriz de pesos que conecta el estado oculto con el estado de salida, b_0 es el sesgo de salida y f es la función de activación de la capa de salida.

Durante el entrenamiento de una RNN, se utiliza un algoritmo de optimización (como el descenso de gradiente estocástico) para ajustar los pesos de las conexiones de modo que la red produzca salidas cercanas a las etiquetas deseadas para un conjunto de datos de entrenamiento. Esto implica calcular el error entre las salidas predichas y las salidas reales, y luego propagar este error hacia atrás a través de la red para ajustar los pesos utilizando el gradiente descendente.

Código Python

```
import numpy as np
import tensorflow as tf
from tensorflow.keras import layers, models
rnn_model = models.Sequential([
 layers.SimpleRNN(64, input_shape=(None, 28), activation='relu', return_se-
quences=True),
 layers.SimpleRNN(64, activation='relu', return_sequences=False),
 layers.Dense(10, activation='softmax')])
rnn_model.compile(optimizer='adam',
loss='sparse_categorical_crossentropy',
metrics=['accuracy'])
```

El código proporcionado define un modelo de red neuronal recurrente (RNN) utilizando la capa SimpleRNN en TensorFlow y Keras. La capa SimpleRNN es una forma básica de RNN que se utiliza para procesar datos secuenciales. La arquitectura del modelo consiste en una o más capas SimpleRNN, seguidas de una capa densa de salida. En este ejemplo, se utilizan dos capas SimpleRNN, cada una con 64 unidades de memoria (neuronas). La primera capa SimpleRNN tiene una forma de entrada especificada como (None, 28), lo que significa que puede manejar secuencias de longitud variable, donde cada paso de tiempo tiene una dimensión de 28 características. Se utiliza la función de activación ReLU para introducir no linealidades en la red. La última capa SimpleRNN tiene return_sequences=False, lo que significa que solo devuelve la salida en el último paso de tiempo en lugar de secuencias completas. La capa de salida es una capa densa con una función de activación softmax, que se utiliza comúnmente en problemas de clasificación para predecir probabilidades de pertenencia a cada clase. El modelo se compila utilizando el optimizador Adam y la función de pérdida de entropía cruzada categórica esparsa, adecuada para problemas de clasificación con clases mutuamente excluyentes. La métrica de precisión se utiliza para evaluar el rendimiento del modelo durante el entrenamiento.

2.7. PROCESAMIENTO DEL LENGUAJE NATURAL (NLP)

El procesamiento del lenguaje natural (NLP) es un campo de estudio interdisciplinario que combina la lingüística computacional, la inteligencia artificial y el aprendizaje automático con el objetivo de permitir que las computadoras comprendan, interpreten y generen texto de manera similar a los humanos. Desde su concepción, el NLP ha experimentado un crecimiento exponencial, impulsado por avances en algoritmos y la disponibilidad de grandes conjuntos de datos.

En un mundo cada vez más digitalizado, la capacidad de las máquinas para entender y procesar el lenguaje humano es fundamental para una amplia gama de aplicaciones, que van desde sistemas de recomendación hasta asistentes virtuales y traducción automática. Comprender cómo los humanos usan e interpretan el lenguaje en diferentes contextos es esencial para desarrollar sistemas de NLP efectivos y precisos.

Los avances en el campo del NLP han sido posibles gracias a la convergencia de diversas disciplinas, incluyendo la lingüística, la informática y la estadística. Las técnicas y metodologías desarrolladas en estas áreas se han aplicado con éxito en la construcción de sistemas de NLP capaces de realizar tareas complejas, como el análisis de sentimientos, la extracción de información y la generación de texto.

A medida que el volumen de datos de texto disponible continúa creciendo, el NLP se ha convertido en un campo de investigación y desarrollo en constante evolución. Los investigadores y profesionales de NLP enfrentan desafíos emocionantes, como la comprensión del contexto, la resolución de la ambigüedad y la interpretación del significado implícito en el lenguaje humano.

El preprocesamiento de texto es una etapa crucial en el análisis de texto que implica varias tareas para limpiar y estructurar los datos de texto antes de su análisis posterior. Comprende una serie de pasos que preparan el texto para su análisis automatizado, facilitando así la extracción de información y la comprensión de su significado.

Tokenización

El proceso de tokenización, que es el primer paso del preprocesamiento de texto, es esencial para descomponer el texto original en unidades más pequeñas y significativas, como palabras o símbolos. Esta división permite una mejor manipulación y análisis del texto en etapas posteriores del procesamiento. Al dividir el texto en tokens, se establece una base fundamental para llevar a cabo diversas operaciones lingüísticas y estadísticas, como contar la frecuencia de palabras, identificar patrones gramaticales y estructurar el texto para su posterior análisis.

La tokenización no se limita solo a dividir el texto en palabras individuales, sino que también puede abarcar otros elementos lingüísticos, como símbolos de puntuación o unidades léxicas más complejas. Por ejemplo, en algunos casos, puede ser útil considerar expresiones idiomáticas o términos compuestos como tokens únicos para capturar su significado completo y contextual.

Además, en el contexto del análisis de texto, la tokenización puede implicar la eliminación de caracteres no deseados o la normalización de ciertos elementos, como convertir todas las letras a minúsculas para garantizar la coherencia en el análisis. En resumen, la tokenización es el punto de partida esencial para el procesamiento de texto, ya que proporciona la base sobre la cual se pueden aplicar una variedad de técnicas y algoritmos para extraer información y comprender el contenido del texto de manera más efectiva.

Eliminación de caracteres no deseados

La eliminación de caracteres no deseados es una etapa fundamental del preprocesamiento de texto, donde se procede a suprimir aquellos elementos que no son relevantes para el análisis lingüístico. Esto incluye signos de puntuación, caracteres especiales y números que podrían introducir ruido o interferir con las tareas de procesamiento del lenguaje natural.

Los signos de puntuación, como comas, puntos, puntos y comas, etc., son elementos gramaticales que, si bien son importantes para la estructura del lenguaje escrito, a menudo no aportan significado semántico directo al texto cuando se trata de análisis de contenido. Por lo tanto, su eliminación ayuda a simplificar el texto y centrarse en las palabras y conceptos clave.

Los caracteres especiales, como símbolos matemáticos, caracteres de control o cualquier otro carácter que no sea alfabético o numérico, también pueden ser eliminados durante esta etapa. Estos caracteres suelen ser introducidos por formatos de archivo específicos, marcas de codificación o datos ruidosos que no contribuyen al análisis del contenido lingüístico.

Asimismo, los números suelen ser irrelevantes en muchos casos de análisis de texto, especialmente en tareas de procesamiento del lenguaje natural que se centran en la comprensión del significado y la semántica del texto. Por lo tanto, eliminarlos ayuda a mantener el foco en las palabras y estructuras lingüísticas esenciales para el análisis.

Es importante destacar que la decisión de qué caracteres eliminar puede variar según los requisitos específicos de la tarea de PLN y el contexto del análisis. En algunos casos, ciertos caracteres pueden ser relevantes y deben conservarse, mientras que en otros casos pueden ser considerados como ruido y eliminados para mejorar la calidad del procesamiento del texto.

Normalización de texto

La conversión del texto a minúsculas es una práctica común en el preprocesamiento de texto que tiene como objetivo principal garantizar la coherencia y simplificar el análisis. Al convertir todo el texto a minúsculas, se elimina la distinción entre palabras escritas en mayúsculas y minúsculas, lo que ayuda a evitar que el análisis se vea afectado por las diferencias de capitalización entre palabras.

Esta normalización del texto es importante porque, en muchos casos, las palabras que están escritas con mayúsculas o minúsculas pueden tener el mismo significado, pero serían tratadas como distintas si no se realiza esta conversión. Por ejemplo, "casa" y "CASA" deberían considerarse como la misma palabra en un análisis de texto, ya que ambos términos se refieren al mismo concepto.

Además, al convertir el texto a minúsculas, se reduce la complejidad y se simplifica el procesamiento posterior. Esto facilita la tarea de identificar y contar palabras, así como la comparación de cadenas de texto, ya que se elimina la necesidad de considerar las variaciones de capitalización como un factor relevante.

Eliminación de palabras vacías

La eliminación de palabras vacías se refiere al proceso de filtrar y suprimir aquellas palabras comunes que no añaden un valor semántico significativo al análisis de texto. Estas palabras, como los artículos, pronombres y preposiciones, son elementos fundamentales del lenguaje, pero suelen ser muy frecuentes y no ofrecen información relevante sobre el contenido del texto en sí mismo.

Al eliminar estas palabras vacías, se reduce el ruido en los datos y se simplifica el análisis, permitiendo centrarse en las palabras más importantes y con significado. Esto mejora la calidad del procesamiento del texto al enfocarse en los términos que aportan información sustancial y ayudan a entender el contenido y contexto del documento.

Por ejemplo, en una tarea de análisis de sentimientos en comentarios de productos, las palabras vacías como "el", "ella", "a", "de", etc., generalmente no contribuyen al sentimiento expresado en el comentario y pueden ser eliminadas para centrarse en términos más relevantes como nombres de productos, adjetivos descriptivos y otros términos que proporcionen información sobre la opinión del usuario.

Lematización o derivación de palabras

La lematización o derivación de palabras es un proceso que tiene como objetivo reducir las palabras a su forma base o raíz, lo que facilita la identificación de términos similares y simplifica el análisis del texto. Por ejemplo, palabras como "corriendo", "correría" y "correrán" se reducirían todas a su forma base "correr". Esta normalización ayuda a consolidar términos relacionados, lo que mejora la eficacia del análisis al tratar palabras similares como equivalentes.

Una vez completado el preprocesamiento del texto, que incluye la lematización, se procede a la etapa de extracción de características. En esta fase, el texto se transforma en una representación numérica que los algoritmos de aprendizaje automático pueden comprender y procesar de manera eficiente. Esta representación numérica permite a los algoritmos analizar y clasificar el texto utilizando métodos matemáticos y estadísticos.

Vectorización de palabras

La vectorización de palabras es una técnica esencial en el procesamiento de texto, donde cada palabra se representa como un vector numérico basado en su frecuencia en el corpus de documentos. Esta representación numérica permite a los algoritmos de aprendizaje automático comprender y procesar el texto de manera eficiente.

Una de las técnicas más comunes de vectorización de palabras es TF-IDF (frecuencia de término-inversa de documento). TF-IDF asigna un peso a cada palabra en función de su frecuencia en el documento y en todo el corpus, destacando así la importancia de las palabras que son frecuentes en un documento, pero raras en el corpus completo.

Otra técnica popular es el uso de *word embeddings* (incrustaciones de palabras), que capturan las relaciones semánticas entre las palabras al asignar vectores numéricos a las palabras de manera que palabras similares tengan vectores cercanos en el espacio vectorial. Los modelos de *word embeddings*, como Word-2Vec o GloVe, son entrenados en grandes cantidades de texto para aprender representaciones distribuidas de las palabras.

Estas técnicas de vectorización de palabras son fundamentales para convertir el texto en una forma que los algoritmos de aprendizaje automático puedan entender y procesar. Al representar las palabras como vectores numéricos, se facilita la aplicación de algoritmos de aprendizaje automático para tareas como clasificación de texto, agrupamiento, extracción de información y mucho más. Además, estas representaciones capturan no solo la información superficial de las palabras, sino también las relaciones semánticas y contextuales entre ellas, lo que mejora la precisión y la eficacia del análisis de texto automatizado.

Selección de características

Una vez que se han extraído y seleccionado las características más relevantes, se procede al modelado de texto. En esta etapa, se selecciona y entrena un modelo de aprendizaje automático adecuado para la tarea específica de NLP que se está abordando. La elección del modelo puede depender de varios factores, como el tipo de tarea (por ejemplo, clasificación de texto, generación de texto, extracción de información, etc.), la cantidad y calidad de los datos disponibles y la complejidad del problema.

Los modelos de aprendizaje automático comúnmente utilizados en NLP incluyen máquinas de soporte vectorial (SVM), Naive Bayes, redes neuronales recurrentes (RNN), modelos preentrenados como GPT (*generative pre-trained transformer*) y muchas otras arquitecturas de redes neuronales profundas. Estos modelos son entrenados utilizando datos etiquetados y se ajustan sus parámetros para mejorar su rendimiento en la tarea específica de NLP.

Entrenamiento del modelo

Una vez seleccionado el modelo adecuado para la tarea específica de procesamiento de lenguaje natural (NLP), se procede a su entrenamiento utilizando datos etiquetados. Durante este proceso de entrenamiento, el modelo se expone a un conjunto de datos previamente etiquetados, donde se proporciona la entrada de texto junto con las salidas esperadas (etiquetas). El modelo ajusta sus parámetros internos en función de estos datos para aprender patrones y relaciones entre las características del texto y las etiquetas correspondientes.

Durante el entrenamiento, se utilizan algoritmos de optimización para ajustar los parámetros del modelo de manera que minimicen alguna función de pérdida o error, con el objetivo de mejorar el rendimiento del modelo en los datos de entrenamiento. Este proceso implica iterar sobre el conjunto de datos de entrenamiento varias veces (épocas) hasta que el modelo converja a una solución que generalice bien sobre nuevos datos.

Después del entrenamiento, es crucial evaluar el rendimiento del modelo utilizando datos no vistos, es decir, conjuntos de datos que el modelo no ha visto durante el entrenamiento. Esto se hace para verificar si el modelo ha aprendido a generalizar correctamente y puede realizar predicciones precisas en nuevos datos. Se ajustan los parámetros del modelo según sea necesario para mejorar su rendimiento en estos datos no vistos, lo que puede implicar la selección de parámetros óptimos, la optimización de la arquitectura del modelo o la aplicación de técnicas de regularización para evitar el sobreajuste.

Las funciones más comunes en Python sobre NLP se pueden resumir en:

- **NLTK (*natural language toolkit*)** es una biblioteca popular en Python utilizada para una variedad de tareas de procesamiento de lenguaje natural (NLP). Una de las funciones más utilizadas de NLTK es nltk. word_tokenize, que permite dividir el texto en palabras individuales, lo que facilita su procesamiento posterior. Además, nltk.sent_tokenize es útil para dividir el texto en oraciones individuales, lo que es esencial para muchas tareas de análisis de texto. Otro aspecto fundamental es nltk.pos_tag, que etiqueta las partes del discurso en el texto, asignando etiquetas como sustantivos, verbos, adjetivos, etc. Esto es crucial para comprender la estructura gramatical de un texto y realizar análisis más avanzados.

- **spaCy** es otra biblioteca popular en Python utilizada para el procesamiento de lenguaje natural. Una de sus funciones principales es spacy. load, que permite cargar modelos de lenguaje preentrenados en spaCy. Estos modelos incluyen capacidades de tokenización, etiquetado de partes del discurso, análisis sintáctico, entre otros. Además, doc.text y token. text son útiles para acceder al texto procesado por spaCy y al texto de cada token en el documento, respectivamente. Además, token.pos_ proporciona la etiqueta de parte del discurso de cada token, lo que facilita el análisis posterior del texto.

- **scikit-learn** es una biblioteca de aprendizaje automático en Python que también ofrece funciones útiles para el procesamiento de lenguaje natural. **CountVectorizer** es una de estas funciones, que se utiliza para convertir texto en una matriz de recuento de términos. Esta matriz representa la frecuencia de aparición de cada término en cada documento del corpus. Por otro lado, TfidfVectorizer es similar a CountVectorizer, pero utiliza el esquema TF-IDF (frecuencia de término-inversa de documento) para ponderar la importancia de cada término en el corpus. Además, train_test_split es esencial para dividir un conjunto de datos en subconjuntos de entrenamiento y prueba, lo que facilita la evaluación del rendimiento de los modelos de NLP.
- **Gensim** es una biblioteca popular en Python utilizada para el modelado de temas y el procesamiento de texto. Una de sus funciones clave es gensim.models.Word2Vec, que se utiliza para entrenar modelos de *word embeddings*. Estos modelos asignan vectores numéricos a palabras de manera que palabras similares estén cerca en el espacio vectorial. Además, similar_by_vector permite encontrar palabras similares a un vector dado en el espacio de incrustación de palabras, lo que es útil para explorar relaciones semánticas entre palabras.

Código Python

```python
stop_words = set(stopwords.words('english'))

def preprocess_text(text):

 tokens = word_tokenize(text)

 filtered_tokens = [word.lower() for word in tokens if word.isalnum() and word.lower() not in stop_words]

 return ' '.join(filtered_tokens)

df['texto'] = df['texto'].apply(preprocess_text)

X_train, X_test, y_train, y_test = train_test_split(df['texto'], df['sentimiento'], test_size=0.2, random_state=42)

vectorizer = TfidfVectorizer()

X_train_tfidf = vectorizer.fit_transform(X_train)

X_test_tfidf = vectorizer.transform(X_test)
```

Primero, se importan las bibliotecas necesarias, como NLTK y scikit-learn, y se define una función llamada preprocess_text. Esta función se encarga de realizar el preprocesamiento de cada texto, que incluye la tokenización, eliminación de palabras vacías y normalización del texto a minúsculas. Se crea un conjunto de palabras vacías en inglés utilizando la función set(stopwords.words('english')). Estas palabras vacías se utilizarán posteriormente para filtrar las palabras irrelevantes durante el preprocesamiento.

En la función preprocess_text, se tokeniza el texto utilizando word_tokenize de la biblioteca NLTK. Este paso divide el texto en palabras individuales o tokens. Después de la tokenización, se eliminan las palabras vacías y se convierten todas las palabras a minúsculas para normalizar el texto. Esto se logra mediante la comprensión de listas y la aplicación de filtros para verificar si cada palabra está en la lista de palabras vacías y si es alfanumérica. La función preprocesada se aplica a la columna texto' de un DataFrame df utilizando apply. Esto asegura que el preprocesamiento se aplique a todos los textos en la columna texto. Luego, los datos se dividen en conjuntos de entrenamiento (X_train, y_train) y prueba (X_test, y_test) utilizando train_test_split. X_train y X_test contienen los textos preprocesados, mientras que y_train y y_test contienen las etiquetas de sentimiento correspondientes. Después, se crea un objeto TfidfVectorizer para convertir los textos en vectores TF-IDF. Esto se hace para transformar los textos en representaciones numéricas que los algoritmos de aprendizaje automático pueden entender y procesar. El vectorizador se ajusta a los datos de entrenamiento (X_train) utilizando fit_transform, que calcula los pesos TF-IDF para cada palabra en el conjunto de entrenamiento y transforma los textos en vectores TF-IDF.

Finalmente, el mismo vector se utiliza para transformar los textos de prueba (X_test) en vectores TF-IDF utilizando transform. Es importante usar solo transform en los datos de prueba para mantener la consistencia con el conjunto de entrenamiento y evitar el sesgo en el proceso de vectorización.

2.8. ESTRATEGIAS DE RESOLUCIÓN DE PROBLEMAS EN MODELOS DE CLASIFICACIÓN

Resolver problemas en modelos de clasificación implica enfrentarse a desafíos como el desequilibrio de clases y el sobreajuste, los cuales pueden afectar negativamente la efectividad y la capacidad de generalización del modelo. El desequilibrio de clases se produce cuando hay una distribución desproporcionada de instancias entre las diferentes clases de la variable objetivo, lo que puede conducir a un sesgo hacia la clase mayoritaria y a un bajo rendimiento en la predicción de la clase minoritaria. Para abordar este problema, se utilizan técnicas de gestión de datos desbalanceados, como el sobremuestreo, el submuestreo y la generación sintética de muestras (SMOTE), que buscan equilibrar las clases y mejorar la representación de las clases minoritarias.

Además, la selección de características adecuadas desempeña un papel crucial en la mejora del rendimiento de los modelos de clasificación. Identificar y seleccionar las características más relevantes para la tarea de clasificación puede reducir el ruido y mejorar la capacidad de generalización del modelo.

La optimización de parámetros también es un aspecto crítico en la resolución de problemas en modelos de clasificación. Ajustar los parámetros del modelo puede tener un impacto significativo en su rendimiento. Métodos como la búsqueda en cuadrícula o la optimización bayesiana se emplean para encontrar la combinación óptima de parámetros que maximice el rendimiento del modelo en datos de validación.

La validación cruzada es una técnica fundamental para evaluar el rendimiento del modelo y estimar su capacidad de generalización. Dividir el conjunto de datos en múltiples pliegues y entrenar/evaluar el modelo en diferentes combinaciones de pliegues permite obtener una estimación más fiable del rendimiento del modelo en datos no vistos.

Asimismo, la regularización se utiliza para prevenir el sobreajuste, un fenómeno en el que el modelo se adapta excesivamente a los datos de entrenamiento y pierde su capacidad de generalización. Técnicas como la penalización L1 (Lasso) o L2 (Ridge) ayudan a controlar la complejidad del modelo y mejorar su capacidad de generalización.

El ensamblaje de modelos es una estrategia poderosa para mejorar la robustez y la precisión general del sistema de clasificación. Al combinar múltiples modelos de clasificación, como el ensamblaje de votación, el ensamblaje de *bagging* (*random forest*) y el ensamblaje de aumento (*boosting*), se puede obtener una predicción final más sólida y robusta. En resumen, resolver problemas en modelos de clasificación requiere una combinación de estas estrategias para abordar los desafíos específicos de los datos y maximizar el rendimiento del modelo.

Para abordar estos desafíos, se han desarrollado diversas estrategias y técnicas en el campo del aprendizaje automático. Estas incluyen métodos de remuestreo para tratar el desequilibrio de clases, como el sobremuestreo, el submuestreo y la generación sintética de muestra. En Python, hay varias técnicas disponibles para abordar el problema del desequilibrio de clases en conjuntos de datos. Algunos de los métodos más comunes para balancear conjuntos de datos son:

- Sobremuestreo (*Oversampling*):
  - RandomOverSampler: replica aleatoriamente muestras de la clase minoritaria hasta que el número de muestras de ambas clases sea igual.

- SMOTE (*synthetic minority over-sampling technique*): genera muestras sintéticas de la clase minoritaria mediante interpolación entre muestras cercanas.
- ADASYN (*adaptive synthetic sampling*): similar a SMOTE, pero ajusta la densidad de la distribución de muestras sintéticas basada en la dificultad de clasificación de las muestras.

- Submuestreo (*Undersampling*):
  - RandomUnderSampler: eimina aleatoriamente muestras de la clase mayoritaria hasta que el número de muestras de ambas clases sea igual.
  - NearMiss: selecciona muestras de la clase mayoritaria que están más cerca de las muestras de la clase minoritaria y elimina las muestras seleccionadas.

- Combinación de sobremuestreo y submuestreo:
  - SMOTEENN: combina SMOTE con la técnica de submuestreo *edited nearest neighbors* (ENN).
  - SMOTETomek: combina SMOTE con la técnica de submuestreo Tomek links.

El sobreajuste, una preocupación común en el aprendizaje automático, ocurre cuando un modelo se adapta demasiado a los datos de entrenamiento y no puede generalizar correctamente a nuevos datos. Para mitigar este problema, se utilizan diversas técnicas y estrategias. Una de las estrategias fundamentales es la regularización, que implica agregar términos de penalización a la función de pérdida durante el entrenamiento para limitar la complejidad del modelo y evitar que los pesos de las características se vuelvan demasiado grandes. Estos términos adicionales, como L1 (Lasso) y L2 (Ridge), controlan la magnitud total de los coeficientes del modelo, lo que ayuda a prevenir el sobreajuste.

La selección de características es otra técnica importante para prevenir el sobreajuste. Reducir la dimensionalidad del espacio de características puede mejorar la capacidad del modelo para generalizar a nuevos datos al eliminar características irrelevantes o redundantes que introducen ruido en el modelo. Métodos como la eliminación de características, el análisis de componentes principales (PCA) y la selección de características basadas en modelos ayudan a identificar las características más importantes y significativas para el modelo. Asimismo, la preferencia por modelos más simples también puede contribuir a evitar el sobreajuste. Los modelos más simples tienden a tener una menor capacidad para ajustarse a los datos de entrenamiento y, por lo tanto, son menos propensos al sobreajuste. Esto es especialmente útil cuando se trabaja con conjuntos de datos pequeños o ruidosos, donde la complejidad del modelo puede no estar justificada por la cantidad limitada de datos disponibles. Por último, es fundamental monitorear continuamente el rendimiento del modelo durante el entrenamiento y la validación para detectar signos de sobreajuste. Esto implica el seguimiento de métricas como la pérdida y la precisión en conjuntos de entrenamiento y validación, y realizar ajustes en el modelo según sea necesario para mitigar el sobreajuste. En conjunto, estas técnicas y estrategias proporcionan un enfoque integral para prevenir y abordar el sobreajuste en modelos de aprendizaje automático, lo que resulta en modelos más robustos y generalizables.

Módulo III

MODELOS DE REGRESIÓN Y SERIES TEMPORALES

3.1. VALIDACIÓN EN MODELOS DE REGRESIÓN

Para determinar si la correlación o el modelo es correcto, se utilizan diversos métodos de evaluación. A continuación, se exponen los más importantes.

Error cuadrático medio (MSE)

El error cuadrático medio (MSE por sus siglas en inglés, *mean squared error*) es una métrica comúnmente utilizada para evaluar el rendimiento de un modelo de regresión. Es la media de los errores al cuadrado entre los valores observados y los valores predichos por el modelo. El MSE mide la cantidad promedio por la cual las predicciones del modelo difieren de los valores reales.

$$MSE = \frac{1}{N} \cdot \sum_{i=1}^{N} (y_i - \hat{y}_i)^2$$

Error absoluto medio (MAE)

El error absoluto medio (MAE por sus siglas en inglés, *mean absolute error*) es otra métrica comúnmente utilizada para evaluar el rendimiento de un modelo de regresión. A diferencia del MSE, el MAE calcula la media de las diferencias absolutas entre las predicciones del modelo y los valores reales. Esto significa que el MAE no considera el signo de las diferencias entre las predicciones y los valores reales, lo que lo hace menos sensible a valores extremos.

$$MAE = \frac{1}{N} \cdot \sum_{i=1}^{N} (y_i - \hat{y}_i)$$

Coeficiente de determinación R²

El coeficiente de determinación es una medida estadística que se utiliza para evaluar qué proporción de la variabilidad de la variable dependiente es explicada por las variables independientes en un modelo de regresión. Es una medida de la calidad del ajuste del modelo a los datos. Su valor puede variar desde 0 hasta 1. Matemáticamente:

$$R^2 = \frac{\sum_{i=1}^{N}(y_i - \hat{y}_i)^2}{\sum_{i=1}^{N}(y_i - \overline{y}_i)^2}$$

Estadístico F

El estadístico F es un valor utilizado en estadística para realizar pruebas de hipótesis sobre la varianza de dos poblaciones o sobre la bondad de ajuste de un modelo de regresión. Es una razón entre dos varianzas que sigue una distribución F de Fisher-Snedecor. En el contexto de un modelo de regresión, el estadístico F se utiliza para evaluar si el conjunto de variables independientes es significativo en la explicación de la variable dependiente. Específicamente, compara la variabilidad explicada por el modelo (la suma de cuadrados de la regresión) con la variabilidad no explicada (la suma de cuadrados del error) para determinar si el modelo en su conjunto es significativo. Matemáticamente:

$$F = \frac{\frac{\sum_{i=1}^{N}(y_i - \overline{y_1})^2}{k}}{\frac{\sum_{i=1}^{N}(y_i - \widehat{y_1})^2}{n\text{-}k\text{-}1}} \rightarrow F \gg F_{k,n\text{-}k\text{-}1}$$

std err

El error estándar de la regresión (también conocido como error estándar de la estimación) es una medida de la dispersión de los puntos de datos alrededor de la línea de regresión en un modelo de regresión lineal. El error estándar de la regresión nos dice cuánto varían las observaciones reales de la variable dependiente alrededor de la línea de regresión ajustada. Cuanto menor sea el error estándar de la regresión, mejor se ajusta el modelo a los datos observados.

Estadístico t

Nos permite si la regresión entre una variable independiente y la dependiente es significativa. Este análisis se aplica a cada una de las variables y sigue una distribución t de Student, con n-k-1 grados de libertad. La validación se realiza tomando los valores de t en una distribución de Student, estimando la probabilidad. La fórmula de cálculo es (siendo S_β el error del coeficiente de regresión y S_e el error de la regresión):

$$t = \frac{\beta_i}{S_\beta} \sim t_{n\text{-}k\text{-}1}$$

Un valor alto de t (en valor absoluto) indica que el coeficiente de regresión es significativamente diferente de cero. Para probar la significancia, se compara el valor de t con el valor crítico de la distribución t con n–k–1 grados de libertad, donde n es el número de observaciones y p es el número de variables predictivas en el modelo. Si |t| es mayor que el valor crítico, entonces el coeficiente de regresión es significativo.

P>|t|

El valor p asociado al valor t, que indica la probabilidad de observar un valor t tan extremo o más extremo bajo la hipótesis nula de que el coeficiente es cero. Un valor p bajo sugiere que el coeficiente es estadísticamente significativo.

Omnibus

Estadísticas de omnibus y el valor p asociado, que proporcionan una medida de la asimetría y la curtosis de los residuos. Valores altos de omnibus y valores altos de probabilidad de omnibus sugieren una distribución normal de los residuos.

Durbin-Watson

La estadística Durbin-Watson es una medida utilizada en el análisis de regresión para detectar la presencia de autocorrelación en los residuos del modelo. La autocorrelación ocurre cuando los errores o residuos de un modelo de regresión no son independientes entre sí, lo que viola una de las suposiciones fundamentales del modelo de regresión lineal ordinario (mínimos cuadrados ordinarios, MCO). Esto puede ocurrir, por ejemplo, cuando hay patrones sistemáticos en los errores residuales a lo largo del tiempo en un modelo de series temporales o cuando los datos tienen una estructura de panel. Valores cercanos a 2 sugieren que no hay autocorrelación.

Jarque-Bera (JB)

La prueba de Jarque-Bera se basa en la asunción de que si los datos provienen de una distribución normal, entonces su asimetría y curtosis deben ser cero y tres, respectivamente. Por lo tanto, la estadística de Jarque-Bera se calcula utilizando la asimetría y la curtosis muestrales, y se distribuye asintóticamente como una distribución chi-cuadrado con 2 grados de libertad bajo la hipótesis nula de que los datos provienen de una distribución normal. Valores altos de JB y valores altos de probabilidad de JB sugieren una distribución normal de los residuos.

Cond. No.

El número de condición, que proporciona una medida de la multicolinealidad en el modelo. Valores altos sugieren multicolinealidad.

AIC (criterio de información de Akaike)

El AIC proporciona una forma de comparar diferentes modelos estadísticos basados en su capacidad para describir y predecir un conjunto de datos, teniendo en cuenta tanto el ajuste del modelo como la complejidad del mismo. El objetivo es seleccionar el modelo que tenga un buen equilibrio entre la capacidad de ajuste y la simplicidad, evitando el sobreajuste.

AIC= 2 · log (función de verosimilitud) + 2· Número de parámetros

Donde el logaritmo de la función de verosimilitud es una medida de cuán bien el modelo se ajusta a los datos observados. Cuanto mayor sea el valor del logaritmo de la función de verosimilitud, mejor será el ajuste del modelo. El número de parámetros del modelo es la cantidad de parámetros estimados en el modelo, que generalmente incluye los coeficientes de regresión y cualquier otro término de ajuste. El AIC penaliza la complejidad del modelo al agregar un término que es proporcional al número de parámetros estimados. Esto significa que se prefiere un modelo con un AIC más bajo, lo que indica un mejor ajuste y una menor complejidad

BIC (bayesian information criterion)

También conocido como criterio de información bayesiano, es un criterio utilizado en estadísticas para la selección de modelos. Fue desarrollado dentro del marco de la teoría bayesiana y es una medida de la bondad de ajuste de un modelo, teniendo en cuenta tanto la capacidad de ajuste del modelo como su complejidad. El BIC se utiliza para comparar diferentes modelos y seleccionar aquel que mejor equilibre el ajuste de los datos y la complejidad del modelo, evitando el sobreajuste.

Análisis de residuos

El análisis de residuos es un procedimiento fundamental en el análisis de modelos estadísticos, especialmente en modelos de regresión. Consiste en examinar los residuos, que son las diferencias entre los valores observados y los valores predichos por el modelo, con el fin de evaluar la validez de las suposiciones subyacentes del modelo. Estos residuos pueden proporcionar información valiosa sobre la calidad del ajuste del modelo y pueden revelar áreas en las que el modelo podría necesitar mejoras o ajustes.

Durante el análisis de residuos, se busca verificar si los residuos exhiben patrones sistemáticos que podrían indicar deficiencias en el modelo o en la forma en que se aplicaron las técnicas de modelado. Algunos de los patrones sistemáticos comunes que se buscan incluyen la autocorrelación, que sugiere que los residuos están correlacionados entre sí a lo largo del tiempo o a lo largo de las observaciones; la heterocedasticidad, que implica que la varianza de los residuos varía de manera sistemática en función de los valores de las variables predictoras; y la falta de linealidad, que sugiere que la relación entre las variables predictoras y la variable de respuesta no se captura adecuadamente por el modelo lineal.

Identificar y corregir estas anomalías es crucial para garantizar la fiabilidad de las inferencias y predicciones realizadas con el modelo. Si se encuentran patrones sistemáticos en los residuos, esto puede indicar que el modelo no se ajusta adecuadamente a los datos y que se necesitan ajustes adicionales, como la inclusión de términos de interacción o la transformación de variables. Además, el análisis de residuos también puede ayudar a identificar observaciones atípicas o influyentes que pueden tener un impacto desproporcionado en los resultados del modelo.

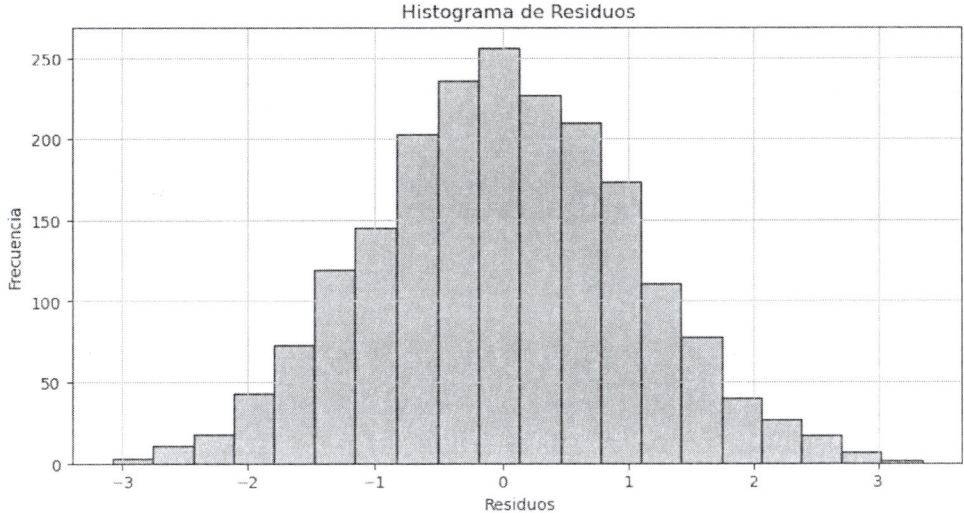

Figura 3.1. Histograma de residuos.

El gráfico de autocorrelación de residuos es una herramienta crucial en el análisis de series temporales y modelos de regresión, diseñada para examinar la presencia de patrones de autocorrelación en los residuos. La autocorrelación serial, que se refiere a la correlación entre un valor en una serie temporal y sus valores anteriores o posteriores, puede indicar la existencia de estructuras temporales no capturadas por el modelo. Este gráfico representa la autocorrelación de los residuos en relación con el desfase o lag, que indica el número de periodos de tiempo entre los residuos comparados. Cada punto en el gráfico muestra la autocorrelación de los residuos para un determinado desfase.

El propósito principal del gráfico de autocorrelación de residuos es detectar cualquier dependencia temporal no modelada en los residuos. Si los residuos exhiben autocorrelación, sugiere que el modelo puede ser inadecuado y que pueden ser necesarios términos adicionales para capturar esta autocorrelación.

En un escenario ideal, los residuos mostrarían una autocorrelación cercana a cero para todos los desfases, lo que indicaría que no hay una dependencia temporal significativa. Sin embargo, si se observan autocorrelaciones significativas en ciertos desfases, esto sugiere la presencia de patrones residuales que no están siendo capturados por el modelo actual. Esto podría requerir ajustes en el modelo para mejorar su capacidad predictiva y precisión.

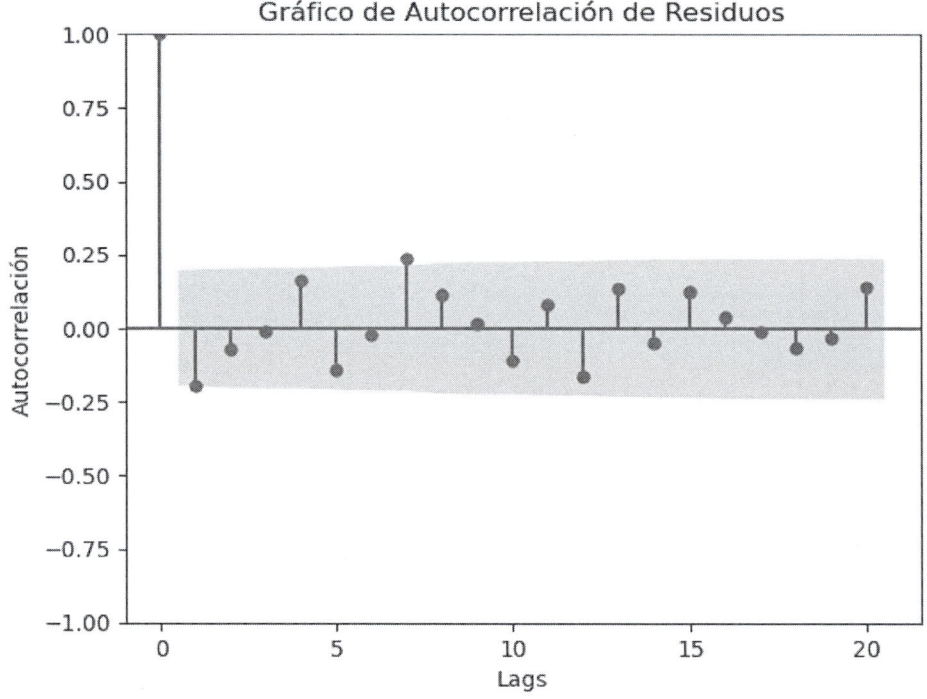

Figura 3.2. Análisis de residuos.

Curva Q-Q

La gráfica Q-Q (Quantile-Quantile) es una herramienta visual utilizada en estadísticas y análisis de datos para evaluar si una distribución de datos observados se ajusta a una distribución teórica esperada, como la distribución normal. Esta técnica es fundamental en la exploración y comprensión de la distribución de los datos, lo que permite a los analistas identificar desviaciones sistemáticas o patrones inesperados en los datos.

La gráfica Q-Q compara los cuantiles observados de una muestra de datos con los cuantiles teóricos de una distribución de referencia. Para construir la gráfica, se ordenan los datos de menor a mayor y se calculan los cuantiles correspondientes. Luego, se calculan los cuantiles teóricos esperados para una distribución de referencia, como la distribución normal estándar. Estos cuantiles teóricos se grafican en el eje x, mientras que los cuantiles observados se grafican en el eje y. Si los datos se ajustan perfectamente a la distribución de referencia, los puntos en la gráfica seguirán una línea diagonal.

Existen varios tipos de patrones que se pueden observar en una gráfica Q-Q, cada uno con implicaciones específicas sobre la distribución de los datos.

- **Distribución normal.** Los datos se generan a partir de una distribución normal estándar, donde la mayoría de los datos se concentran alrededor de la media y siguen una forma de campana simétrica.
- **Distribución con colas pesadas.** Los datos se generan a partir de una distribución t de Student con 3 grados de libertad, lo que implica que las colas de la distribución son más pesadas que las de una distribución normal estándar. Esto significa que hay una mayor probabilidad de observar valores extremos en los datos.
- **Distribución sesgada.** Los datos se generan a partir de una distribución gamma, la cual exhibe un sesgo hacia la derecha. Esto implica que hay una mayor concentración de valores en el extremo derecho de la distribución, mientras que los valores más bajos son menos probables.
- **Distribución mixta.** Los datos son una combinación de una distribución normal y una distribución exponencial. Esto significa que los datos se generan utilizando una combinación de dos distribuciones diferentes, lo que puede resultar en una variedad de formas de distribución dependiendo de los parámetros y proporciones de cada distribución en la mezcla.

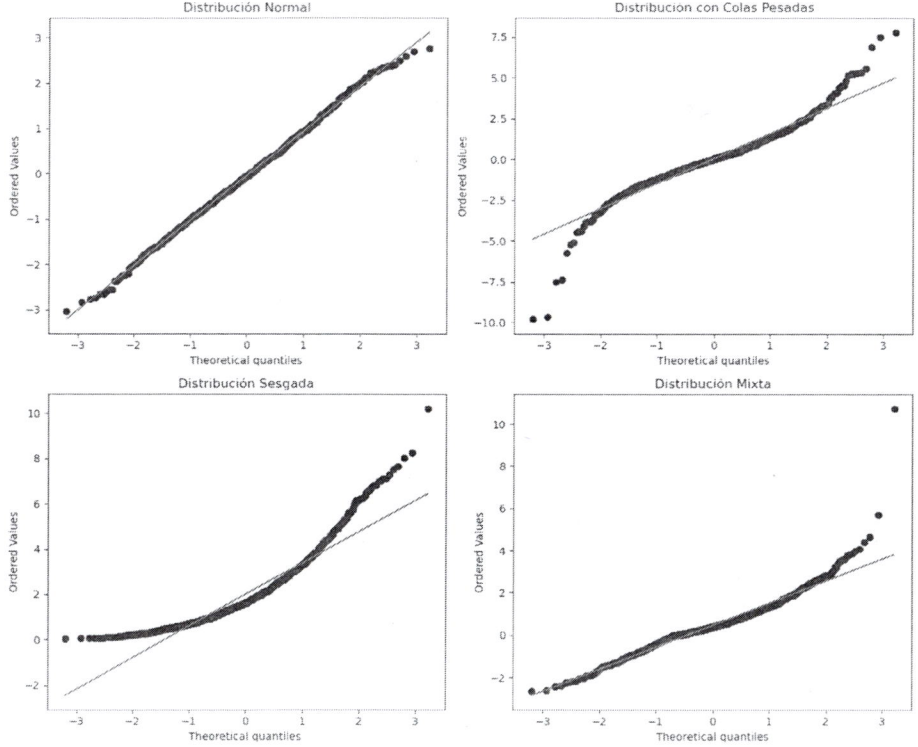

Figura 3.3. Análisis Q-Q plot.

3.2. REGRESIÓN LINEAL MÚLTIPLE

La regresión lineal múltiple es una técnica fundamental en el campo del aprendizaje automático, donde se utiliza para modelar y predecir relaciones complejas entre múltiples variables. En aprendizaje automático, la regresión lineal múltiple se utiliza en una variedad de aplicaciones, desde la predicción de precios de bienes raíces hasta la estimación de ingresos futuros de una empresa.

Una de las ventajas principales de la regresión lineal múltiple en el contexto del aprendizaje automático es su simplicidad y facilidad de interpretación. A diferencia de otros modelos más complejos, como las redes neuronales o los algoritmos de aprendizaje profundo, la regresión lineal múltiple es fácil de entender y de implementar, lo que la hace especialmente útil en aplicaciones donde se necesita una explicación clara de cómo se realizan las predicciones.

En el contexto del aprendizaje automático, la regresión lineal múltiple también se puede utilizar como una herramienta exploratoria para identificar y comprender las relaciones entre variables en un conjunto de datos. Al examinar los coeficientes estimados y las estadísticas asociadas, los analistas pueden obtener información sobre qué variables tienen el mayor impacto en la variable objetivo y cómo interactúan entre sí. Además de sus aplicaciones tradicionales, la regresión lineal múltiple también se puede utilizar en conjunto con otras técnicas de aprendizaje automático, como la regresión logística o los árboles de decisión, para crear modelos más complejos y sofisticados. Estos modelos combinados pueden aprovechar las fortalezas de cada técnica individual y proporcionar una mejor capacidad de predicción en una variedad de escenarios. El modelo de regresión se puede representar como una ecuación lineal con un coeficiente en origen (β_0), unido a combinación lineal de N variables por una constante, más un error e_N.

$$Y = \beta_0 + \sum_{i=1}^{N} \beta_i \cdot X_i + e_N$$

De igual modo, la expresión anterior se puede expresar en forma matricial para N variables:

$$Y = X \cdot \beta + e \rightarrow \begin{pmatrix} Y_1 \\ \vdots \\ Y \end{pmatrix} = \begin{pmatrix} X_{11} & \cdots & X_{N1} \\ \vdots & \ddots & \vdots \\ X_{1N} & \cdots & X_{NN} \end{pmatrix} \cdot \begin{pmatrix} \beta_1 \\ \vdots \\ \beta_N \end{pmatrix} + \begin{pmatrix} e_1 \\ \vdots \\ e_N \end{pmatrix}$$

El error e_N es la diferencia entre el valor real y el calculado, también denominado residuo. La suma de los residuos debe de ser mínima para que el modelo se ajuste a la realidad. El error cuadrático medio dada la estimación de cada valor real se puede expresar como:

$$\text{MSE} = \frac{1}{N} \cdot \sum_{i=1}^{N} (y_i - \hat{y}_i)^2 = \frac{1}{N} \cdot \sum_{i=1}^{N} \left[y_i - \left(\beta_0 + \sum_{i=1}^{N} \beta_i \cdot X_i \right) \right]^2$$

Derivando cada error con respecto a cada uno de los coeficientes tenemos las siguientes expresiones:

$$\frac{\partial \text{MSE}}{\partial \beta_1} = -2 \cdot X^T \cdot Y + 2 \cdot [X \cdot X^T] \cdot \beta = 0$$

Operando matricialmente se llega a la expresión:

$$X^T \cdot Y = X \cdot X^T \cdot \beta \rightarrow \beta = \left[X^T \cdot X \right]^{-1} \cdot \left[X^T \cdot Y \right]$$

La ordenada en el origen se determina a partir de la media de todas las variables:

$$\beta_0 = \overline{Y} - \sum_{i=1}^{N} \beta_i \cdot \overline{X}_i$$

En un modelo de regresión lineal clásico, la hipótesis es que las observaciones Y se distribuyen normalmente alrededor de la media predicha X·β. Esto significa que se asume que los errores de las observaciones siguen una distribución normal con media cero y varianza constante e ~N $(0, \sigma2)$. Entonces, la distribución de las observaciones Y se modela como

$$Y \sim N(X \cdot \beta, \sigma^2)$$

En esta formulación, Xβ representa la media de la distribución normal de las observaciones Y, lo que implica que las observaciones están centradas alrededor de las predicciones del modelo. Sin embargo, es importante tener en cuenta que este es un supuesto teórico y puede no cumplirse completamente en la práctica. La verificación de este supuesto es crucial en el análisis de regresión para garantizar la validez de los resultados.

La varianza de la estimación en un modelo de regresión múltiple se refiere a la cantidad de dispersión o variabilidad esperada en las predicciones del modelo. Se calcula utilizando la matriz de covarianza de los coeficientes estimados.

$$\text{Var}(\beta) = \sigma^2 \cdot [X^T \cdot X]^{-1} \rightarrow Y \sim N \left(\beta, \sigma^2 \cdot \left(\left[X^T \cdot X \right]^{-1} \right) \right)$$

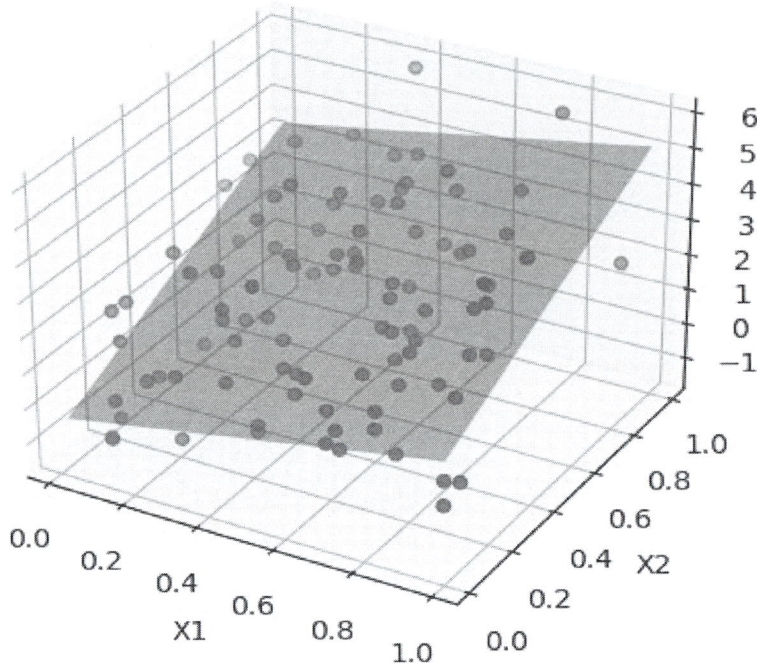

Figura 3.4. Representación gráfica de un modelo de regresión múltiple.

Un intervalo de confianza es un rango de valores dentro del cual se espera que se encuentre un parámetro de interés, como un coeficiente de regresión, con cierto nivel de confianza. Por lo general, se utiliza un nivel de confianza del 95%, lo que significa que, si repitiéramos el experimento muchas veces, aproximadamente el 95% de las veces el intervalo de confianza contendría el verdadero valor del parámetro. El error cuadrático medio con n-p grados de libertad (siendo n el número de observaciones, p el número de predictores) viene dado por

$$\frac{\text{MSE}}{n-k} = S^2 = \frac{\frac{1}{N} \cdot \Sigma_{i=1}^{N}(y_i - \hat{y}_i)^2}{n-k}$$

Para calcular los intervalos de confianza para los coeficientes de un modelo de regresión, utilizamos la distribución t de Student. La fórmula general para calcular el intervalo de confianza para un coeficiente β_i es:

$$\beta_i \pm t_{\alpha/2,n-k-1} \cdot \sqrt{S^2}$$

El intervalo de confianza de la predicción de salida en un modelo de regresión nos proporciona un rango dentro del cual esperamos que esté el valor real de la variable de respuesta con cierto nivel de confianza. Esto nos da una medida de la incertidumbre asociada con nuestras predicciones.

$$\hat{y}_i \pm t_{\alpha/2, n-k-1} \cdot \sqrt{S^2 \cdot \left(1 + x^T \cdot \left[X^T \cdot X\right]^{-1} \cdot x\right)}$$

Siendo x el vector de entrada de los nuevos atributos para obtener una predicción de y.

La construcción de un modelo de regresión múltiple implica varios pasos, que incluyen la recopilación y preparación de datos, la selección de variables predictoras, la estimación del modelo y la evaluación de su desempeño. A continuación, se detallan estos pasos:

1. **Recopilación de datos.** El primer paso es recopilar los datos necesarios para construir el modelo. Esto implica identificar la variable dependiente (la que se va a predecir) y las variables independientes (las que se utilizarán para predecir la variable dependiente). Es importante asegurarse de que los datos estén limpios y completos antes de proceder con el análisis.

2. **Preparación de datos.** Una vez que se han recopilado los datos, es necesario prepararlos para el análisis. Esto puede incluir la eliminación de valores atípicos, la imputación de valores perdidos, la estandarización de variables y la codificación de variables categóricas.

3. **Selección de variables predictoras.** En este paso, se seleccionan las variables independientes que se utilizarán para construir el modelo. Es importante elegir variables que sean relevantes y que tengan una relación significativa con la variable dependiente. Esto puede implicar el uso de técnicas estadísticas o métodos automáticos de selección de variables.

4. **Estimación del modelo.** Una vez que se han seleccionado las variables predictoras, se estima el modelo de regresión múltiple. Esto implica ajustar los coeficientes del modelo para minimizar la suma de los cuadrados de las diferencias entre los valores observados y los valores predichos por el modelo.

5. **Evaluación del modelo.** Una vez que se ha estimado el modelo, es importante evaluar su desempeño. Esto puede implicar el uso de diversas métricas, como el coeficiente de determinación (R^2), el error cuadrático medio (ECM) o el error absoluto medio (EAM). También se pueden realizar pruebas de hipótesis para evaluar la significancia estadística de los coeficientes del modelo.

6. **Validación del modelo.** Finalmente, es importante validar el modelo utilizando datos independientes o técnicas de validación cruzada. Esto ayuda a garantizar que el modelo sea robusto y generalizable a nuevos datos.

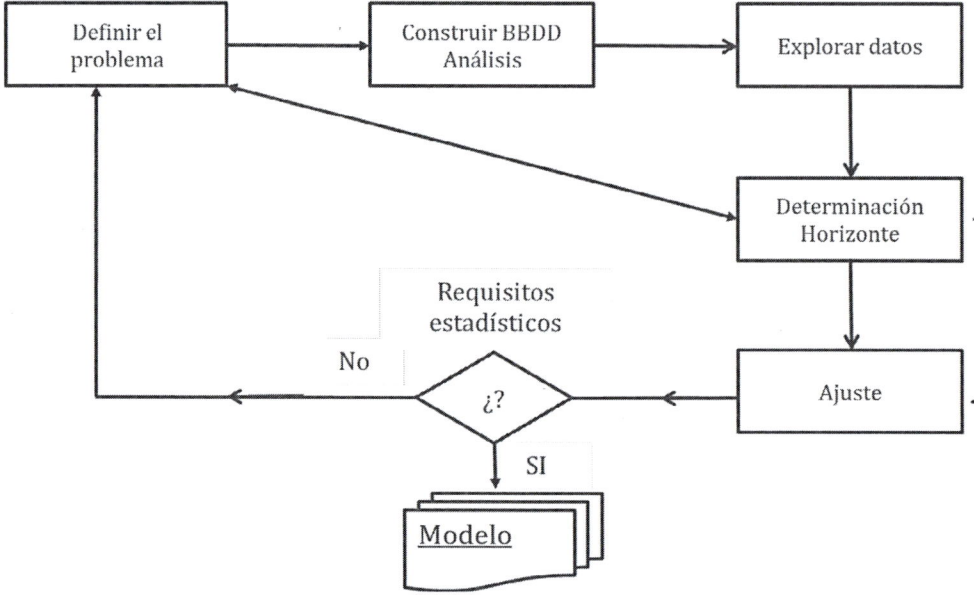

Figura 3.5. Diagrama de flujo para un proceso de regresión.

La regresión lineal múltiple es una herramienta fundamental en econometría, una rama de la economía que utiliza métodos estadísticos y matemáticos para analizar y modelar relaciones económicas. La regresión lineal múltiple permite examinar cómo varias variables independientes afectan a una variable dependiente, lo que proporciona una forma de entender y predecir fenómenos económicos complejos. En econometría, se utilizan modelos de regresión lineal múltiple para examinar las relaciones entre variables económicas, como el ingreso, el consumo, la inversión, el empleo y la producción. Estos modelos pueden ayudar a los economistas a entender cómo los cambios en una variable afectan a otras y a predecir el impacto de políticas económicas o cambios en el entorno económico.

Para estimar un modelo de regresión lineal múltiple en econometría, se utilizan técnicas de mínimos cuadrados ordinarios (MCO) para encontrar los coeficientes que mejor ajustan el modelo a los datos observados. Estos coeficientes proporcionan información sobre la relación entre las variables independientes y la variable dependiente, así como sobre la importancia relativa de cada variable en la explicación de la variabilidad en la variable dependiente. Además de proporcionar información sobre las relaciones causales entre variables, los modelos de regresión lineal múltiple en econometría también pueden utilizarse para hacer predicciones sobre el futuro comportamiento económico o para evaluar el impacto de diferentes políticas económicas. Por ejemplo, un economista podría utilizar un modelo de regresión lineal múltiple para predecir cómo cambios en las tasas de interés afectarán al crecimiento económico o para evaluar el impacto de un aumento en el gasto público en el empleo y la producción. Sin embargo, es importante tener en cuenta que los modelos de regresión lineal múltiple en econometría están sujetos a ciertas limitaciones y suposiciones. Por ejemplo, asumen que la relación entre las variables es lineal y que los errores de medición son aleatorios y siguen una distribución normal. Además, la multicolinealidad, la heterocedasticidad y la autocorrelación pueden afectar la validez de los resultados del modelo.

La regresión de Ridge y Lasso son dos enfoques importantes en el campo de la regresión lineal, especialmente útiles cuando se trata de conjuntos de datos con una alta dimensionalidad y la presencia de multicolinealidad. Ambas técnicas de regularización se emplean para abordar el problema del sobreajuste, que ocurre cuando el modelo se ajusta demasiado a los datos de entrenamiento y tiene dificultades para generalizar a nuevos datos. En este sentido, Ridge y Lasso agregan términos de penalización a la función de costo original, lo que ayuda a controlar la complejidad del modelo y a evitar la sobresaturación. La regresión de Ridge, también conocida como regresión con regularización L2, introduce un término de penalización cuadrático en la función de costo. Este término de penalización es proporcional a la suma de los cuadrados de los coeficientes de regresión. Matemáticamente, el problema de Ridge consiste en resolver el problema a minimizar:

$$f(x) = \sum_{i=1}^{N}(y_i - \hat{y}_i)^2 + \alpha \cdot \sum_{j=1}^{M}\beta_j^2$$

Para obtener la fórmula para los coeficientes óptimos en la regresión de Ridge, primero resolvemos el sistema de ecuaciones respecto al parámetro de regularización α y el coeficiente β. La fórmula final se puede expresar como:

$$\beta = (X^T \cdot X + \alpha \cdot I) \cdot X^T \cdot y$$

Donde β es el vector de coeficientes, X la matriz de atributos, y el vector objetivo de la regresión, I la matriz identidad de dimensión MxM y α es parámetro de regularización.

Por otro lado, la regresión de Lasso, también conocida como regresión con regularización L1, utiliza un término de penalización lineal en la función de costo. Este término de penalización es proporcional a la suma de los valores absolutos de los coeficientes de regresión. Matemáticamente, la función a minimizar es:

$$f(x) = \sum_{i=1}^{N}(y_i - \hat{y}_i)^2 + \alpha \cdot \sum_{j=1}^{M}|\beta_j|$$

La regresión de Lasso tiene la propiedad única de inducir la dispersión de los coeficientes, lo que puede resultar en la selección de características al establecer algunos coeficientes exactamente en cero. Esto no solo ayuda a reducir el sobreajuste, sino que también proporciona una forma de selección de características, ya que los coeficientes cero indican que esas características no son relevantes para el modelo.

Código Python

LinearRegression(fit_intercept, normalize, copy_X, n_jobs, positive)

Parámetros:

- **fit_intercept**: booleano que indica si ajustar o no el término de intercepción. Si es falso, se asume que los datos están centrados.
- **normalize**: booleano que indica si normalizar o no las características antes de la regresión.
- **copy_X**: booleano que indica si hacer una copia de X antes de ajustar el modelo.
- **n_jobs**: número de trabajos para ejecutar en paralelo durante el ajuste. Si es -1, se utilizan todos los procesadores disponibles.
- **positive**: booleano que indica si forzar o no los coeficientes a ser positivos.

3.3. REGRESIÓN LOGÍSTICA

La regresión logística es una técnica ampliamente utilizada en diversos campos, incluidos la ciencia de datos, la epidemiología, la biología y la investigación social, debido a su capacidad para modelar y predecir variables categóricas binarias. Su aplicación abarca desde la predicción de la probabilidad de que un paciente tenga una enfermedad hasta la clasificación de correos electrónicos como spam o no spam.

La principal ventaja de la regresión logística es su capacidad para proporcionar resultados interpretables y probabilísticos. A diferencia de otros métodos de clasificación, que generan límites de decisión no lineales, la regresión logística ofrece coeficientes que pueden ser interpretados directamente. Esto permite entender cómo cada variable predictora afecta la probabilidad de que ocurra el evento de interés.

Además, la regresión logística es un modelo paramétrico, lo que significa que tiene una estructura definida con un número finito de parámetros a estimar. Esto simplifica el proceso de entrenamiento y hace que el modelo sea más fácil de interpretar y de implementar en comparación con modelos no paramétricos, como los árboles de decisión. Sin embargo, la regresión logística también tiene algunas limitaciones. Por ejemplo, asume una relación lineal entre las variables predictoras y el log-odds de la variable dependiente. Si esta relación es no lineal, la regresión logística puede no ser el modelo más apropiado. Además, como el modelo se basa en el método de máxima verosimilitud, es sensible a la presencia de valores atípicos en los datos y puede producir estimaciones sesgadas en presencia de multicolinealidad entre las variables predictoras.

Existen varios tipos de regresión logística, cada uno adaptado para manejar diferentes tipos de problemas y situaciones. Aquí se presentan algunos de los tipos más comunes de regresión logística:

- **Regresión logística binaria.** Es el tipo más básico de regresión logística y se utiliza para problemas de clasificación binaria, donde la variable dependiente tiene dos categorías (por ejemplo, sí/no, éxito/fracaso). El objetivo es predecir la probabilidad de que una observación pertenezca a una de las dos categorías.
- **Regresión logística multinomial.** Este tipo de regresión logística se utiliza cuando la variable dependiente tiene más de dos categorías mutuamente excluyentes. Por ejemplo, si la variable dependiente representa diferentes clases o categorías de salida. En lugar de modelar directamente la probabilidad de una categoría, se modelan las probabilidades relativas de cada categoría en relación con una categoría de referencia.
- **Regresión logística ordinal.** Similar a la regresión logística multinomial, pero se utiliza cuando las categorías de la variable dependiente tienen un orden natural. Por ejemplo, si la variable dependiente representa un nivel de satisfacción (bajo, medio, alto). Este tipo de regresión logística modela las probabilidades de estar en o por debajo de cada categoría ordinal.
- **Regresión logística jerárquica (*hierarchical logistic regression*).** Se utiliza cuando los datos tienen una estructura jerárquica o anidada, como en estudios longitudinales o de múltiples niveles.

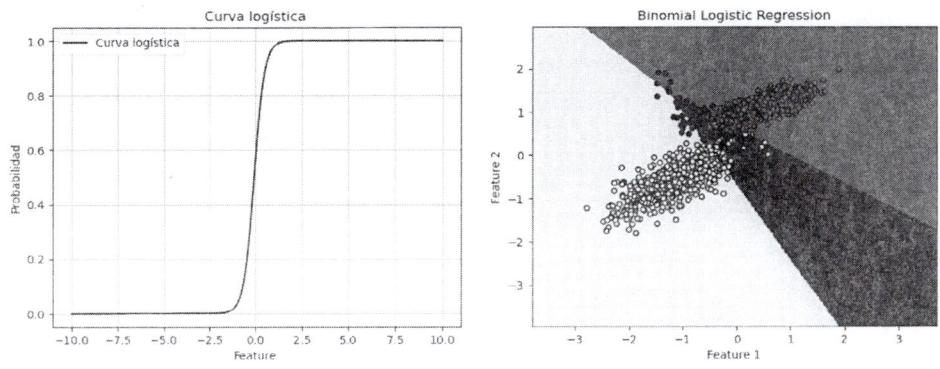

Figura 3.6. Curva logística y ejemplo de una regresión logística binomial

Si tomamos como referencia un modelo de clasificación binaria, la ecuación a ajustar es la siguiente:

$$p = \frac{1}{1 + e^{-P(x)}} \rightarrow P(x) = \beta_0 + \sum_{i=1}^{N} \beta_i \cdot x_i$$

La función logit transforma la probabilidad p, que está en el intervalo [0,1], a una escala que cubre todos los números reales. Esta transformación es útil porque permite modelar la relación lineal entre las variables independientes y el logaritmo de la razón de probabilidades (log-odds) de que ocurra el evento de interés. En la regresión logística, se ajustan los coeficientes de las variables independientes para maximizar la verosimilitud de los datos observados, y luego se utiliza la función logit inversa (llamada función de enlace logístico) para obtener las probabilidades estimadas.

$$\frac{p}{1 - p} = \frac{1}{1 + e^{-P(x)}} \rightarrow P(x) = \beta_0 + \sum_{i=1}^{N} \beta_i \cdot x_i$$

Donde β_i son los coeficientes del modelo y se estiman maximizando la función de verosimilitud o minimizando la función de pérdida, que es la suma de los errores entre las probabilidades observadas y las predichas.

La regresión logística multinomial utiliza una función generalizada de la regresión logística binaria llamada función softmax para calcular las probabilidades de pertenencia a cada una de las categorías. La función softmax asigna una probabilidad a cada categoría y garantiza que la suma de todas las probabilidades sea igual a 1.

$$P(Y|x) = \frac{e^{\beta_{i0} + \beta_{i1} \cdot x_1 + \cdots + \beta_{in} \cdot x_n}}{e^{\sum_k^K \beta_{k0} + \beta_{k1} \cdot x_1 \cdots + \beta_{kn} \cdot x_n}}$$

Donde $P(Y|x)$ es la probabilidad de que la observación pertenezca a la categoría j dados los valores de las características x, β_{ik} son los coeficientes del modelo para la clase i, y K es el número total de categorías.

Matemáticamente, la regresión logística ordinal utiliza una función de distribución acumulativa para modelar las probabilidades acumuladas de estar en o por debajo de cada categoría ordinal. Una función de distribución acumulativa comúnmente utilizada es la función logística acumulativa que es una generalización de la función logística estándar utilizada en la regresión logística binaria.

$$P(Y \leq i|x) = \text{logit}^{-1}(\beta_{i0} + \beta_{i1} \cdot x_1 + \cdots + \beta_{in} \cdot x_n)$$

Donde $P(Y \leq i|x)$ es la probabilidad acumulada de estar en o por debajo de la categoría j dados los valores de las características x, β_{ik} son los coeficientes del modelo para la categoría i, y logit^{-1} es la función inversa de la función logística estándar.

El método de optimización más comúnmente utilizado para obtener los coeficientes de la regresión logística es el método de máxima verosimilitud. En este enfoque, se busca maximizar la función de verosimilitud, que es la probabilidad de observar los datos dados los parámetros del modelo. El método de máxima verosimilitud es una técnica estadística utilizada para estimar los parámetros de un modelo probabilístico. Supongamos que tenemos un conjunto de observaciones (X) que son muestras de una distribución de probabilidad parametrizada por un vector de parámetros θ. La función de densidad de probabilidad (o función de masa de probabilidad) de esta distribución se denota como $f(x_1, x_2, \ldots x_n \mid \theta)$. La función de verosimilitud $F(\theta \mid X)$ se define como el producto de las probabilidades (o masas de probabilidad) de cada observación:

$$F(\theta \mid X) = \prod_{i=1}^{N} f(x_i \mid \theta) \rightarrow Ln|F(\theta \mid x)| = \sum_{i=1}^{N} Ln|f(x_i \mid \theta)|$$

La función de verosimilitud es una medida de qué tan bien los parámetros θ´ representan los datos observados X. El método de máxima verosimilitud estima los parámetros θ que maximiza el logaritmo neperiano de $F(\theta \mid X)$.

$$\theta' = max \mid F(\theta \mid X)|$$

Una vez que se ha encontrado el estimador de máxima verosimilitud, este se considera como el valor más probable para los parámetros del modelo dados los datos observados. Además, se pueden calcular intervalos de confianza para realizar pruebas de hipótesis sobre los parámetros utilizando teoría de la inferencia estadística.

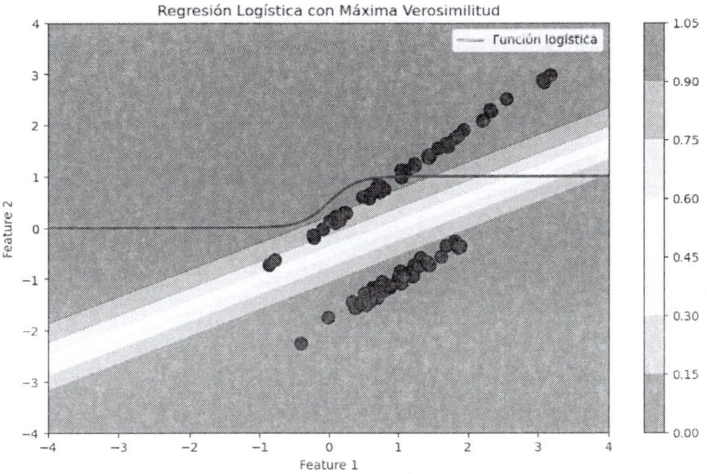

Figura 3.7. Función de máxima verosimilitud.

Interpretar los coeficientes de una regresión logística es fundamental para comprender cómo cada variable predictora influye en la probabilidad de que ocurra el evento de interés. El signo del coeficiente indica la dirección de la relación entre la variable predictora y la variable dependiente. Un coeficiente positivo significa que un aumento en la variable predictora está asociado con un aumento en la probabilidad del evento de interés, mientras que un coeficiente negativo indica una disminución en la probabilidad del evento de interés. La magnitud del coeficiente indica la fuerza de la relación entre la variable predictora y la variable dependiente. Cuanto mayor sea el valor absoluto del coeficiente, mayor será el efecto de la variable predictora en la probabilidad del evento de interés. Por ejemplo, un coeficiente de 0.5 tendría un efecto menor que un coeficiente de 2 en términos de cambio en la probabilidad. Una forma común de interpretar los coeficientes en la regresión logística es en términos de odds ratio (OR). El OR es la relación entre las probabilidades de que ocurra el evento de interés para dos grupos con diferentes niveles de la variable predictora, manteniendo todas las demás variables constantes. Un OR mayor que 1 indica que las probabilidades del evento de interés son más altas para el grupo con un nivel más alto de la variable predictora en comparación con el grupo de referencia.

Código Python

```
LogisticRegression(penalty,dual,tol,C,fit_intercept,intercept_scaling,class_
weight,random_state,solver, max_iter, multi_class, verbose, warm_start,
n_jobs, l1_ratio, model.fit,return model)
```

Parámetros:

- **Penalty**: tipo de regularización que se aplica al modelo.
- **C**: parámetro de regularización. Valores más pequeños especifican una regularización más fuerte.
- **fit_intercept**: si se debe calcular el término de intercepción.
- **intercept_scaling**: factor por el que se debe escalar el término de intercepción.
- **class_weight**: pesos asociados con las clases en el formato. El modo balanced utiliza los valores para ajustar automáticamente los pesos inversamente proporcionales a las frecuencias
- **random_state**: semilla aleatoria
- **tol**: tolerancia al criterio de parada.
- **dual**: selecciona la formulación dual o primal.
- **solver**: algoritmo a utilizar en la optimización. Opciones: newton-cg, lbfgs, liblinear, sag, saga.
- **max_iter**: número máximo de iteraciones

- **multi_class**: especifica el enfoque para la clasificación multinomial. Opciones: ovr, multinomial, auto.
- **verbose**: nivel de verbosidad.
- **warm_start**: si se debe reutilizar la solución de la llamada anterior para ajustar como inicialización, en lugar de ajustar desde cero.
- **l1_ratio**: parámetro de mezcla de la regularización elasticnet. Debe estar en el rango [0, 1].

3.4. MODELOS DE ÁRBOLES CON REGRESIÓN

Los árboles de decisión para regresión son un tipo de modelo predictivo utilizado en el aprendizaje automático para predecir valores numéricos. Estos modelos se basan en la construcción de una estructura de árbol donde cada nodo interno representa una condición sobre una característica o variable de entrada, y cada hoja del árbol representa la predicción numérica final. La construcción del árbol se realiza de manera recursiva dividiendo el conjunto de datos en subconjuntos más pequeños y homogéneos, de manera que se minimice la varianza de las predicciones en cada nodo.

Para construir un árbol de decisión para regresión, se sigue un proceso similar al de los árboles de decisión para clasificación, pero en lugar de maximizar la pureza de las clases en cada nodo, se busca minimizar el error cuadrático medio (MSE) de las predicciones en cada hoja. Esto implica que, en cada división del árbol, se selecciona la característica y el umbral que minimizan el MSE de las predicciones en los nodos resultantes.

El decision boundary o límite de decisión en el contexto de los árboles de regresión es la frontera que separa las regiones del espacio de características donde el modelo predice diferentes valores de la variable objetivo. En otras palabras, es la línea, superficie o hiperplano que define los límites entre las diferentes clases o niveles de la variable objetivo. En un árbol de regresión, esta frontera se define por las divisiones realizadas en las características de entrada durante el proceso de construcción del árbol.

Por otro lado, el regression tree o árbol de regresión es un modelo de aprendizaje automático utilizado para problemas de regresión. Funciona dividiendo repetidamente el espacio de características en regiones más pequeñas y ajustando una función constante (o polinomial) a los puntos de datos en cada una de estas regiones. El árbol de regresión se construye mediante la división recursiva del espacio de características en función de la variable que mejor separa los datos en cada etapa. Cada nodo del árbol representa una región del espacio de características y contiene una predicción de la variable objetivo para los puntos de datos en esa región.

Durante la construcción del árbol, es importante considerar la profundidad máxima del árbol o el número mínimo de muestras requeridas para realizar una división, con el fin de evitar el sobreajuste o la captura de ruido en los datos. Además, se pueden utilizar técnicas como la poda del árbol para reducir su tamaño y mejorar la generalización del modelo. Una vez construido el árbol, para realizar una predicción sobre una nueva instancia, se sigue el camino desde la raíz hasta una hoja, aplicando las condiciones en cada nodo interno y asignando el valor numérico de la hoja correspondiente como la predicción final. La validación de modelos de regresión múltiple y modelos de regresión de árbol implica enfoques diferentes debido a las características inherentes de cada tipo de modelo. En el caso de la regresión múltiple, se pueden aplicar técnicas estándar de validación cruzada, como la validación cruzada k-fold o la validación cruzada leave-one-out (LOO). Estas técnicas implican dividir el conjunto de datos en subconjuntos para entrenar y evaluar el modelo en diferentes configuraciones. Las métricas comunes de evaluación, como el error cuadrático medio (MSE) o el coeficiente de determinación (R2), se utilizan para medir la precisión del modelo.

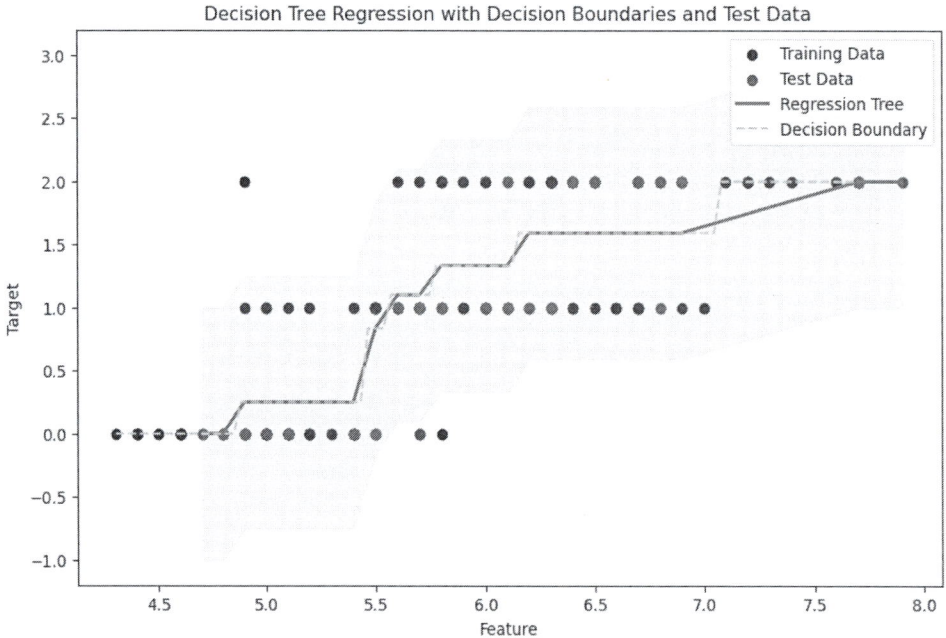

Figura 3.8. Representación gráfica de un modelo de árbol con función de árbol de regresión.

Por otro lado, la validación de modelos de regresión de árbol presenta consideraciones específicas. Dado que los árboles de regresión tienen la capacidad de manejar la no linealidad y las interacciones entre características de manera automática, la validación implica evaluar cómo estos árboles se adaptan a los datos. En lugar de centrarse únicamente en métricas de evaluación, como el

MSE o el R2, es importante considerar la estructura del árbol y cómo se ajusta a los datos. En el caso de los árboles de regresión, es común que se utilicen técnicas de validación que aborden el problema del sobreajuste, ya que estos modelos tienden a ajustarse demasiado a los datos de entrenamiento. Técnicas como la validación cruzada de *bootstrap* o la validación cruzada *bootstrap* permiten estimar la precisión del modelo y su variabilidad al entrenar y evaluar múltiples árboles en muestras de datos aleatorias con reemplazo. Además de las métricas de evaluación, como el MSE o el R^2, la visualización de los árboles de regresión es una herramienta valiosa para comprender su comportamiento y cómo realizan las predicciones en diferentes regiones del espacio de características. La interpretación visual de los árboles puede proporcionar información adicional sobre la estructura del modelo y las relaciones entre las características. Una consideración clave en la validación de modelos de regresión de árbol es la capacidad de generalización del modelo más allá de los datos de entrenamiento. Esto implica asegurarse de que el modelo pueda hacer predicciones precisas en datos no vistos, lo cual es crucial para su utilidad en aplicaciones del mundo real. Por lo tanto, la validación no solo se centra en la precisión del modelo en el conjunto de entrenamiento, sino también en su capacidad para generalizar a nuevos datos. Los árboles de decisión para regresión son útiles en una variedad de aplicaciones, como predicción de precios de acciones, estimación de ventas futuras, pronóstico de demanda de productos y análisis financiero, entre otros. Sin embargo, pueden tener limitaciones en la captura de relaciones no lineales complejas y en la extrapolación más allá del rango de los datos de entrenamiento. En estos casos, se pueden utilizar técnicas de ensamblaje, como los bosques aleatorios o los *gradient boosting*, para mejorar la capacidad predictiva del modelo.

Código Python

```
RandomForestRegressor(n_estimators, criterion, max_depth, min_samples_split, min_samples_leaf, min_weight_fraction_leaf, max_features, max_leaf_nodes, min_impurity_decrease, min_impurity_split, bootstrap, oob_score, n_jobs, random_state, verbose, warm_start, ccp_alpha max_samples)
```

Parámetros:

- **n_estimators**: número de árboles en el bosque.
- **criterion**: la función para medir la calidad de una división.
- **max_depth**: profundidad máxima de los árboles.
- **min_samples_split**: el número mínimo de muestras requeridas para dividir un nodo interno.
- **min_samples_leaf**: el número mínimo de muestras requeridas.

- **min_weight_fraction_leaf**: la fracción mínima ponderada del total de sumas de pesos requerida para ser una hoja.
- **max_features**: el número de características a considerar.
- **max_leaf_nodes**: el número máximo de nodos permitidos.
- **min_impurity_decrease**: un nodo se dividirá si esta división induce una disminución de la impureza mayor o igual a este valor.
- **bootstrap**: si se deben utilizar muestras bootstrap al construir árboles.
- **oob_score**: si se debe calcular el puntaje fuera de la bolsa.
- **n_jobs**: el número de trabajos para ejecutar durante el ajuste.
- **random_state**: semilla aleatoria para la reproducibilidad.
- **verbose**: controla la cantidad de información que se imprime.

> *DecisionTreeRegressor(criterion, max_depth, min_samples_split, min_samples_leaf, max_features, splitter)*

Parámetros:

- **criterion**: el criterio utilizado para medir la calidad de una división.
- **max_depth**: la profundidad máxima del árbol.
- **min_samples_split**: el número mínimo de muestras necesarias para dividir un nodo interno.
- **min_samples_leaf**: el número mínimo de muestras requeridas.
- **max_features**: el número de características a considerar al buscar la mejor división.

> *GradientBoostingRegressor(loss, learning_rate, n_estimators, subsample, criterion, min_samples_split, min_samples_leaf, min_weight_fraction_leaf, max_depth, min_impurity_decrease, min_impurity_split, init, random_state, max_features, alpha, verbose, max_leaf_nodes, warm_start, presort, validation_fraction n_iter_no_change, tol, ccp_alpha)*

Parámetros:

- **n_estimators**: número de árboles en el conjunto.
- **learning_rate**: tasa de aprendizaje que controla la contribución de cada árbol.
- **subsample**: fracción de muestras utilizadas para ajustar los árboles base.
- **criterion**: la función para medir la calidad de una división. Puede ser "friedman_mse" para el error cuadrático medio de Friedman, "mse" para el error cuadrático medio o "mae" para el error absoluto medio.
- **max_depth**: profundidad máxima de los árboles base.

- **min_samples_split**: el número mínimo de muestras requeridas para dividir un nodo interno.
- **min_samples_leaf**: el número mínimo de muestras requeridas para ser una hoja.
- **min_weight_fraction_leaf**: la fracción mínima ponderada del total de sumas de pesos (de todas las entradas de muestra) requerida para ser una hoja.
- **max_features**: el número de características a considerar al buscar la mejor división.
- **max_leaf_nodes**: el número máximo de nodos hoja permitidos en cada árbol base.
- **min_impurity_decrease**: un nodo se dividirá si esta división induce una disminución de la impureza mayor o igual a este valor.
- **random_state**: semilla aleatoria para la reproducibilidad.
- **verbose**: controla la cantidad de información que se imprime durante el ajuste y la predicción.
- **warm_start**: cuando se establece en True, reutiliza la solución de la llamada anterior para ajustar y agregar más estimadores al conjunto, de lo contrario, simplemente ajusta un nuevo conjunto de estimadores.

> *XGBRegressor(n_estimators, max_depth, learning_rate, min_ child_weight, subsample, colsample_bytree, gamma, reg_alpha, reg_lambda, objective)*

Parámetros:

- **n_estimators**: número de árboles a construir. Cuantos más árboles, más complejo será el modelo y más tiempo de entrenamiento requerirá.
- **max_depth**: la máxima profundidad de cada árbol de decisión. Controla la complejidad del modelo, ya que árboles más profundos pueden capturar relaciones más complejas en los datos, pero también pueden llevar al sobreajuste.
- **learning_rate**: tasa de aprendizaje que controla la contribución de cada árbol en el proceso de construcción del modelo.
- **min_child_weight**: peso mínimo necesario en una hoja del árbol. Aumentar este valor puede ayudar a prevenir el sobreajuste al evitar divisiones en hojas que contienen muy pocos ejemplos.
- **subsample**: proporción de muestras de entrenamiento a utilizar en cada árbol. Especifica la fracción de las instancias de entrenamiento que se deben tomar al azar para construir cada árbol.
- **colsample_bytree**: proporción de características a considerar en cada división de árbol. Especifica la fracción de las características a considerar al construir cada árbol.

- **gamma**: parámetro de regularización que controla la complejidad del árbol. Una mayor gamma conduce a una mayor regularización, lo que puede ayudar a prevenir el sobreajuste.
- **reg_alpha**: término de regularización L1 en la función de pérdida. Ayuda a penalizar las características que no son útiles para la predicción.
- **reg_lambda**: término de regularización L2 en la función de pérdida. Ayuda a penalizar los valores extremos de los coeficientes del modelo.
- **objective**: la función de pérdida a optimizar durante el entrenamiento. Para regresión, comúnmente se utiliza reg:squarederror o reg:squaredlogerror

3.5. REGRESIÓN CON VECTOR SOPORTE

La regresión con vectores de soporte (SVR, por sus siglas en inglés: *support vector regression*) es una técnica avanzada de aprendizaje supervisado ampliamente utilizada en problemas de regresión. A diferencia de otros métodos de regresión, como la regresión lineal ordinaria, SVR no solo busca minimizar el error entre las predicciones y los valores reales, sino que también tiene en cuenta la variabilidad alrededor de la línea de regresión, lo que lo hace más robusto y adaptable a diferentes tipos de datos.

El concepto central detrás de SVR es encontrar una función de regresión que se ajuste a los datos de entrenamiento dentro de ciertos límites de tolerancia, conocidos como márgenes de tolerancia. Estos márgenes de tolerancia están definidos por un parámetro ε, que determina la anchura de la banda alrededor de la línea de regresión. Los puntos de datos que caen dentro de esta banda no contribuyen al cálculo del error y se consideran bien ajustados.

Para encontrar la función de regresión óptima, SVR identifica los puntos de datos más cercanos al límite de la banda de tolerancia, conocidos como vectores de soporte. Estos vectores de soporte son los puntos de datos más importantes, ya que tienen un mayor impacto en la definición de la función de regresión. SVR utiliza estos vectores de soporte para definir la función de regresión y optimizarla de manera que se minimice el error de entrenamiento y se maximice el margen entre la función de regresión y los vectores de soporte.

Una de las características distintivas de SVR es su capacidad para manejar problemas de regresión no lineales mediante el uso del kernel trick. Este truco implica transformar los datos de entrada en un espacio dimensional superior donde los datos son linealmente separables. Esto permite que SVR ajuste una función de regresión no lineal en el espacio transformado, lo que lo hace extremadamente versátil y adecuado para una amplia gama de problemas de regresión.

La optimización asociada a SVR se puede expresar como:

$$\min_{w,b,\xi} \frac{1}{2} \cdot w^T \cdot w + C \cdot \sum_{i=1}^{n} 2 \cdot \xi$$

Sujeto a las restricciones:

$$|y_i - (w^T \cdot x + b)| \le \varepsilon + \xi \rightarrow \xi > 0$$

Donde wT es el vector de pesos, b es un término de sesgo y x son los puntos de entrada. En las restricciones ξ son las variables de holgura, ε es el ancho de margen de tolerancia y C es el parámetro de regularización.

Después de entrenar el modelo, es esencial validar su rendimiento utilizando datos de validación o técnicas de validación cruzada. Esta etapa es crucial ya que permite evaluar la capacidad del modelo para generalizar a datos no vistos y ajustar los parámetros del modelo si es necesario. La validación del modelo ayuda a garantizar que no esté sobreajustando los datos de entrenamiento y que pueda realizar predicciones precisas en nuevos datos. Una vez que el modelo ha sido entrenado y validado, se puede utilizar para hacer predicciones sobre nuevos datos. En el caso de SVR, el modelo predice valores numéricos en lugar de clases. Esto significa que toma un conjunto de características como entrada y devuelve un valor numérico como salida. Estas predicciones pueden ser utilizadas para tomar decisiones o realizar análisis en función de los datos disponibles.

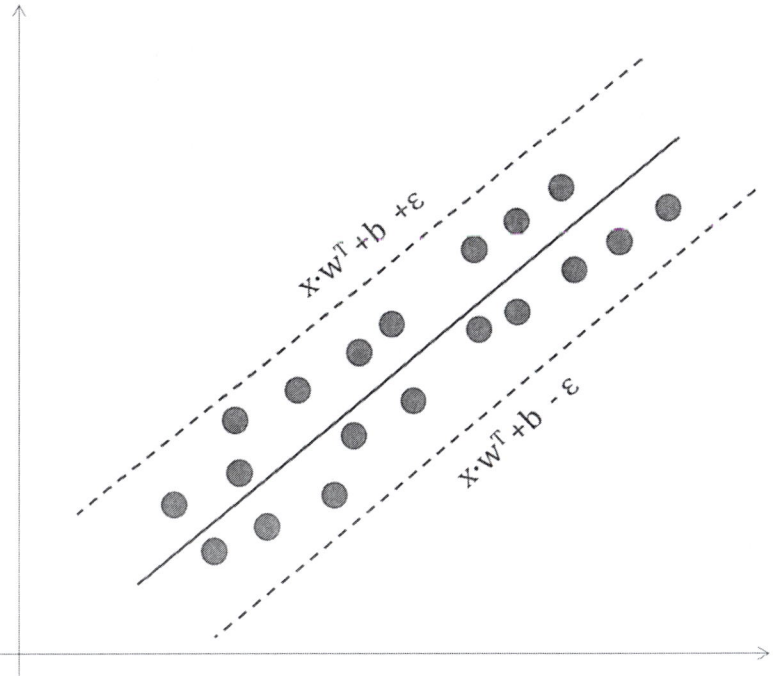

Figura 3.9. MSV para un modelo de regresión.

Finalmente, es crucial evaluar el rendimiento del modelo SVR utilizando métricas de regresión adecuadas. Esto proporciona información sobre la calidad de las predicciones del modelo y su capacidad para capturar la relación entre las características de entrada y la variable objetivo. Algunas métricas comunes de evaluación de rendimiento para modelos de regresión incluyen el error cuadrático medio (MSE), que mide la discrepancia entre los valores observados y los valores predichos por el modelo, y el coeficiente de determinación (R^2), que indica cuánta variabilidad en la variable objetivo es explicada por el modelo. Estas métricas ayudan a comprender la precisión y la capacidad predictiva del modelo SVR en el contexto específico del problema de regresión que se está abordando.

Código Python

> *SVR (kernel, C, epsilon, gamma, degree, coef0, shrinking, cache_size, tol, verbose, max_iter, random_state)*

Parámetros:

- **kernel**: tipo de kernel a utilizar. Puede ser linear, poly, rbf (*radial basis function*), sigmoid, o una función kernel personalizada.
- **C**: parámetro de regularización. Controla la penalización por errores de clasificación. Valores más altos de C implican una penalización más fuerte de los errores, lo que puede llevar a un modelo más complejo.
- **epsilon**: parámetro epsilon en SVR. Define el margen de error aceptable.
- **gamma**: coeficiente para los kernels rbf, poly y sigmoid. Controla el alcance de influencia de un solo punto de datos.
- **degree**: grado del polinomio para el kernel polinómico. Solo es relevante cuando kernel=poly.
- **coef0**: término independiente en la función kernel. Solo es relevante para los kernels poly y sigmoid.
- **shrinking**: si se debe utilizar la heurística de encogimiento.
- **cache_size**: tamaño del caché del kernel en MB.
- **tol**: tolerancia para el criterio de parada.
- **verbose**: controla la verbosidad cuando se ajusta el modelo.
- **max_iter**: número máximo de iteraciones.
- **random_state**: semilla aleatoria para controlar la reproducibilidad de los resultados.

3.6. SERIES TEMPORALES CON APRENDIZAJE AUTOMÁTICO

3.6.1. Introducción a las series temporales y análisis de componentes

Las series temporales son conjuntos de datos que registran observaciones a lo largo del tiempo, donde cada observación está vinculada a una marca de tiempo específica. Estas series son ubicuas en una variedad de campos, como finanzas, economía, meteorología, ciencia de datos, ingeniería y medicina, entre otros.

El análisis de series temporales implica examinar y comprender los patrones, tendencias y comportamientos que se manifiestan en los datos a lo largo del tiempo. Esto abarca desde la identificación de tendencias a largo plazo hasta la detección de ciclos recurrentes, estacionalidades y patrones de comportamiento irregulares o aleatorios.

Las series temporales son ampliamente utilizadas para realizar predicciones y pronósticos sobre futuros eventos o valores. Esto incluye la predicción de ventas futuras, el pronóstico del clima, la estimación de precios de acciones, la proyección de la demanda de productos y servicios, entre muchas otras aplicaciones prácticas.

Para analizar y modelar series temporales, se emplean diversas técnicas y herramientas, como modelos estadísticos como ARIMA (*autoregressive integrated moving average*), métodos de suavizado exponencial, análisis de regresión, técnicas de descomposición estacional y algoritmos de aprendizaje automático.

El objetivo final del análisis de series temporales es obtener una comprensión profunda de los datos y utilizar esta comprensión para realizar predicciones precisas y tomar decisiones informadas en el futuro. Esto puede tener un impacto significativo en la planificación estratégica, la toma de decisiones empresariales y la optimización de procesos en diversos campos y sectores industriales.

El análisis de componentes de una serie temporal es un proceso fundamental en el estudio de datos de series temporales que busca descomponer la serie en diferentes componentes que pueden ayudar a comprender mejor su comportamiento y hacer predicciones más precisas. Estos componentes típicamente incluyen la tendencia, la estacionalidad y los residuos.

- **Tendencia.** La tendencia representa la dirección general de la serie temporal a lo largo del tiempo. Puede ser ascendente, descendente o seguir algún patrón más complejo. La identificación de la tendencia es crucial para comprender la evolución a largo plazo de los datos. La tendencia se puede modelar mediante métodos como regresión lineal, suavizado exponencial u otros modelos de crecimiento.

- **Estacionalidad.** La estacionalidad se refiere a patrones recurrentes o periódicos que ocurren con una frecuencia constante dentro de la serie temporal. Estos patrones pueden estar relacionados con factores estacionales, como las estaciones del año, los días de la semana o los períodos de tiempo específicos. Identificar y modelar la estacionalidad es importante para entender las variaciones cíclicas de los datos y para ajustar las predicciones en consecuencia.

- **Ciclo.** A veces, las series temporales también pueden contener ciclos que no son estrictamente periódicos como la estacionalidad, pero que aún muestran fluctuaciones recurrentes en una escala más amplia. Los ciclos pueden ser el resultado de factores económicos, sociales o políticos que afectan la serie temporal en intervalos irregulares. Identificar y modelar estos ciclos puede ser útil para comprender mejor el comportamiento a largo plazo de los datos.

- **Residuos.** Los residuos son las variaciones aleatorias o no explicadas que quedan una vez que se han identificado y modelado la tendencia, la estacionalidad y los ciclos. Representan el ruido o la variabilidad aleatoria en los datos que no se puede predecir o explicar mediante los componentes anteriores. Analizar los residuos puede ayudar a evaluar la calidad del modelo y a identificar posibles áreas de mejora.

Las series temporales pueden ser aditivas o multiplicativas. Son dos formas de modelar la estructura de una serie temporal en términos de sus componentes principales: tendencia, estacionalidad y residuos. En la serie temporal aditiva los componentes de la serie (tendencia, estacionalidad y residuos) se suman para formar la serie observada. La fórmula general para una serie temporal aditiva es:

$$Y(t) = T(t) + S(t) + e(t)$$

En una serie temporal multiplicativa, los componentes de la serie (tendencia, estacionalidad y residuos) se multiplican para formar la serie observada. La fórmula general para una serie temporal multiplicativa es:

$$Y(t) = T(t) \cdot S(t) \cdot e(t)$$

Donde $Y(t)$ es el valor observado en el tiempo t, $T(t)$ es el componente de tendencia en el tiempo t, $S(t)$ es el componente estacional en el tiempo t y $e(t)$ es el componente de residuos (o error) en el tiempo t.

En una serie temporal aditiva, los componentes se suman entre sí. Esto implica que los efectos de la tendencia y la estacionalidad se acumulan de manera aditiva con el tiempo. Por ejemplo, si tenemos una serie temporal aditiva con una tendencia creciente y una estacionalidad periódica, el aumento en cada período se suma al aumento en el período anterior, lo que resulta en un crecimiento lineal de la serie con el tiempo. En cambio, en una serie temporal multiplicativa, los componentes se multiplican entre sí. Esto significa que los efectos de la tendencia y la estacionalidad se acumulan de manera multiplicativa con el tiempo. Por lo tanto, si tenemos una serie temporal multiplicativa con una tendencia creciente y una estacionalidad periódica, el aumento en cada período se multiplica por el aumento en el período anterior, lo que puede resultar en un crecimiento exponencial de la serie con el tiempo.

En una serie temporal aditiva, la amplitud de la estacionalidad es aproximadamente constante en toda la serie. Esto significa que la variación estacional no cambia drásticamente con el nivel de la serie temporal. Por ejemplo, si estamos analizando las ventas mensuales de un producto, la cantidad de ventas adicionales durante la temporada de vacaciones puede ser constante en relación con el promedio mensual de ventas. En contraste, en una serie temporal multiplicativa, la amplitud de la estacionalidad varía con el nivel de la serie temporal. Esto implica que la variación estacional es proporcional al nivel de la serie temporal. Por ejemplo, si estamos analizando los ingresos anuales de una empresa, la variación estacional puede aumentar a medida que aumentan los ingresos totales.

La elección entre una serie temporal aditiva y una serie temporal multiplicativa depende del comportamiento observado en los datos y de cómo se desea interpretar la relación entre los componentes de la serie temporal. En algunos casos, una serie temporal aditiva puede ser más adecuada cuando las diferencias absolutas entre los valores observados y los componentes son más importantes. Por ejemplo, si estamos interesados en la cantidad exacta de aumento en las ventas durante un período estacional específico, una serie temporal aditiva puede ser más apropiada. Por otro lado, una serie temporal multiplicativa puede ser más apropiada cuando las diferencias relativas entre los valores observados y los componentes son más importantes. Por ejemplo, si estamos interesados en la proporción de aumento en las ventas durante un período estacional específico en relación con el nivel general de ventas, una serie temporal multiplicativa puede ser más adecuada.

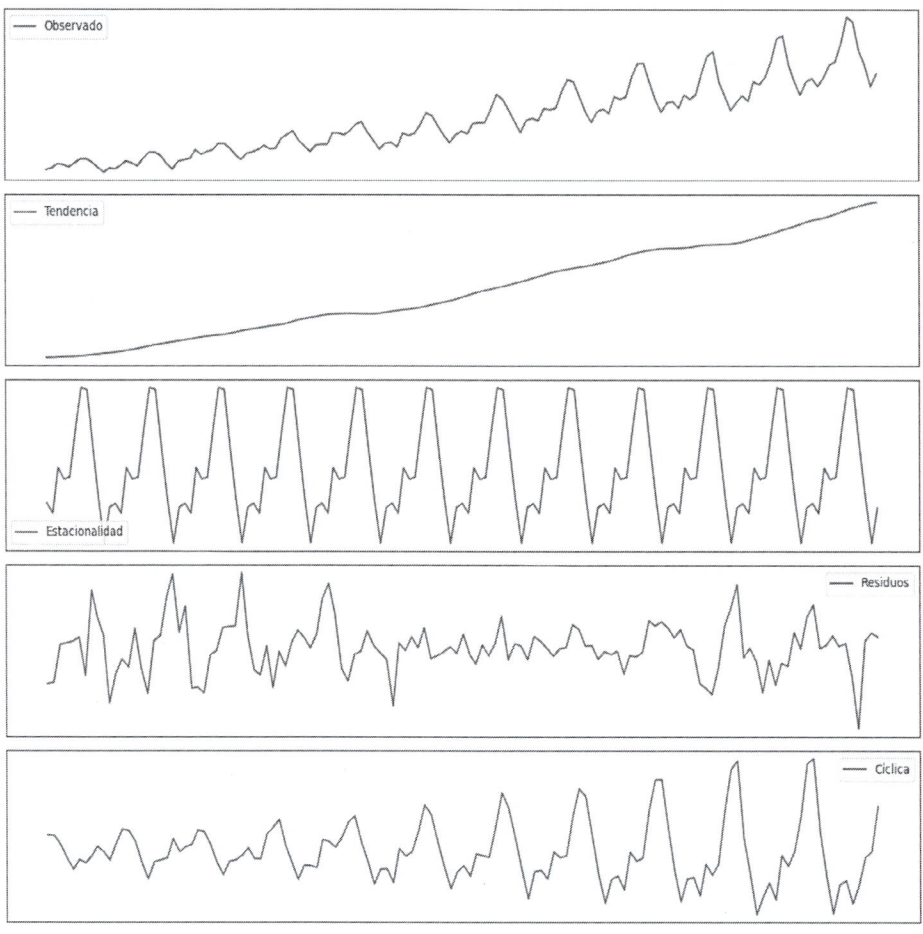

Figura 3.10. Ejemplo de descomposición de una serie temporal.

3.6.2. Modelos ARIMA y SARIMA

Los modelos SARIMA, conocidos como *seasonal autoregressive integrated moving average*, representan una extensión de los modelos ARIMA (*autoregressive integrated moving average*) para abordar componentes de estacionalidad en series temporales. Estos modelos son ampliamente utilizados en análisis de series temporales para pronósticos y modelado de datos estacionales. SARIMA permite capturar patrones estacionales recurrentes en los datos, como las fluctuaciones observadas en las ventas minoristas durante las temporadas de vacaciones o las tendencias estacionales en los precios de los productos agrícolas. A diferencia de los modelos ARIMA estándar, los modelos SARIMA incorporan términos adicionales para modelar la estacionalidad, lo que permite una mayor flexibilidad y precisión en la predicción de series temporales con patrones estacionales. Esto hace que los modelos SARIMA sean especialmente útiles en campos como la economía, la meteorología, la planificación de la demanda y la gestión de inventarios, donde la estacionalidad juega un papel importante en la evolución de los datos a lo largo del tiempo. Al considerar no solo la tendencia y la aleatoriedad, sino también los efectos estacionales, los modelos SARIMA proporcionan una herramienta poderosa para analizar y predecir datos temporales con mayor precisión y capacidad de captura de patrones estacionales complejos.

Para entender matemáticamente los modelos SARIMA, debemos antes definir un modelo ARIMA. Estos modelos se componen de tres componentes:

1. Autorregresivo (AR): este componente relaciona una observación y un número determinado de observaciones pasadas (lag en inglés).
2. Medias móviles (MA): este componente modela la relación entre una observación y la media móvil aplicadas a observaciones pasadas.
3. Diferenciación integrada (I): este componente se refiere al grado de diferenciación necesario para hacer estacionaria una serie.

El término AR se puede describir matemáticamente como una suma de un coeficiente por el valor observado en el pasado:

$$y_t = \phi_1 \cdot y_{t-1} + \phi_2 \cdot y_{t-2} + \cdots + \phi_P \cdot y_{t-P} + \varepsilon_t$$

Si definimos B como una operación de cambio $y_{t-k} = B^k \cdot y_{t-k}$ la ecuación toma la siguiente forma:

$$\left(1 - \phi_1 \cdot B \quad - \phi_1 \cdot B^2 - \cdots - \phi_P \cdot B^P\right) \cdot y_t = \varepsilon_t$$

El orden del polinomio está determinado por el parámetro p, que indica el número de términos autorregresivos en el modelo. El grado del polinomio es igual al orden del modelo autorregresivo p. Por lo tanto, el polinomio tendrá p términos, cada uno asociado. Si todas las raíces del polinomio están fuera del círculo unitario en el plano complejo, entonces la serie temporal es estacionaria. Además, un proceso autorregresivo es invertible.

El término MA lo podemos describir matemáticamente como la suma del parámetro error por cada uno de sus coeficientes:

$$y_t = \varepsilon_t + \theta_1 \cdot \varepsilon_{t-1} + \theta_2 \cdot \varepsilon_{t-2} + \cdots + \theta_q \cdot y_{t-q}$$

Si hacemos un cambio de operador con en AR se tiene que para q términos la ecuación quedaría como:

$$y_t = \left(1 + \theta_1 \cdot B + \theta_2 \cdot B^2 + \cdots + \theta_q \cdot B^q\right) \cdot \varepsilon_t$$

Una vez definidos la parte autorregresiva y la parte de medias móviles, se realiza la suma de las dos, obteniendo un modelo ARMA:

$$y_t = \phi_1 \cdot y_{t-1} + \phi_2 \cdot y_{t-2} + \cdots + \phi_P \cdot y_{t-P} + \varepsilon_t + \theta_1 \cdot \varepsilon_{t-1} + \theta_2 \cdot \varepsilon_{t-2} + \cdots + \theta_q \cdot y_{t-q}$$

Con el operador B quedaría:

$$\left(1 - \phi_1 \cdot B - \phi_1 \cdot B^2 - \cdots - \phi_P \cdot B^P\right) \cdot y_t$$
$$= \left(1 + \theta_1 \cdot B + \theta_2 \cdot B^2 + \cdots + \theta_q \cdot B^q\right) \cdot \varepsilon_t$$

Para completar el modelo ARIMA necesitamos incluir el parámetro de diferenciación integrada, que se expresa mediante la ecuación $(1-B)^d \cdot y_t = \varepsilon_t$. Tomando la ecuación del ARMO e incluyendo este término podemos obtener la fórmula del modelo ARIMA.

$$\left(1 - \phi_1 \cdot B - \phi_1 \cdot B^2 - \cdots - \phi_P \cdot B^P\right) \cdot (1 - B)^d \cdot y_t = \left(1 + \theta_1 \cdot B + \theta_2 \cdot B^2 + \cdots + \theta_q \cdot B^q\right) \cdot \varepsilon_t$$

La notación ARIMA se expresa como ARIMA(p,d,q). los parámetros determinan la complejidad y la capacidad predictiva del modelo. El parámetro p representa el orden de la parte autorregresiva, d indica el número de diferenciaciones necesarias para estacionarizar la serie temporal, y q especifica el tamaño de la ventana de la media móvil. Estos parámetros controlan la influencia de las observaciones pasadas, la tendencia y la estacionalidad en las predicciones futuras, siendo esenciales para el éxito del análisis y la predicción de series temporales. Las propiedades matemáticas fundamentales de un modelo ARIMA se centran en su estacionariedad y su invertibilidad. La estacionariedad implica que las propiedades estadísticas de la serie temporal, como la media y la varianza, permanecen constantes a lo largo del tiempo. Esto es esencial para garantizar que el modelo pueda capturar adecuadamente la estructura temporal de los datos y proporcionar predicciones precisas. Por otro lado, la invertibilidad asegura que los coeficientes del modelo sean estacionarios, lo que permite que el modelo se pueda utilizar para hacer predicciones válidas sobre futuros valores de la serie temporal.

SARIMA extiende el modelo ARIMA para abordar la estacionalidad en los datos. Además de los componentes AR, I y MA, SARIMA incorpora términos adicionales para modelar la estacionalidad en los datos. Estos términos incluyen la regresión estacional (SAR), la integración estacional (SI) y la media móvil estacional (SMA). SARIMA es particularmente útil cuando los datos exhiben patrones estacionales claros que se repiten a lo largo del tiempo.

$$\phi_p(B) \cdot \Phi_P(B^s) \cdot (1 - B^s)^D \cdot (1 - B)^d \cdot y_t = \theta_q(B) \cdot \Theta_Q(B^s) \cdot \varepsilon_t$$

La notación de estos modelos toman la forma SARIMA $(p,d,q) \cdot (P,D,Q,s)$, siendo los cuatro últimos:

- **P** (*seasonal autoregressive order*). Es similar al parámetro p, pero para la componente estacional de la serie temporal. Representa el número de pasos de tiempo anteriores que se utilizarán como predictores en la parte autoregresiva estacional del modelo.
- **D** (*seasonal integrated order*). Similar al parámetro d, pero para la componente estacional de la serie temporal. Indica el número de veces que se diferencia la serie temporal estacional para hacerla estacionaria.
- **Q** (*seasonal moving average order*). Similar al parámetro q, pero para la componente estacional de la serie temporal. Define el tamaño de la ventana de la media móvil en la parte de media móvil estacional del modelo.
- **s** (*seasonal period*). Especifica la longitud del período estacional en la serie temporal. Indica la cantidad de pasos de tiempo que se repite el patrón estacional.

La principal ventaja de SARIMA sobre ARIMA radica en su capacidad para modelar y pronosticar series temporales con patrones estacionales. Al considerar los efectos estacionales, SARIMA puede capturar mejor la variabilidad de los datos y proporcionar pronósticos más precisos para situaciones en las que la estacionalidad es una parte significativa de la serie temporal.

El modelo SARIMA con variables exógenas representa una evolución significativa en el campo del análisis de series temporales, ya que permite capturar y modelar de manera más precisa las complejas interacciones entre los distintos componentes de una serie temporal y las variables externas que puedan influir en su comportamiento. Esta extensión del modelo SARIMA es especialmente valiosa en situaciones donde la serie temporal de interés es afectada por factores externos o exógenos, como cambios económicos, políticos, climáticos u otros eventos relevantes que no están directamente relacionados con la serie en sí misma.

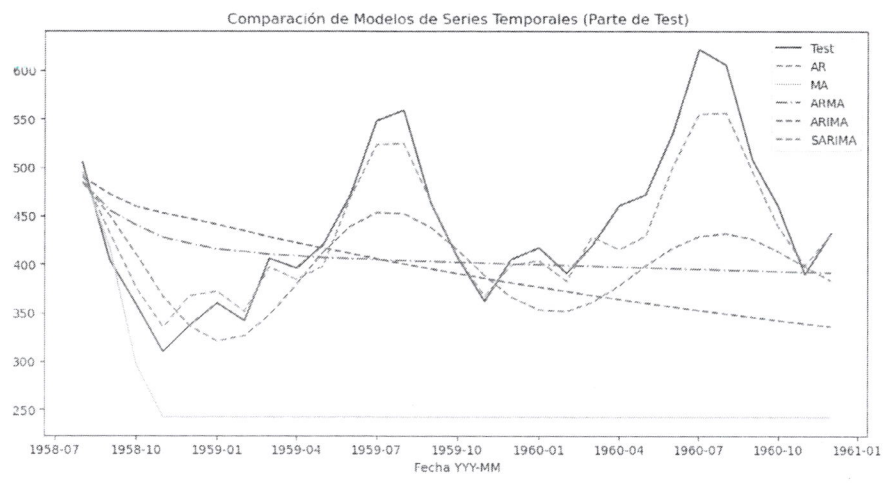

Figura 3.11. Comparación de diferentes modelos SARIMA.

La inclusión de variables exógenas en el modelo SARIMA representa una estrategia integral para comprender y predecir con mayor precisión el comportamiento de una serie temporal. Esta metodología se destaca por su capacidad para incorporar información adicional que puede ser relevante para mejorar la exactitud de las predicciones. En el contexto de aplicaciones prácticas, como el pronóstico de ventas, las variables exógenas pueden abarcar una amplia gama de datos económicos, como el producto interno bruto (PIB), la tasa de desempleo o el índice de confianza del consumidor. Además, también pueden incluir variables específicas de la industria o características demográficas relevantes. Una vez identificadas las variables exógenas potencialmente pertinentes, el siguiente paso crucial implica realizar un análisis exploratorio de los datos para evaluar la relación entre la serie temporal y las variables propuestas. Esta evaluación puede implicar el cálculo de correlaciones entre las series temporales y las variables exógenas, el análisis de causalidad utilizando técnicas estadísticas avanzadas, o la exploración de otros métodos para determinar la influencia de las variables exógenas en el comportamiento de la serie temporal. Durante este análisis, es fundamental comprender la naturaleza de la relación entre las variables exógenas y la serie temporal objetivo. Por ejemplo, algunas variables exógenas pueden mostrar una correlación directa con la serie temporal, lo que sugiere una influencia directa en su comportamiento. Por otro lado, algunas variables exógenas pueden tener efectos rezagados o indirectos, lo que requiere un análisis más detallado para comprender su impacto en las predicciones futuras.

Código Python

```
auto_arima(y, exogenous, start_p, d, start_q, max_p, max_d, max_q,start_P,
D, start_Q, max_P, max_D, max_Q, seasonal, m, stepwise, trace, sup-
press_warnings, error_action, stationary, seasonal_test, alpha, n_jobs, infor-
mation_criterion, maxiter, out_of_sample_size, scoring, scoring_args, trend,
with_intercept, sarimax_kwargs)
```

Parámetros:

- **start_p**: el inicio del rango de búsqueda para el parámetro p.
- **d**: el orden de diferenciación para la serie temporal.
- **start_q**: el inicio del rango de búsqueda para el parámetro q.
- **max_p**: el máximo valor de p que se considerará durante la búsqueda.
- **max_d**: el máximo valor de d que se considerará durante la búsqueda.
- **max_q**: el máximo valor de q que se considerará durante la búsqueda.
- **start_P**: el inicio del rango de búsqueda para el parámetro P.
- **D**: el orden de diferenciación estacional para la serie temporal.
- **start_Q**: el inicio del rango de búsqueda para el parámetro Q.

- **max_P**: el máximo valor de P que se considerará durante la búsqueda.
- **max_D**: el máximo valor de D que se considerará durante la búsqueda.
- **max_Q**: el máximo valor de Q que se considerará durante la búsqueda.
- **seasonal**: booleano que indica si se debe ajustar un modelo estacional.
- **m**: la periodicidad de la estacionalidad.
- **stepwise**: booleano que indica si se debe realizar una búsqueda *stepwise*.
- **trace**: entero que controla la cantidad de información impresa durante la búsqueda.
- **suppress_warnings**: booleano que indica si se deben suprimir las advertencias.
- **error_action**: controla la acción que se tomará si se encuentra un error durante la búsqueda.

3.6.3. Series temporales con redes neuronales

Las redes neuronales son un enfoque poderoso y versátil para el análisis y la predicción de series temporales. En su núcleo, estas redes están inspiradas en el funcionamiento del cerebro humano, donde las conexiones entre las neuronas se adaptan mediante el aprendizaje para realizar tareas específicas. En el contexto de las series temporales, las redes neuronales pueden capturar relaciones complejas entre variables a lo largo del tiempo, lo que las hace especialmente adecuadas para modelar y predecir datos secuenciales.

Una de las ventajas clave de las redes neuronales en series temporales es su capacidad para aprender patrones a diferentes escalas temporales y capturar dependencias a largo plazo. Esto contrasta con métodos más tradicionales, como los modelos autorregresivos, que pueden tener dificultades para capturar relaciones temporales complejas y dependencias a largo plazo.

Las redes neuronales pueden aplicarse a una amplia gama de problemas en series temporales, incluida la predicción de precios financieros, la demanda de productos, el análisis de datos climáticos y muchas otras aplicaciones. Sin embargo, es importante tener en cuenta que el diseño y la implementación efectiva de redes neuronales en series temporales requieren un conocimiento profundo tanto de la teoría subyacente como de las técnicas de optimización y ajuste de parámetros.

Las redes neuronales recurrentes básicas son el tipo más simple de RNN, pero pueden enfrentar problemas como el desvanecimiento del gradiente, lo que dificulta el aprendizaje de dependencias a largo plazo. Las redes LSTM (*long short-term memory*) fueron diseñadas para resolver este problema, incorporando unidades de memoria especializadas que pueden mantener y actualizar información durante largos períodos de tiempo. Por otro lado, las redes GRU (*gated recurrent units*) son similares a las LSTM, pero más simplificadas, utilizando compuertas para controlar el flujo de información y también abordar el desvanecimiento del gradiente.

A nivel matemático, las LSTM se componen de varias unidades de memoria especializadas, cada una de las cuales contiene una estructura de puertas que controla el flujo de información. Estas puertas consisten típicamente en una combinación de funciones de activación sigmoide y operaciones de multiplicación punto a punto, que determinan qué información se debe mantener, olvidar o actualizar en la unidad de memoria. Para comprender mejor el funcionamiento matemático de una unidad LSTM, aquí hay una descripción de los componentes clave:

1. **Celdas de memoria.** Cada unidad LSTM contiene una celda de memoria que almacena información a lo largo del tiempo. Esta celda de memoria es responsable de retener información relevante a largo plazo.
2. **Puerta de olvido (*forget gate*).** Esta puerta decide qué información debe ser olvidada o mantenida en la celda de memoria. Su salida va de 0 a 1, donde 0 significa "olvidar completamente" y 1 significa "mantener completamente".
3. **Puerta de entrada (*input gate*).** Esta puerta determina qué nueva información se debe agregar a la celda de memoria. Primero, calcula qué valores candidatos se agregarán y luego decide qué parte de estos valores se integrará en la celda de memoria.
4. **Puerta de salida (*output gate*).** Esta puerta controla qué información se enviará como salida de la unidad LSTM. Filtra la información de la celda de memoria y la modifica para producir la salida final.

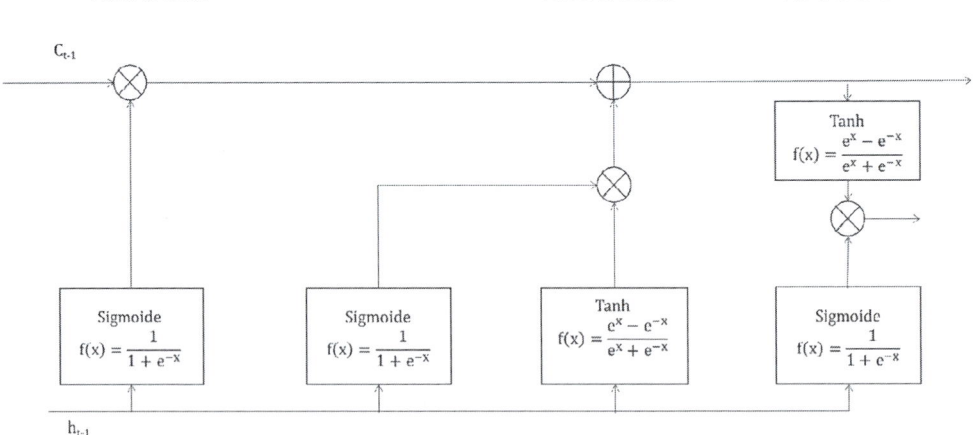

Figura 3.12. Modelo LSTM.

La salida de la puerta de olvido determina cuánta información de la celda de memoria anterior C_{t-1} se olvidará, y la salida de la puerta de entrada determina cuánta nueva información C_t se agregará a la celda de memoria. Las ecuaciones para la puerta de entrada g_t y la puerta de olvido f_t son:

$$g_t = \left(\frac{1}{1 + e^{-x}}\right) \cdot [W_g \cdot (h_{t-1}, x_t) + b_g]$$

$$f_t = \left(\frac{1}{1 + e^{-x}}\right) \cdot [W_f \cdot (h_{t-1}, x_t) + b_f]$$

Donde W es la matriz de los pesos para las puertas de entrada y olvido, h_{t-1} es la salida de la unidad LSTM en el paso del tiempo anterior, x_t es la entrada en el paso de tiempo actual y b son los sesgos correspondientes.

La nueva información C_t se calcula utilizando la función de activación de tangente hiperbólica y la puerta de entrada g_t:

$$C_t = \tanh \cdot [W_C \cdot (h_{t-1}, x_t) + b_C]$$

La celda de memoria actualizada se calcula como combinación de la memoria anterior y la nueva información, cada una multiplicada por la puerta de olvido y puerta de entrada.

$$C_t = f_t \cdot C_{t-1} + g_t \cdot C_t$$

La salida LSTM se calcula utilizando la celda de memoria actualizada, la puerta de salida y la función de activación tangente hiperbólica.

$$E_t = \left(\frac{1}{1 + e^{-x}}\right) \cdot [W_e \cdot (h_{t-1}, x_t) + b_e]$$

$$h_t = \left\{\left(\frac{1}{1 + e^{-x}}\right) \cdot [W_e \cdot (h_{t-1}, x_t) + b_e]\right\} \cdot \tanh(C_t)$$

Después de calcular la salida de la red en cada paso de tiempo, comienza el proceso de propagación. Aquí, se compara las salidas predichas por la red con los valores reales de la serie temporal en cada paso de tiempo. Esta comparación nos da una medida de cuánto difieren nuestras predicciones de la realidad. Se utiliza una función de pérdida para cuantificar esta discrepancia. En problemas de series temporales, es común utilizar el error cuadrático medio (MSE) o el error absoluto medio (MAE) como funciones de pérdida. Estas funciones calculan la discrepancia entre las predicciones de la red y los valores reales en cada paso de tiempo. Una vez que hemos calculado la pérdida en cada paso de tiempo, obtenemos una pérdida total sumando o promediando las pérdidas individuales. Esta pérdida total nos da una medida general de cuán bien está funcionando nuestra red neuronal en la tarea de predicción de series temporales. Finalmente, utilizamos un algoritmo de optimización, como el descenso de gradiente estocástico (SGD) o el algoritmo Adam, para ajustar los pesos de la red y minimizar la pérdida total. Este proceso de optimización busca encontrar los valores óptimos de los pesos que minimizan la discrepancia entre las predicciones de la red y los valores reales en los datos de entrenamiento.

Código Python

```
LSTM(units, activation, recurrent_activation, use_bias, kernel_initializer,
recurrent_initializer, bias_initializer, unit_forget_bias, kernel_regularizer,
recurrent_regularizer, bias_regularizer, dropout, recurrent_dropout, return_
sequences, return_state, go_backwards, stateful, time_major, unroll)
```

Parámetros:

- **units**: número de unidades en la capa LSTM.
- **activation**: función de activación para la salida de la celda.
- **recurrent_activation**: función de activación para la salida.
- **use_bias**: booleano que indica si la capa usa un sesgo.
- **kernel_initializer**: inicializador para la matriz de pesos que transforma las entradas.
- **recurrent_initializer**: inicializador para la matriz de pesos que transforma los estados ocultos anteriores.
- **bias_initializer**: inicializador para el vector de sesgo.
- **unit_forget_bias**: booleano que indica si añadir un sesgo de olvido.
- **kernel_regularizer**: Rregularizador aplicado a la matriz de pesos.
- **recurrent_regularizer**: regularizador aplicado a la matriz de pesos.
- **bias_regularizer**: regularizador aplicado al vector de sesgo.
- **dropout**: tasa de abandono para las conexiones de entrada.
- **recurrent_dropout**: tasa de abandono para las conexiones recurrentes.
- **return_sequences**: secuencia completa o solo la última salida.
- **return_state**: booleano que indica si devolver el estado final de la célula LSTM.
- **go_backwards**: booleano que indica si propagar hacia atrás en el tiempo durante el cálculo de la salida.
- **stateful**: booleano que indica si mantener el estado interno entre lotes de datos.
- **time_major**: booleano que indica si la forma de los tensores de entrada y salida se considera (tiempo, lote, features).
- **unroll**: booleano que indica si desenrollar la red LSTM para acelerar el entrenamiento.

Módulo IV

APRENDIZAJE NO SUPERVISADO Y POR REFUERZO

4.1. ANÁLISIS DE COMPONENTES PRINCIPALES (PCA)

El análisis de componentes principales (PCA) es una técnica estadística ampliamente utilizada en diversos campos, desde la biología hasta la ingeniería y la economía, debido a su capacidad para simplificar conjuntos de datos complejos sin perder información crucial. Su objetivo principal es reducir la dimensionalidad de los datos, lo que significa representar la información original utilizando un número menor de variables, conocidas como componentes principales. Esta reducción de dimensionalidad es esencial para manejar conjuntos de datos grandes y complejos, así como para visualizar y comprender la estructura subyacente de los datos.

El proceso de PCA implica una transformación lineal de las variables originales para encontrar un nuevo sistema de coordenadas en el que los datos estén mejor representados. Esto se logra mediante la identificación de los ejes principales de variación en los datos, que son ortogonales entre sí y ordenados según la cantidad de variabilidad que explican. Estos ejes principales, o componentes principales, son combinaciones lineales de las variables originales y están descorrelacionados entre sí, lo que significa que capturan diferentes aspectos de la variabilidad presente en los datos sin redundancia. El proceso de PCA implica los siguientes pasos:

Estandarización de datos

Se normalizan los datos para asegurar que todas las variables tengan la misma escala. Esto es importante para evitar que las variables con escalas más grandes dominen el análisis. Dada una matriz A de n filas y p columnas, la ecuación matemática sería la siguiente

$$x_{n,p}^N = \frac{x_{np} - \overline{x_{np}}}{\sigma}$$

Cálculo de la matriz de covarianza o matriz de correlación

Se calcula la matriz que describe las relaciones entre todas las variables del conjunto de datos.

$$S = \frac{1}{n} \cdot \sum_{i=1}^{N} \left(x_{np} - \overline{x_p}\right)^T \cdot \left(x_{np} - \overline{x_p}\right)$$

Descomposición de la matriz

Se realiza una descomposición de la matriz de covarianza o correlación para obtener los autovectores y autovalores asociados. Si denominamos a λ los autovalores, S a la matriz de covarianza y V a la matriz de autovectores, la formulación matemática sería:

$$\begin{cases} |S - \lambda \cdot I| = 0 \\ |S - \lambda \cdot I| \cdot V = 0 \end{cases}$$

Selección de componentes principales

Se ordenan los autovalores de mayor a menor y se eligen los primeros k componentes principales que explican la mayor parte de la varianza en los datos. Generalmente, se decide un umbral de varianza explicada para determinar cuántos componentes principales se mantienen.

Transformación de datos: se proyectan los datos originales sobre el espacio definido por los componentes principales seleccionados. Esto implica multiplicar la matriz de datos original por la matriz de autovectores seleccionados.

$$A_N \cdot V = PC$$

El resultado final del PCA es un conjunto de componentes principales que son combinaciones lineales de las variables originales y que capturan la mayor parte de la variabilidad presente en los datos originales. Estos componentes pueden utilizarse para visualización, análisis exploratorio de datos o como entrada para otros algoritmos de aprendizaje automático.

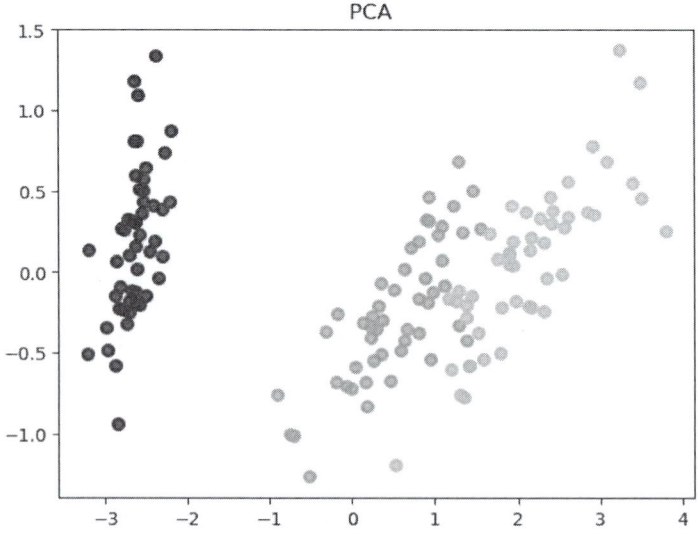

Figura 4.1. Ejemplo de clasificación PCA.

Código Python

> *PCA(n_components, whiten, svd_solver, tol, iterated_power, random_state, copy)*

Parámetros:

- **Número de componentes principales (n_components)**: especifica el número de componentes principales
- **whiten**: este parámetro, si se establece en True, indica si se debe aplicar el blanqueo de datos antes de calcular los componentes principales.
- **svd_solver**: PCA utiliza una descomposición de valores singulares (SVD) para calcular los componentes principales. Algunas opciones comunes son auto, full, randomized y arpack.
- **tol**: este parámetro controla la tolerancia para el corte de la singularidad en SVD.
- **iterated_power**: este parámetro solo se aplica si svd_solver es randomized. Controla la cantidad de potencias iterativas.
- **random_state**: controla la aleatoriedad en la inicialización del estado interno del generador de números aleatorios.
- **copy**: si se establece en True, una copia de los datos se realiza antes de realizar el PCA.

4.2. MODELOS DE APRENDIZAJE NO SUPERVISADO

4.2.1. Agrupación en clústeres: K-means

El *clustering*, una técnica fundamental en el análisis no supervisado, juega un papel crucial en la exploración y comprensión de conjuntos de datos complejos al permitir descubrir estructuras y patrones inherentes que pueden pasar desapercibidos a simple vista, sin la necesidad de etiquetas predefinidas.

En el proceso de conglomerado, cada punto de datos se representa como un vector en un espacio multidimensional, donde cada dimensión corresponde a una característica o atributo del conjunto de datos. Estas características pueden abarcar variables numéricas, categóricas o incluso de texto, proporcionando así la flexibilidad necesaria para analizar una amplia gama de datos.

El objetivo principal del *clustering* es agrupar los puntos de datos de manera que los miembros de un mismo clúster sean más similares entre sí que con los puntos de otros clústeres. Esta similitud se evalúa utilizando medidas de distancia o similitud, como la distancia euclidiana, la distancia de Manhattan o la similitud del coseno, entre otras.

Los resultados del agrupamiento pueden interpretarse y visualizarse para obtener información valiosa sobre la estructura subyacente de los datos. Esta interpretación puede revelar patrones emergentes, segmentos de clientes, relaciones entre variables o incluso anomalías en los datos, lo que facilita la toma de decisiones informadas en una variedad de campos y aplicaciones.

El algoritmo K-means es una técnica de agrupación de datos ampliamente utilizada en el aprendizaje no supervisado. Su objetivo principal es dividir un conjunto de datos en un número predefinido de k grupos, con el fin de minimizar la varianza intraclúster y maximizar la varianza interclúster. Este algoritmo se basa en la asignación iterativa de puntos de datos a clústeres, llevándose a cabo iteraciones hasta alcanzar la convergencia o un criterio de parada definido.

Dado un conjunto de valores X= $\{x_1, x_2, \ldots ,x_n)$ que queremos dividir en C_K grupos, de tal manera que minimicemos la suma de las distancias cuadradas de cada punto al centro de su respectivo conglomerado. Para ello, se define μ_i como el centroide C_K, cuya función a minimizar es la siguiente:

$$M = \arg\min \sum_{i=1}^{k} \frac{1}{|C_K|} \cdot \sum_{x \in C_K} \|x_i - \mu_i\|^2$$

Para realizar la minimización de la función se siguen los siguientes pasos:

1. Inicialización de centroides: seleccionamos k puntos aleatorios como centroides iniciales.
2. Asignación de puntos al clúster más cercano: para cada punto x_i, calculamos la distancia Euclidiana a cada centroide y asignamos x_i al clúster cuyo centroide está más cercano.

$$C_K^t = \left\{x_i: \|x_i - \mu_i^t\|^2 \leq \|x_i - \mu_j^t\|^2 \forall j, 1 \leq j \leq k\right\}$$

3. Actualización de los centroides: para cada clúster, actualizamos el centroide, como el promedio de todos los puntos asignados a ese clúster.

$$\mu_k^{t+1} = \frac{1}{|C_k^t|} \cdot \sum_{x \in C_K} x_i$$

4. El algoritmo convergerá cuando los centroides no cambien o cambien por debajo de un cierto umbral predefinido.

El algoritmo K-means es una herramienta altamente valorada en diversos campos debido a su capacidad para agrupar datos de manera eficiente y sencilla. Entre sus múltiples aplicaciones, una de las más destacadas se encuentra en el ámbito del marketing, donde se emplea para llevar a cabo la segmentación de mercado. En esta tarea, K-means desempeña un papel crucial al dividir a los clientes en grupos homogéneos basados en una variedad de criterios, que pueden incluir comportamientos de compra, preferencias de productos o servicios, características demográficas y otros datos relevantes. La elección del número de conglomerados, que suele situarse entre 3 y 5, aunque puede variar según la complejidad del mercado y la cantidad de datos disponibles, es fundamental para obtener segmentos significativos y útiles. La segmentación de mercado mediante K-means permite a las empresas personalizar sus estrategias de marketing y publicidad de forma más precisa y efectiva. Al comprender mejor las necesidades y preferencias específicas de cada segmento de clientes, las empresas pueden adaptar sus mensajes, ofertas y servicios para satisfacer de manera más adecuada las demandas de cada grupo. Esto no solo puede mejorar la eficacia de las campañas de marketing, sino también aumentar la retención de clientes y fortalecer la lealtad hacia la marca.

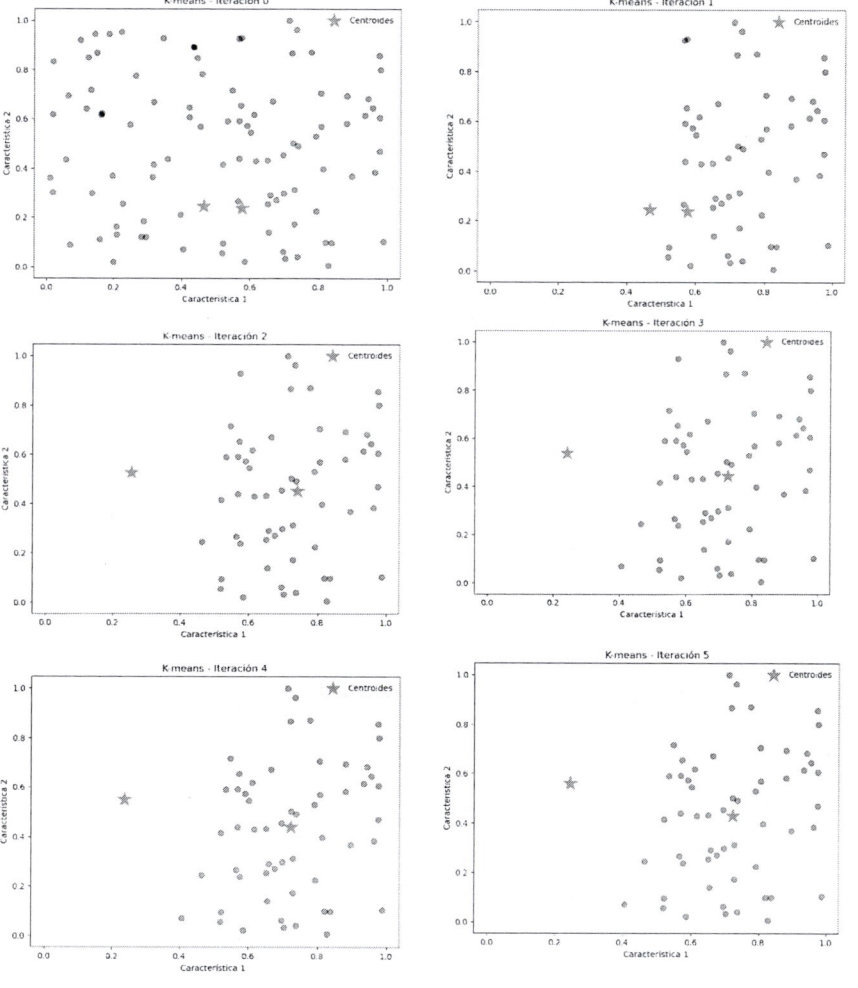

Figura 4.2. Pasos en un proceso iterativo de K-means.

Otra aplicación común de K-means es la compresión de imágenes. En este caso, el algoritmo agrupa los píxeles de una imagen en grupos representados por los colores medios, lo que reduce el número de colores necesarios para representar la imagen sin perder su calidad visual de manera significativa. Esta técnica es especialmente útil en situaciones donde se necesita optimizar el almacenamiento o la transmisión de imágenes, como en el caso de la compresión de imágenes para su uso en sitios web o en la transmisión de datos multimedia.

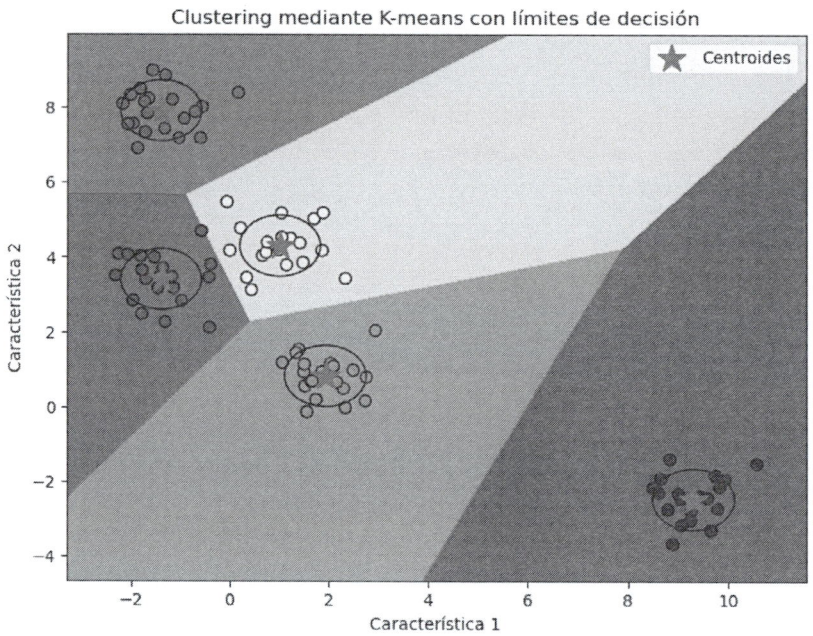

Figura 4.3. Ejemplo de clasificador K-means.

En el análisis de redes sociales, K-means se utiliza para agrupar usuarios con perfiles de comportamiento similares en diferentes segmentos. Esto facilita la identificación de comunidades dentro de una red social, así como la detección de patrones de interacción entre usuarios. Por ejemplo, en plataformas como Twitter, K-means podría emplearse para agrupar usuarios con intereses similares o comportamientos de interacción, lo que sería útil para personalizar la experiencia del usuario o para identificar influencers dentro de la plataforma.

En el ámbito del comercio electrónico, K-means se emplea para segmentar clientes en tiendas en línea según sus patrones de compra, preferencias de productos, comportamientos de navegación y otros datos relevantes. Esto ayuda a las empresas a comprender mejor a sus clientes y a ofrecer recomendaciones de productos más precisas y relevantes, así como a personalizar la experiencia de compra en línea para cada usuario.

Además, en el análisis de texto y minería de datos, K-means se utiliza para agrupar documentos de texto o palabras similares en temas o categorías relacionadas. Esto facilita la organización y comprensión de grandes conjuntos de datos textuales, así como la identificación de tendencias o temas emergentes, y mejora la búsqueda y recuperación de información.

Código Python

```
KMeans(n_clústeres, init, n_init, max_iter, tol, algorithm)
```

Los parámetros son:

- **n_clústeres**: número de clústeres que se desean encontrar.
- **init**: método de inicialización de los centroides. Puede ser k-means++, random, o un array de centroides iniciales.
- **n_init**: número de veces que se ejecutará el algoritmo K-means con diferentes centroides iniciales. El resultado final será el modelo con la inercia más baja.
- **max_iter**: número máximo de iteraciones en cada ejecución del algoritmo K-means.
- **tol**: tolerancia para declarar la convergencia del algoritmo, es decir, el criterio de parada. Si la diferencia entre los centroides de dos iteraciones consecutivas es menor que tol, se considera que el algoritmo ha convergido.
- **algorithm**: algoritmo para calcular el K-means. Puede ser auto, full, elkan, entre otros.

4.2.2. DBSCAN

El algoritmo DBSCAN (*density-based spatial clustering of applications with noise*) es una técnica de agrupamiento ampliamente utilizada en el campo del aprendizaje automático y la minería de datos. A diferencia de otros algoritmos de *clustering*, como k-medias, que requieren la especificación previa del número de clústeres, DBSCAN es capaz de identificar áreas densas de puntos en el espacio de características de manera automática, sin necesidad de conocimiento previo sobre la cantidad de clústeres presentes en los datos.

DBSCAN se fundamenta en el concepto de densidad de puntos en el espacio de características. La idea principal detrás de este algoritmo es que los puntos cercanos entre sí en el espacio de características tienen más probabilidades de pertenecer al mismo clúster que puntos más alejados. Por lo tanto, en lugar de definir los clústeres mediante la minimización de una métrica de distancia como en k-medias, DBSCAN busca identificar áreas densas de puntos y considerarlos como clústeres.

Una de las ventajas más importantes de DBSCAN es su capacidad para detectar clústeres de diferentes formas y tamaños de manera automática. Esto se debe a su capacidad para adaptarse a la densidad local de los puntos en el espacio de características. Mientras que otros algoritmos de *clustering* pueden tener dificultades para identificar clústeres no esféricos o de formas irregulares, DBSCAN puede manejar estas situaciones de manera efectiva.

Además, DBSCAN es robusto ante la presencia de ruido y *outliers* en los datos. Los puntos que no están lo suficientemente cerca de ningún otro punto se consideran ruido y no se asignan a ningún clúster. Esto significa que DBS-CAN puede identificar y aislar puntos anómalos en el conjunto de datos, lo que puede ser útil en diversas aplicaciones, como la detección de anomalías o la eliminación de ruido en conjuntos de datos.

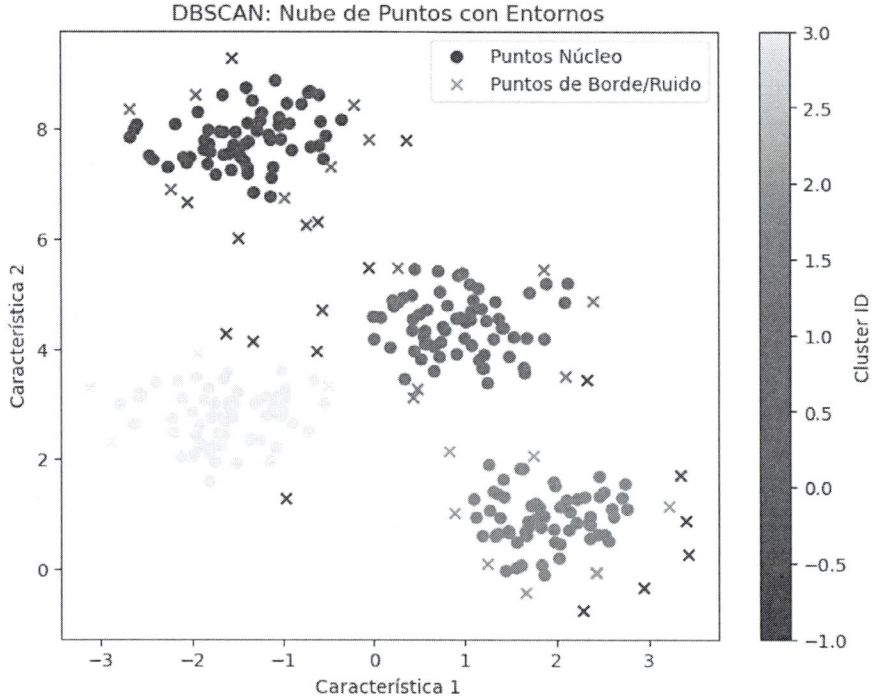

Figura 4.4. Ejemplo de clasificador DBSCAN.

Denominamos ε como el radio del vecindario alrededor de un punto x. Para cada punto p en el conjunto de datos N(p), definimos su vecindario con respecto a un punto x en un conjunto de datos X como:

$$N(x)=\{p\epsilon X:dist(p,x)\leq \varepsilon\}$$

Un punto p se considera un punto núcleo si su vecindario contiene al menos un número mínimo de puntos (MinPts), es decir, N(x) ≥MinPts. Un punto de borde es un punto que no es un punto núcleo, pero está en el vecindario de al menos un punto núcleo, matemáticamente sería N(X) ≤MinPts. Los puntos que no son ni puntos núcleo ni puntos de borde se consideran puntos de ruido y no se asignan a ningún clúster. El proceso de clusterización para cada punto p se realiza de la siguiente manera:

- Si p es un punto núcleo, se forma un nuevo clúster con él y todos los puntos alcanzables desde él.
- Si p es un punto de borde, se asigna al mismo clúster que un punto núcleo en su vecindario.
- Si p es un punto de ruido, no se asigna a ningún clúster.

El algoritmo DBSCAN puede ser implementado de manera eficiente utilizando estructuras de datos como árboles de búsqueda espacial. Al ajustar los parámetros ε y MinPts, podemos controlar la sensibilidad del algoritmo y obtener diferentes resultados de *clustering* según las características del conjunto de datos y los requisitos del problema.

Una de las diferencias más importante con el algoritmo de k-medias es que no hay que dar un número de clústeres predefinido. Además, k-medias funciona mejor en conjuntos de datos donde los clústeres son aproximadamente esféricos y de tamaño similar, y puede ser sensible a *outliers*, ya que los puntos distantes de los centroides pueden influir en la definición de los clústeres.

Código Python

```
DBSCAN(eps, min_samples, metric, algorithm, leaf_size)
```

Parámetros:

- **eps**: la distancia máxima entre dos muestras para que una se considere como en el vecindario de la otra. Este es el parámetro más importante en DBSCAN.
- **min_samples**: el número mínimo de muestras en un vecindario para que un punto sea considerado como núcleo. Esto incluye el punto en sí
- **metric**: la métrica de distancia utilizada para calcular las distancias entre puntos. Las opciones comunes incluyen euclidean, manhattan, cosine, entre otras.
- **algorithm**: el algoritmo utilizado para calcular las distancias entre puntos. Las opciones incluyen auto, ball_tree, kd_tree y brute.
- **leaf_size**: tamaño de hoja pasado a los algoritmos de árbol. Esto puede afectar la velocidad y el uso de memoria del algoritmo.

4.2.3. Algoritmos a priori

El algoritmo Apriori es una herramienta fundamental en la minería de datos, diseñada para descubrir patrones de asociación en conjuntos de datos. Su principal objetivo es identificar conjuntos de elementos que tienden a aparecer juntos con frecuencia en un conjunto de transacciones. Este algoritmo se basa en la premisa de que, si un conjunto de elementos es frecuente, entonces todos sus subconjuntos también deben serlo.

El nombre Apriori se deriva del concepto filosófico de "a priori", que se refiere al conocimiento previo o las suposiciones fundamentales antes de realizar un análisis. En el contexto del algoritmo Apriori, se utilizan reglas de asociación para determinar la frecuencia de los conjuntos de elementos y extraer patrones de asociación significativos a partir de ellos.

El funcionamiento del algoritmo Apriori consta de varias etapas. En primer lugar, se identifican los elementos individuales que aparecen con una frecuencia mínima en el conjunto de datos, conocido como el "umbral de soporte mínimo". Luego, se generan conjuntos de elementos más grandes a partir de estos elementos individuales, utilizando la propiedad Apriori mencionada anteriormente. Este proceso se repite iterativamente para encontrar conjuntos de elementos cada vez más grandes que cumplan con el umbral de soporte mínimo establecido.

Una vez identificados los conjuntos de elementos frecuentes, el algoritmo apriori puede emplearse para generar reglas de asociación entre los elementos. Estas reglas describen las relaciones entre los elementos y pueden aplicarse en diversas aplicaciones prácticas, como la recomendación de productos, el análisis de cestas de compra y la optimización de inventarios.

A continuación, desarrollaremos tres medidas esenciales en el algoritmo Apriori:

- **Soporte (*support*).** El soporte de un conjunto de elementos (o un conjunto de ítems) es la proporción de transacciones en el conjunto de datos que contienen ese conjunto de elementos. Matemáticamente, el soporte se calcula como la frecuencia relativa de un conjunto de elementos en todas las transacciones.

$$\text{Soporte (X)} = \frac{\text{N}^{\circ} \text{ transaciones que contienen X}}{\text{N}^{\circ} \text{ total de transacciones}}$$

- **Confianza (*confidence*).** La confianza mide la probabilidad de que ocurra una consecuencia (o elemento) dado que ocurre un antecedente (o conjunto de elementos). En términos de reglas de asociación, la confianza se refiere a la proporción de transacciones que contienen tanto el antecedente como la consecuencia en relación con las transacciones que contienen el antecedente.

$$\text{Confianza (X} \to \text{Y)} = \frac{\text{Soporte(X} \cup \text{Y)}}{\text{Soporte (X)}}$$

- **Lift.** Mide la importancia de una regla de asociación sobre el azar. Indica cuántas veces más probable es que ocurra la consecuencia dado el antecedente, en comparación con si fueran eventos independientes. Un valor de lift mayor que 1 indica una correlación positiva, mientras que un valor menor que 1 indica una correlación negativa.

$$\text{Lift}(X \rightarrow Y) = \frac{\text{Confianza}(X \rightarrow Y)}{\text{Soporte}(Y)}$$

El algoritmo Apriori utiliza estos conceptos para generar conjuntos de ítems frecuentes y generar reglas de asociación a partir de ellos. Comienza identificando los ítems individuales que tienen un soporte mayor que el umbral mínimo establecido. Luego, se generan conjuntos de ítems más grandes mediante la combinación de ítems frecuentes anteriores, y estos conjuntos se evalúan utilizando los criterios de soporte y confianza. Las reglas de asociación finales se seleccionan basadas en los umbrales de soporte y confianza especificados por el usuario. Veamos un ejemplo sencillo. En un restaurante se tienen las siguientes combinaciones:

Trans					
1	1	1	1	0	0
2	1	0	1	1	0
3	0	1	1	1	0
4	1	0	0	1	1
5	0	1	1	0	1

Figura 4.5. Ejemplo de caso de uso del algoritmo A priori.

Aplicando el algoritmo Apriori podemos ver qué tipo de reglas hay en la combinación de estos 5 productos y cuál es la que tiene mejor probabilidad. Esto se puede usar, perfectamente para recomendar un producto.

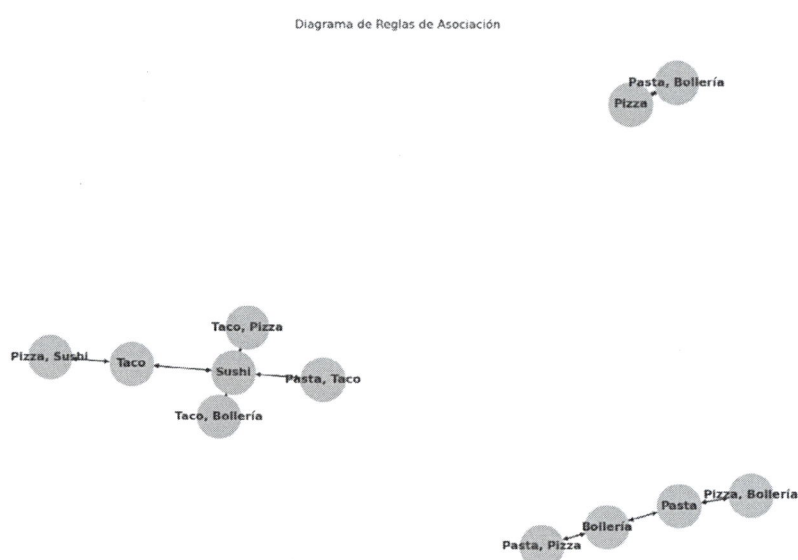

Figura 4.6. Ejemplo de reglas de asociación.

La mejor medida depende del objetivo a lograr con tu análisis. Si estás interesado en la fuerza de la relación entre el antecedente y el consecuente, la confianza podría ser la medida más relevante. Si estás buscando reglas que sean aplicables a una gran cantidad de transacciones, el soporte podría ser más importante. Por otro lado, si deseas identificar reglas que sean más que una simple correlación y tengan una relación causal o de dependencia entre el antecedente y el consecuente, entonces el *lift* podría ser la medida más adecuada. En muchos casos, es útil considerar múltiples medidas para obtener una comprensión más completa de las reglas de asociación. A continuación, se muestran los resultados del ejemplo mostrado.

Regla	Posterior	Soporte anterior	Soporte posterior	Soporte (S)	Confianza (C)	Lift (L)	Mejor
Taco	Sushi	0,6	0,8	0,6	1	1,25	S
Sushi	Taco	0,8	0,6	0,6	0,75	1,25	S
Taco	Sushi	0,6	0,8	0,6	1	1,25	C
Taco, Bollería	Sushi	0,2	0,8	0,2	1	1,25	C
Pasta, Pizza	Bollería	0,2	0,6	0,2	1	1,66	L
Pasta, Pizza	Bollería	0,2	0,6	0,2	1	1,66	L
Pizza, Bollería	Pasta	0,2	0,6	0,2	1	1,66	L

Como se puede apreciar la asociación taco y sushi ganan tanto en soporte como en confianza, por lo que la mejor opción es ofrecer sushi si antes se ha pedido un taco.

Código Python

```
apriori(df, min_support, use_colnames, max_len)
```

Parámetros:

- **df**: el DataFrame que contiene los datos transaccionales. Debe estar en un formato donde las filas representan transacciones y las columnas representan ítems.
- **min_support**: el umbral mínimo de soporte para considerar un conjunto de ítems como frecuente. El soporte se define como la proporción de transacciones en las que aparece un conjunto de ítems. Se expresa como un valor entre 0 y 1.
- **use_colnames**: booleano que indica si se deben usar los nombres de columna originales en el DataFrame para los conjuntos de ítems generados en lugar de los índices de columna.
- **max_len**: la longitud máxima de los conjuntos de ítems generados. Esto controla el tamaño máximo de los conjuntos de ítems que se buscarán como frecuentes.

4.2.4 Técnicas de validación de modelos no supervisados

La evaluación de los resultados del algoritmo K-means es esencial para determinar la calidad y utilidad de la agrupación de datos obtenida. Al evaluar los resultados de K-means, los analistas buscan comprender la coherencia y separación de los clústeres identificados, lo que les permite tomar decisiones informadas sobre la interpretación de los datos agrupados. Esta evaluación se realiza mediante diversas técnicas que proporcionan una visión general de la estructura y cohesión de los clústeres. Al comprender cómo los datos se agrupan y distribuyen en diferentes grupos, los analistas pueden determinar si la agrupación captura adecuadamente las relaciones y patrones subyacentes en los datos. Esta comprensión es crucial para garantizar que la agrupación resultante sea significativa y útil para su aplicación en diferentes contextos analíticos.

La inercia, también conocida como suma de los cuadrados dentro de los clústeres (WCSS), es una medida fundamental en la evaluación de los resultados del algoritmo K-means. Esta métrica cuantifica la dispersión de los puntos dentro de cada clúster, calculando la suma de las distancias al cuadrado de cada punto al centroide de su clúster correspondiente. En esencia, la inercia representa la cohesión intraclúster: cuanto menor sea la inercia, mayor será la cohesión de los puntos dentro de cada clúster, lo que indica una agrupación más compacta y homogénea. Por otro lado, una mayor inercia sugiere una dispersión más amplia de los puntos dentro de los clústeres, lo que puede indicar una agrupación menos coherente. Matemáticamente se define como:

$$I = \sum_{i=1}^{k} \sum_{x \in C_K} \| x - \mu_i \|^2$$

La silueta, también conocida como puntuación de silueta, es una métrica poderosa en la evaluación de la calidad de los clústeres generados por el algoritmo K-means. Esta medida proporciona información detallada sobre cómo se agrupan los puntos dentro de cada clúster y cómo se separan entre sí los clústeres adyacentes. La puntuación de silueta de un punto se calcula como la diferencia entre la distancia promedio hacia los otros puntos en el mismo clúster (cohesión intraclúster) y la distancia promedio hacia los puntos en el clúster más cercano diferente al que pertenece (separación interclúster), normalizada por el máximo de estas dos distancias. En esencia, una puntuación de silueta cercana a 1 indica que el punto está bien clasificado en su clúster y que está relativamente lejos de los puntos en los clústeres vecinos, lo que sugiere una agrupación coherente y bien definida. Por otro lado, una puntuación de silueta cercana a -1 indica que el punto podría haber sido mal clasificado, ya que está más cerca de los puntos en un clúster vecino que de los puntos en su propio clúster, lo que sugiere una separación inadecuada entre clústeres o una superposición entre ellos. Matemáticamente se define como:

$$S = \frac{b(i) - a(i)}{\max\{a(i), b(i)\}}$$

Donde a(i) es la distancia promedio entre i y todos los demás puntos en el mismo clúster, y b(i) es la distancia promedio entre i y todos los puntos en el clúster más cercano diferente de i.

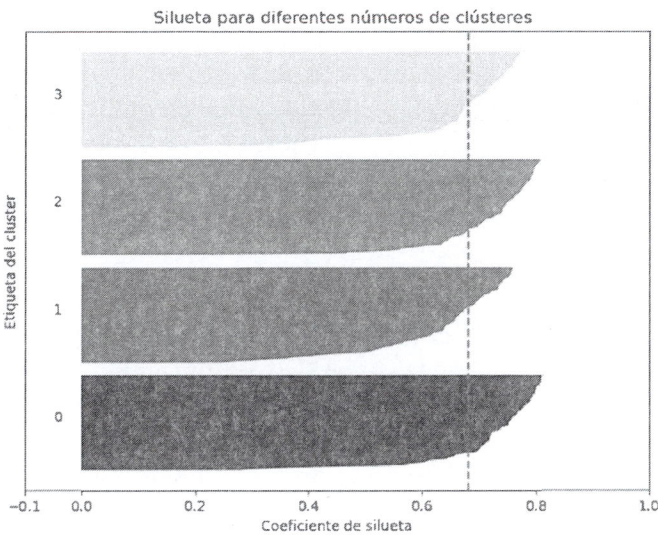

Figura 4.7. Silueta para diferentes números de clústeres.

El índice de Davies-Bouldin (*Davies-Bouldin index*) es una métrica ampliamente utilizada para evaluar la calidad de los clústeres generados por el algoritmo K-means. Este índice proporciona una medida de la "separación" entre los clústeres, donde valores más bajos indican clústeres mejor definidos y más separados entre sí. El cálculo del índice de Davies-Bouldin implica evaluar tanto la dispersión dentro de cada clúster como la distancia entre los centroides de los clústeres. Concretamente, se calcula como la media de las distancias entre los centroides de los clústeres, dividida por la distancia entre los centroides y la dispersión dentro del clúster. En esencia, un índice de Davies-Bouldin bajo sugiere que los centroides de los clústeres están bien separados entre sí y que los clústeres son cohesivos y definidos de manera clara, lo que indica una agrupación efectiva y significativa de los datos. Por otro lado, un índice de Davies-Bouldin más alto puede indicar que los clústeres están más superpuestos o que la separación entre ellos es menos clara, lo que sugiere una agrupación menos efectiva o subóptima. Matemáticamente se define como:

$$DB = \frac{1}{k} \cdot \sum_{i=1}^{N} \max_{j \neq i} \left(\frac{\sigma_i + \sigma_j}{d(c_i, c_j)} \right)$$

Donde C_i y C_j son los centroides de los clústeres i y j, respectivamente, σ_i y σ_j son la dispersión promedio dentro de los clústeres i y j, y d es una medida de distancia entre los centroides.

La "ley del codo" es una técnica ampliamente utilizada en la determinación del número óptimo de clústeres (k) en el algoritmo K-means. Su aplicación implica el análisis de la inercia, que es la suma de los cuadrados dentro de los clústeres, en relación con el número de clústeres utilizados en el proceso de agrupamiento. Esta técnica es fundamental para determinar un valor adecuado de k que permita una segmentación efectiva y representativa de los datos. Para aplicar la "ley del codo", se ejecuta el algoritmo K-means con diferentes valores de k, generando un conjunto de modelos con diferentes niveles de granularidad en la agrupación de datos. Luego, se calcula la inercia de cada modelo, que representa la suma de las distancias al cuadrado de cada punto a su centroide correspondiente. Estos valores de inercia se grafican en función del número de clústeres, y se busca visualmente el punto donde se produce un "codo" o cambio significativo en la pendiente de la curva. Este punto sugiere un número óptimo de clústeres donde la disminución en la inercia se vuelve significativamente más lenta al agregar clústeres adicionales. En consecuencia, la "ley del codo" proporciona una guía intuitiva para seleccionar el número apropiado de clústeres que mejor represente la estructura subyacente de los datos, lo que permite una segmentación precisa y significativa en el análisis de datos mediante el algoritmo K-means.

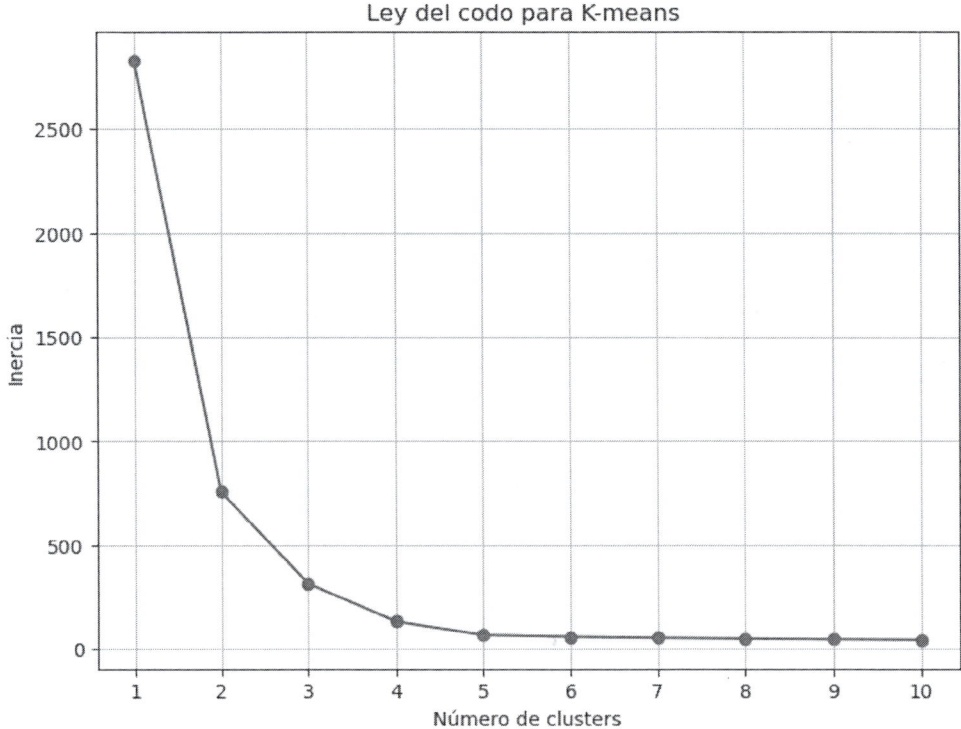

Figura 4.8. Curva obtenida mediante la ley del codo.

Código Python

> Para graficar la ley del codo se puede hacer de la siguiente manera:
>
> *wcss = []*
>
> *for i in range(1, 11):*
>
> *kmeans = KMeans(n_clústeres=i, init='k-means++', max_iter=300, n_init=10, random_state=0)*
>
> *kmeans.fit(X), wcss.append(kmeans.inertia_)*
>
> Graficar la suma de los cuadrados dentro del clúster (WCSS) en función del número de clústeres
>
> *plt.plot(range(1, 11), wcss, marker='o')*
>
> *plt.title('Método del Codo')*
>
> *plt.xlabel('Número de clústeres')*
>
> *plt.ylabel('WCSS')*
>
> *plt.show()*

4.3. APRENDIZAJE POR REFUERZO

El aprendizaje por refuerzo es un enfoque dinámico y adaptativo en el campo del aprendizaje automático, donde un agente interactúa con un entorno complejo y desconocido con el objetivo de aprender a tomar decisiones secuenciales que maximicen una recompensa acumulativa a lo largo del tiempo. A diferencia de otros enfoques de aprendizaje, como el supervisado o el no supervisado, el aprendizaje por refuerzo se centra en la toma de decisiones autónoma y adaptativa basada en la experiencia.

En este proceso, el agente percibe el entorno a través de sus sensores, lo que le proporciona información sobre el estado actual del entorno. Luego, el agente selecciona una acción basada en su política de toma de decisiones, que puede ser determinista o estocástica, lo que determina cómo elige las acciones en función del estado actual. Después de tomar la acción, el agente recibe una señal de refuerzo del entorno, que puede ser una recompensa positiva, una penalización negativa o simplemente información sobre el éxito de la acción.

Una vez que el agente ha interactuado con el entorno y ha recibido retroalimentación, ajusta su política de toma de decisiones para mejorar su desempeño en futuras interacciones. Este proceso de aprendizaje se basa en la idea de que el agente puede aprender de sus experiencias pasadas y utilizar esta información para tomar decisiones más efectivas en el futuro.

El algoritmo Q-Learning es uno de los enfoques más utilizados en el aprendizaje por refuerzo para que un agente aprenda a tomar decisiones óptimas en un entorno desconocido. Se basa en la idea de aprender una función de valor de acción óptima, que asigna un valor a cada par estado-acción y permite al agente determinar la mejor acción a tomar en cada estado para maximizar la recompensa acumulada a largo plazo.

La ecuación de Bellman es una ecuación fundamental en el campo del aprendizaje por refuerzo. Proporciona una forma de descomponer el valor de un estado en función de las recompensas esperadas futuras y los valores de los estados alcanzables desde ese estado. Esta ecuación es crucial en algoritmos de aprendizaje por refuerzo como Q-Learning y SARSA para actualizar los valores de los estados y las acciones. La forma más común de la ecuación de Bellman para la función de valor de acción (Q) es la siguiente:

$$Q(s,a) = \left[(1 - \alpha) \cdot Q(s,a) + \alpha \cdot [r + \gamma \cdot \max \quad Q(s',a')] \right]$$

Donde Q(s,a) es el valor de la función de valor de acción para el estado s y la acción a, r es la recompensa que se recibe al pasar de estado, γ el el factor de descuento, max Q(s´, a´) es el valor de la función de valor en el estado s´ o la recompensa máxima que el agente puede obtener. Esta ecuación establece que el valor de la función de valor de acción para un estado y una acción específicos es igual a la recompensa inmediata más la recompensa esperada futura, descontada por el factor de descuento γ, tomando la mejor acción posible en el próximo estado.

El proceso de Q-Learning es un algoritmo fundamental en el campo del aprendizaje por refuerzo que permite a un agente aprender a tomar decisiones óptimas en un entorno desconocido. Se puede desglosar en varios pasos clave:

1. **Inicialización de la tabla Q.** Se comienza inicializando una tabla Q, que es una estructura de datos que almacena los valores de la función de valor de acción para cada par estado-acción. Estos valores representan la utilidad esperada de elegir una acción específica en un estado dado.

2. **Selección de acciones basadas en políticas de exploración y explotación.** En cada paso, el agente selecciona una acción para tomar en el estado actual. Esto se puede hacer utilizando una política que equilibre la exploración (intentar nuevas acciones) y la explotación (elegir la mejor acción conocida). Ejemplos comunes de políticas son ε-greedy o softmax. La política ε-greedy es una estrategia comúnmente utilizada en el aprendizaje por refuerzo para equilibrar la exploración y la explotación. En esta política, el agente elige la acción óptima (aquella con el valor Q más alto) con una probabilidad $1-\varepsilon$, y elige una acción aleatoria (exploración) con una probabilidad ε. Es decir, con probabilidad $1-\varepsilon$, el agente sigue una estrategia puramente explicativa, mientras que con probabili-

dad ε, elige explorar acciones aleatorias. Este enfoque permite al agente explorar nuevas acciones en el entorno mientras sigue aprovechando las acciones que ha aprendido que son las mejores hasta el momento. La política softmax es otra estrategia utilizada para seleccionar acciones en el contexto del aprendizaje por refuerzo. En este enfoque, las probabilidades de selección de cada acción se calculan utilizando la función softmax, que asigna una probabilidad a cada acción proporcional a su valor Q

3. **Interacción con el entorno.** Una vez seleccionada una acción, el agente interactúa con el entorno ejecutando esa acción y observando la recompensa resultante y el siguiente estado.

4. **Actualización de la tabla Q utilizando la ecuación de Bellman.** Después de cada interacción con el entorno, el agente actualiza los valores en la tabla Q utilizando la ecuación de Bellman. Esta ecuación establece que el valor de Q para un par estado-acción debe ser igual a la recompensa inmediata más la recompensa esperada futura, ponderada por un factor de descuento y la probabilidad de transición a los siguientes estados. La idea es ajustar gradualmente los valores de Q para que se acerquen cada vez más a los valores óptimos.

5. **Repetición del proceso hasta la convergencia de la tabla Q.** El agente repite los pasos anteriores, tomando acciones, interactuando con el entorno, y actualizando la tabla Q, hasta que los valores de Q converjan o se estabilicen.

Una vez que la tabla Q ha convergido, el agente puede utilizarla para tomar decisiones óptimas en nuevos estados. Simplemente selecciona la acción con el valor Q más alto en el estado actual según lo indicado por la tabla Q.

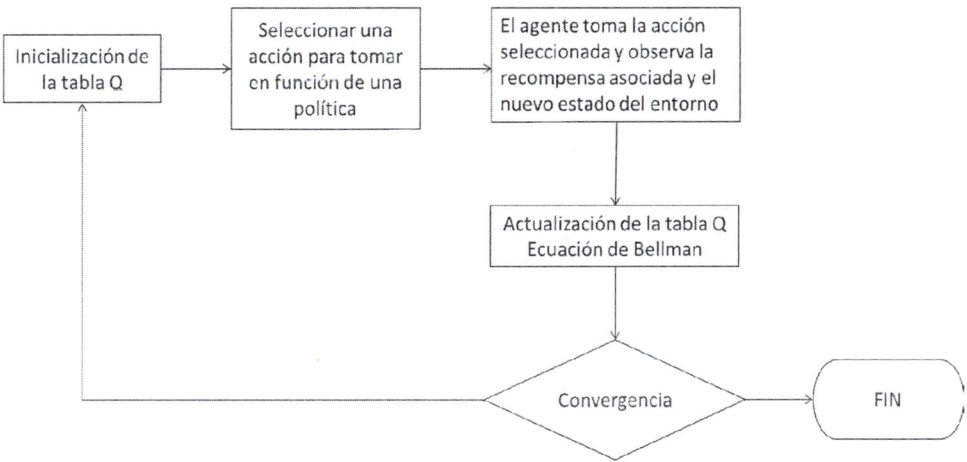

Figura 4.9. Algoritmo Q-Learning.

Para validar el rendimiento del algoritmo Q-Learning, es común realizar experimentos en un entorno simulado o en un entorno real si es posible. Se pueden utilizar métricas como la recompensa acumulada promedio por episodio o el porcentaje de episodios en los que el agente alcanza el objetivo deseado. Además, es importante ajustar los parámetros del algoritmo, como la tasa de aprendizaje (α), el factor de descuento (γ) y la probabilidad de exploración (ε), para obtener un rendimiento óptimo en el entorno específico. Mediante la validación y la optimización de estos parámetros, se puede mejorar el rendimiento y la eficacia del algoritmo Q-Learning en la tarea dada.

La tabla Q generada por el algoritmo Q-Learning representa la función de valor de acción para cada par estado-acción en el entorno del laberinto. Cada fila de la tabla corresponde a un estado del laberinto, mientras que cada columna representa una acción posible que el agente puede tomar desde ese estado. Los valores en la tabla Q indican la utilidad esperada de tomar una acción específica en un estado dado. Durante el proceso de aprendizaje, el agente actualiza gradualmente estos valores en función de las recompensas recibidas y las estimaciones previas de la función de valor de acción. Los valores más altos en cada fila representan las acciones consideradas óptimas por el agente, lo que indica las decisiones preferidas para maximizar la recompensa acumulada a largo plazo. En la fase de explotación, el agente utiliza esta información para tomar decisiones informadas y alcanzar su objetivo en el entorno del laberinto.

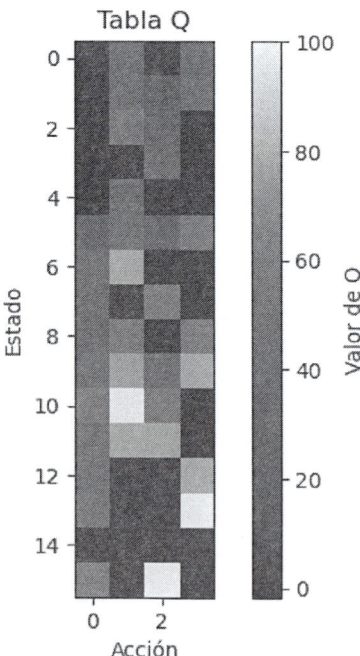

Figura 4.10. Tabla de salida del algoritmo Q-Learning.

Módulo V

CASOS DE USO

5.1. CASO DE USO DE UNA SEGMENTACIÓN DE PROSPECTOS

(*) El dataset usado ha sido diseñado por el autor con fines académicos. No corresponde a ningún dataset de datos oficial o empresarial. Lo podéis encontrar en github del autor: jvelareb/librodatset (github.com).

5.1.1. Definición del modelo

La segmentación de clientes es una estrategia fundamental en marketing que implica dividir a los clientes en grupos más pequeños o segmentos con características y comportamientos similares. Esta práctica permite a las empresas entender mejor a su base de clientes, personalizar sus estrategias de marketing y mejorar la experiencia del cliente. La segmentación se basa en una variedad de criterios, que pueden incluir datos demográficos, geográficos, psicográficos, comportamientos de compra y preferencias.

Un enfoque común para la segmentación de clientes es utilizar técnicas de análisis de datos, como el análisis de *clustering* o grupos, para identificar grupos naturales dentro de la base de clientes. Por ejemplo, una empresa de comercio electrónico podría utilizar el *clustering* para identificar segmentos de clientes que tienen patrones de compra similares, como clientes que compran productos de lujo, clientes que prefieren ofertas y descuentos, o clientes que buscan productos ecológicos.

Otro enfoque es la segmentación basada en el ciclo de vida del cliente, que divide a los clientes según su etapa en la relación con la empresa, como prospectos, nuevos clientes, clientes leales o clientes inactivos. Esto permite a las empresas adaptar sus estrategias de marketing y comunicación según las necesidades y expectativas de cada grupo. La segmentación también puede ser geográfica, dividiendo a los clientes según su ubicación geográfica para adaptar las estrategias de marketing a las características y preferencias locales. Por ejemplo, una cadena de restaurantes podría segmentar a sus clientes según la ubicación de sus sucursales y personalizar sus promociones y ofertas según las preferencias culinarias de cada región.

Además, la segmentación psicográfica se centra en los rasgos de personalidad, valores, intereses y estilos de vida de los clientes para crear segmentos más personalizados. Esto permite a las empresas desarrollar mensajes de marketing más efectivos y construir relaciones más profundas con sus clientes al dirigirse a sus necesidades emocionales y aspiracionales.

5.1.2. Descripción del caso de uso

Una empresa de marketing ha recopilado una serie de leads para realizar una campaña promocional en internet de un producto de gran consumo. Para ello han recopilado una serie de datos para hacer una segmentación de clientes. Los datos recopilados son los siguientes:

Variable	Descripción	Tipo de dato
ID	Código cliente	Texto
anno_nacimiento	Año de nacimiento	Entero
Casado	Si está casado o no	Texto
Digital_encuesta_index	Nivel tecnológico	Decimal
Edad	Edad del cliente	Entero
Experiencia laboral	Años de experiencia laboral	Texto
Familia	Número de personas en la familia	Entero
Gastoscore	Score de gasto	Texto
Sexo	Hombre o mujer	Texto
Generación	Generación del cliente	Texto
Graduado	Nivel formativo del cliente	Texto
Ingresos anuales brutos	Ingresos brutos según encuesta	Entero
Profesión	Profesión del cliente	Texto
Provincia	Provincia del cliente	Texto

5.1.3. Resolución técnica

Para garantizar una evaluación exhaustiva del rendimiento del *clustering* en nuestro conjunto de datos, hemos aplicado tres métodos de evaluación : la regla del codo, el índice de silueta y el índice de Davies-Bouldin. Estos métodos nos permiten determinar el número óptimo de clústeres y evaluar la coherencia y separación de los clústeres obtenidos.

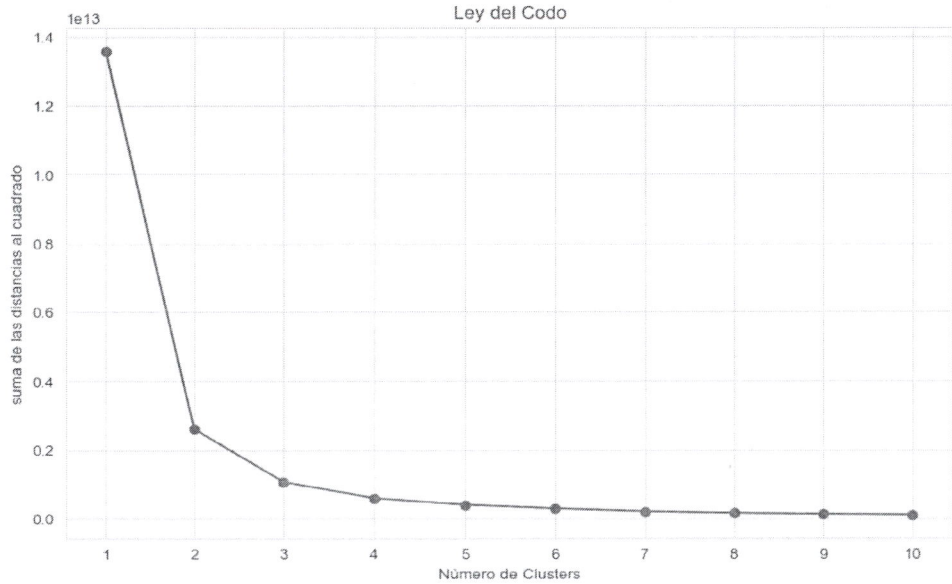

Figura 5.1. Gráfico de la ley del codo para determinar el número óptimo de clústeres.

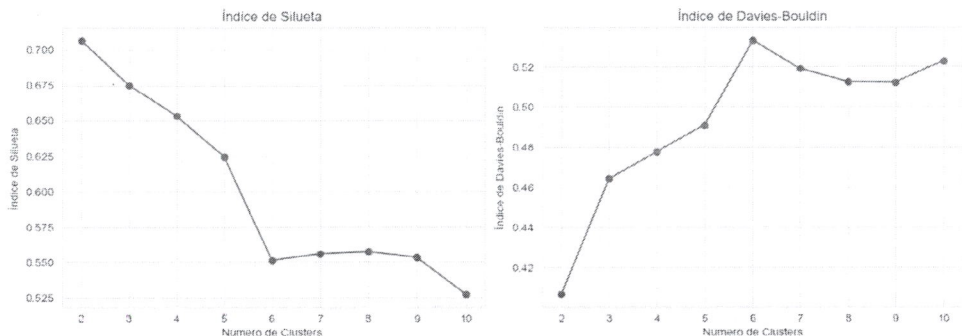

Figura 5.2. Validación de un modelo no supervisado.

La regla del codo es una técnica ampliamente utilizada para determinar el número óptimo de clústeres en un conjunto de datos. En este proceso, graficamos la suma de las distancias cuadradas intraclúster en función del número de clústeres y buscamos el punto donde la curva forma un codo o punto de inflexión. En nuestro análisis, observamos claramente un punto de inflexión alrededor de 5-6 clústeres, lo que sugiere que este podría ser el número óptimo de clústeres para nuestro conjunto de datos. Sin embargo, es importante tener en cuenta que este método proporciona solo una indicación inicial y puede ser complementado con otras métricas de evaluación.

El índice de silueta es una medida crucial de la coherencia de los clústeres y la separación entre ellos. Al calcular el valor promedio de silueta para diferentes números de clústeres, encontramos que para k=6 clústeres, el valor promedio de silueta es 0,55. Este valor indica una estructura de *clustering* robusta, donde los objetos dentro de cada clúster están bien agrupados y separados de los objetos en otros clústeres. Esto sugiere que la partición en k=6 clústeres es adecuada para nuestro conjunto de datos y que los clústeres son coherentes y bien definidos.

Además, utilizamos el índice de Davies-Bouldin, otra métrica comúnmente utilizada para evaluar la calidad de los clústeres. Al calcular el índice de Davies-Bouldin para k=6 clústeres, encontramos que su valor es 0,55. Este valor cercano a cero confirma la coherencia de la partición, ya que indica que los clústeres están bien separados y tienen una dispersión homogénea dentro de ellos. La consistencia entre las métricas de evaluación fortalece nuestra confianza en la partición obtenida y respalda la elección de k=6 como el número óptimo de clústeres para nuestro conjunto de datos. Tras un análisis detallado utilizando la regla del codo, el índice de silueta y el índice de Davies-Bouldin, concluimos que k=6 es el número óptimo de clústeres para nuestro conjunto de datos. Esta partición proporciona clústeres coherentes y bien definidos, lo que nos permite segmentar efectivamente nuestros datos y extraer información significativa de ellos.

Tras el análisis inicial procedemos a modelizar mediante un modelo de K-means de 6 clústeres.

```
kmeans = KMeans(n_clústeres=6)

kmeans.fit(X)

labels = kmeans.labels_

centroids = kmeans.clúster_centers_
```

Visualizar los centroides y los tamaños de clúster para representar cada agrupamiento de manera visual es muy útil en el análisis y facilita a usuarios no expertos en datos el análisis técnico. En el código adjunto, en primer lugar, recorre los centroides y sus tamaños de clúster correspondientes. Para cada centroide, se grafica un punto en el espacio de características, donde el tamaño del punto representa el tamaño del clúster. Además, se muestra el tamaño del clúster dentro de cada punto para una referencia clara. Después de graficar todos los centroides y tamaños de clúster, se agregan etiquetas de título y ejes, se muestra una leyenda para identificar los clústeres y se habilita la cuadrícula para una mejor visualización. Finalmente, se muestra la gráfica completa con todos los centroides y clústeres representados. Esta visualización proporciona una representación intuitiva de cómo los datos están agrupados en diferentes clústeres en el espacio de características, facilitando la interpretación de los resultados del *clustering*.

```
for i, centroid in enumerate(centroids): plt.scatter(centroid[0], centroid[1],
marker='o', s=clúster_sizes[i] * scale_factor, c='red', label=f'Clúster {i}')

plt.text(centroid[0], centroid[1], str(clúster_sizes[i]), fontsize=12, col-
or='black', ha='center', va='center')

plt.title('Clústeres y Centroides')

plt.xlabel('X'), plt.ylabel('Y')

plt.legend()

plt.grid(True)
```

Como se puede observar obtenemos 6 clústeres, equidistantes salvo el clúster cero y cinco que están más próximos entre sí. Un índice de silueta de 0,61 indica que los objetos dentro de cada clúster están relativamente bien agrupados y separados de los objetos en otros clústeres, lo que sugiere una buena estructura de *clustering*. Por otro lado, un índice de Davies-Bouldin de 0,49 confirma la coherencia de la partición, ya que indica que los clústeres están bien separados y tienen una dispersión homogénea dentro de ellos. Estos valores son considerados buenos y están dentro de los márgenes aceptables para poner en producción el modelo de *clustering*.

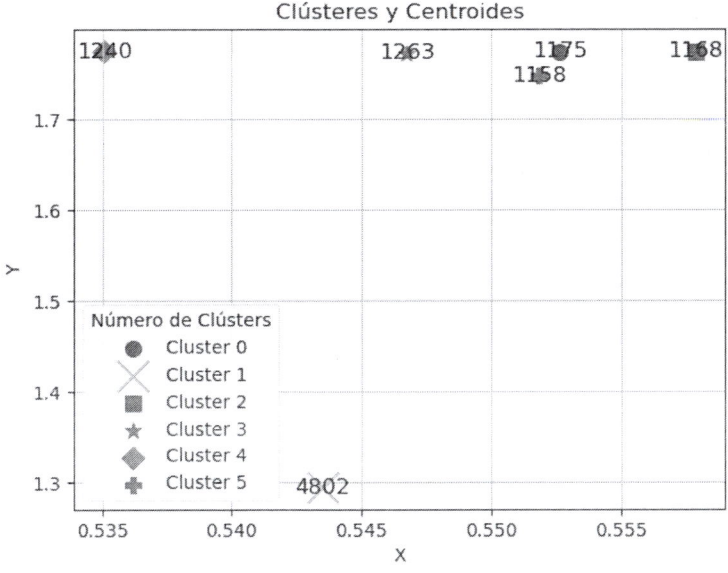

Figura 5.3. Distribución de clústeres.

5.1.4. Análisis de resultados

Después de obtener los clústeres, es crucial analizar los datos dentro de cada uno de ellos para identificar los patrones distintivos que caracterizan a cada grupo. Una estrategia común para este análisis implica el uso de funciones de densidad para los valores numéricos y el cálculo de un índice para las variables categóricas. Este índice se calcula como el porcentaje de ocurrencia de un atributo dentro del clúster, dividido entre el porcentaje total de ese atributo en todos los clústeres. A continuación, se presentan los resultados de este análisis.

El análisis detallado de los índices de cada variable nos permite perfilar con mayor precisión los clústeres en relación con las variables categóricas. Para ello, es fundamental identificar los valores predominantes y aquellos que superan la media en cada clúster. Este enfoque nos proporciona una visión más clara de las características distintivas de cada grupo y nos ayuda a comprender mejor su composición y comportamiento.

Comenzando con el estado civil, por ejemplo, si observamos que en un clúster específico el índice de personas solteras o no casadas es significativamente superior a la media, mientras que en otros clústeres este índice es más bajo, podemos inferir que este clúster tiende a estar compuesto por individuos que no están casados. Del mismo modo, si encontramos que un clúster tiene un alto porcentaje de personas casadas, podemos deducir que es más probable que estos individuos pertenezcan a un grupo familiar estable.

En cuanto a la experiencia laboral, si un clúster muestra un índice mucho más alto que la media en el rango de menos de 10 años de experiencia, podemos concluir que este grupo está compuesto principalmente por individuos más jóvenes o recién ingresados al mercado laboral. Por otro lado, si la mayoría de los miembros de un clúster tienen más de 20 años de experiencia, podemos inferir que este grupo está formado por profesionales más experimentados o veteranos en sus campos. Al analizar las generaciones, si un clúster tiene una presencia abrumadora de *millennials*, podemos entender que este grupo está dominado por individuos nacidos entre los años 1980 y 2000, con sus características y comportamientos asociados. Por el contrario, si otro clúster está compuesto principalmente por *baby boomers* o miembros de la generación X, podemos esperar ver diferencias en actitudes, preferencias y valores en comparación con los *millennials*.

Finalmente, al examinar el nivel educativo, si un clúster tiene un índice significativamente más alto que la media en el caso de individuos no graduados, podemos inferir que este grupo incluye a personas que no han completado su educación superior. Esto puede tener implicaciones importantes en términos de oportunidades laborales, nivel de ingresos y otros aspectos socioeconómicos.

Con el análisis completo podemos empezar a perfilar los clústeres en las variables categóricas. Tomando los valores predominantes y superiores a la media, se puede hacer una matriz con las características de cada clúster.

Atributo	Clúster 0	Clúster 1	Clúster 2	Clúster 3	Clúster 4	Clúster 5
Casado	No	Si	Si	Si	Si	No
Experiencia laboral	<20 años	+20 años	+20 años	+20 años	+20 años	<20 años
Gasto	Bajo	Alto	Alto	Alto - medio	Alto	Bajo
Generación	*Millennial*	Gen X	*Baby Boomer*	La gran generación	Gen X	*Millennial*
Graduado	No	Sí	Sí	Sí	Sí	Si/no
Profesiones	Funcionarios	Artista y servicios	Ejecutivo y servicios	Artista y servicios	Artista y servicios	Construcción e ingenieros

Cuando se trata de variables numéricas, como la edad, los ingresos, el índice digital y el tamaño de la familia, el análisis se vuelve más detallado y requiere técnicas específicas para comprender cómo estas variables contribuyen a la formación de los clústeres.

Una forma efectiva de examinar estas variables es mediante la construcción de funciones de densidad o histogramas para cada grupo, lo que nos permite visualizar la distribución de cada variable dentro de cada clúster. Por ejemplo, al trazar las distribuciones de edad para cada clúster, podemos identificar si hay grupos que tienden a estar compuestos por individuos más jóvenes o más mayores en comparación con otros.

En cuanto a los ingresos, al analizar las funciones de densidad o los histogramas, podemos determinar si hay clústeres con niveles de ingresos más altos o más bajos en relación con la media general. Esto nos proporciona información valiosa sobre la distribución de la riqueza dentro de cada grupo y nos ayuda a comprender mejor sus necesidades y comportamientos económicos.

El índice digital es otra variable importante que considerar, especialmente en la era moderna donde la tecnología juega un papel crucial en nuestras vidas. Al examinar las distribuciones de este índice dentro de cada clúster, podemos identificar si hay grupos que muestran un mayor grado de alfabetización digital o si hay disparidades significativas en términos de acceso y uso de la tecnología entre los diferentes clústeres.

Finalmente, el tamaño de la familia es una variable que puede influir en una variedad de aspectos, como el consumo, las decisiones financieras y el estilo de vida. Al analizar las distribuciones de este factor en cada clúster, podemos determinar si hay grupos que tienden a tener familias más grandes o pequeñas, lo que puede tener implicaciones en términos de necesidades de vivienda o gastos de manutención.

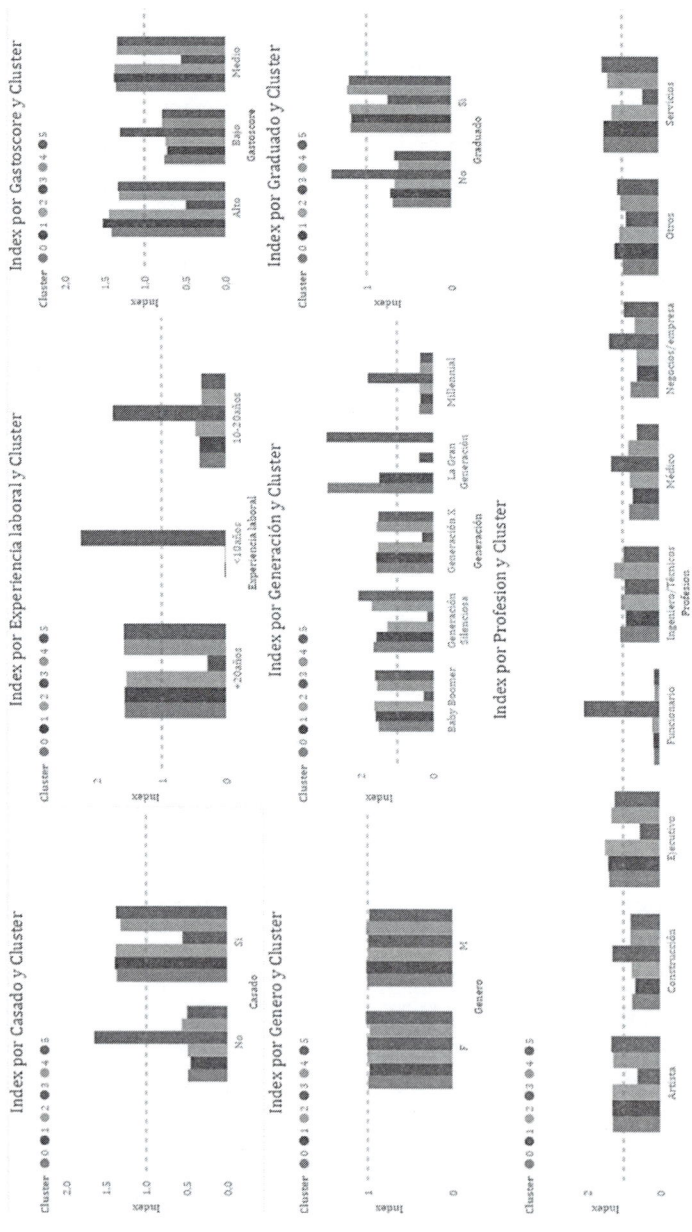

Figura 5.4. Análisis por clúster.

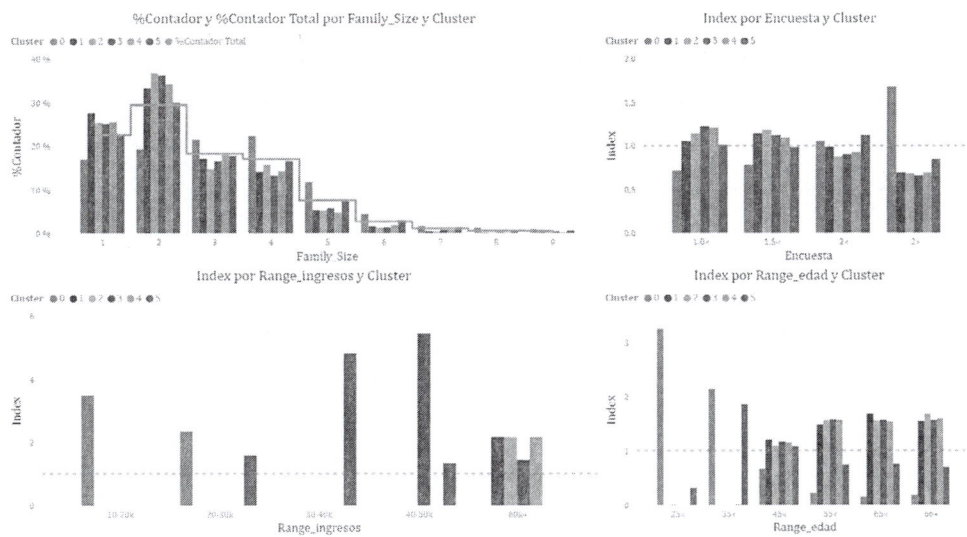

Figura 5.5. Análisis por clústeres variables no categóricas.

Varia-ble	Clúster 0	Clúster 1	Clúster 2	Clúster 3	Clúster 4	Clúster 5
Edad	<25	>45	>45	>45	>45	25-35
Familia	+3	2	2	2	2	Distribui-do
Ingresos	<30k	+60k	+60k	40-50k	+60k	<50k
Índice digital	Muy Alto	Media	Media	Bajo	Bajo	Alto

Después de realizar un *clustering* y extraer las reglas de cada clúster, es fundamental utilizar esta información para diseñar y lanzar campañas de manera efectiva. Las reglas obtenidas proporcionan una comprensión detallada de las características y comportamientos de cada grupo, lo que permite personalizar las campañas y maximizar su impacto.

El primer paso para lanzar campañas después del *clustering* es segmentar la audiencia en función de los clústeres identificados. Cada clúster representa un segmento único de la población con características y necesidades específicas. Al dirigirse a cada grupo de manera individual, las campañas pueden adaptarse para satisfacer las preferencias y expectativas de los consumidores dentro de cada clúster.

Una vez segmentada la audiencia, es importante desarrollar mensajes y ofertas que resuenen con las características y preferencias de cada clúster. Esto puede implicar la creación de contenido personalizado, la selección de canales de comunicación adecuados y la adaptación de los productos o servicios para satisfacer las necesidades específicas de cada grupo.

Además, es crucial establecer métricas claras para evaluar el éxito de las campañas en cada clúster. Esto puede incluir indicadores como el aumento de las ventas, la mejora en la retención de clientes o el aumento del compromiso con la marca. Al monitorear de cerca el rendimiento de las campañas en cada segmento, es posible ajustar las estrategias según sea necesario para optimizar los resultados.

Otro aspecto importante es el seguimiento y la medición del impacto de las campañas en la percepción de la marca y la lealtad del cliente. Las interacciones con los consumidores en cada clúster pueden proporcionar información valiosa sobre cómo se percibe la marca y qué factores influyen en la fidelidad del cliente dentro de cada grupo.

5.2. CASO DE USO DE UN MODELO DE PROPENSIÓN

(*) El dataset usado ha sido diseñado por el autor con fines académicos. No corresponde a ningún dataset de datos oficial o empresarial. Lo podéis encontrar en github del autor: jvelareb/librodatset (github.com).

5.2.1. Definición del modelo

Un modelo de propensión a la venta es una herramienta analítica que utiliza datos históricos de clientes y transacciones para predecir la probabilidad de que un cliente realice una compra en el futuro. Estos modelos se basan en el análisis de múltiples variables que pueden influir en el comportamiento de compra de un cliente, como su historial de compras, comportamiento en línea, interacciones con la marca, datos demográficos y más.

La construcción de un modelo de propensión a la venta implica la aplicación de técnicas avanzadas de aprendizaje automático y análisis de datos. Los datos históricos se utilizan para entrenar el modelo, que luego se puede utilizar para predecir la probabilidad de compra de nuevos clientes o clientes existentes. Esto permite a las empresas identificar y segmentar a los clientes con mayor probabilidad de comprar, lo que les permite dirigir sus esfuerzos de marketing de manera más efectiva y optimizar sus estrategias de venta.

Algunos de los algoritmos de aprendizaje automático más comúnmente utilizados para construir modelos de propensión a la venta incluyen la regresión logística, los árboles de decisión, los bosques aleatorios y los modelos de *gradient boosting*. Estos algoritmos pueden manejar grandes volúmenes de datos y son capaces de detectar patrones complejos en el comportamiento del cliente.

Una vez que se ha construido el modelo, se puede utilizar para realizar predicciones sobre la propensión a la venta de clientes individuales o grupos de clientes. Estas predicciones pueden integrarse en las estrategias de marketing y ventas de una empresa, permitiéndoles personalizar las ofertas y mensajes dirigidos a clientes específicos.

5.2.2. Descripción del caso de uso

En un entorno empresarial altamente competitivo, comprender las preferencias y comportamientos de los clientes es fundamental para impulsar estrategias de marketing efectivas y maximizar las oportunidades de ventas. En este contexto, se presenta el caso de uso de un "Modelo de Propensión a la Compra de Más de un Coche".

El objetivo principal de este modelo es identificar y segmentar a los clientes con mayor probabilidad de adquirir más de un vehículo. Para lograrlo, se aprovechan tanto los datos almacenados en la base de datos interna de la empresa como los datos externos sociodemográficos.

La base de datos interna contiene un amplio conjunto de características y comportamientos de los clientes existentes, incluyendo información detallada sobre las compras previas de vehículos, historial de servicio, interacciones con la marca, entre otros. Por otro lado, los datos sociodemográficos externos proporcionan información adicional sobre el entorno social y económico de los clientes, como ingresos, ubicación geográfica, edad, estado civil, entre otros.

Al combinar estos dos tipos de datos, se busca construir un modelo predictivo robusto que pueda identificar patrones y señales ocultas en los datos, permitiendo así prever qué clientes tienen una mayor probabilidad de adquirir múltiples vehículos en el futuro. Este conocimiento es valioso para personalizar las estrategias de marketing y ventas, dirigir los recursos de manera más eficiente y mejorar la satisfacción y fidelidad del cliente.

En este caso de uso, se explorará el proceso de desarrollo y aplicación de este modelo, desde la preparación y limpieza de los datos hasta la evaluación y validación del modelo final. Además, se examinarán las implicaciones éticas y de privacidad asociadas con el uso de datos personales y se propondrán medidas para garantizar la protección y el consentimiento de los clientes.

La tabla de trabajo consta de los siguientes campos:

Variable	Descripción	Tipo de dato
CODE	Código de cliente	Texto
PRODUCTO	Modelo de coche	Texto
TIPO_CARROCERIA	Carrocería del modelo	Texto
COMBUSTIBLE	Combustible del modelo	Texto
Potencia_	Potencia del modelo	Texto
TRANS	Transmisión	Texto
FORMA_PAGO	Financiado o contado	Texto

Variable	Descripción	Tipo de dato
ESTADO_CIVIL	Estado civil a la compra	Texto
GENERO	Masculino o femenino	Texto
OcupaciOn	Ocupación en el momento de la venta	Texto
PROVINCIA	Provincia del cliente	Texto
Campanna1	Descuento por financiar	Booleano
Campanna2	Descuento por adquirir un seguro	Booleano
Campanna3	Descuento por extender la garantía	Booleano
Zona_Renta	Renta en la zona donde reside el cliente	Texto
REV_Garantia	Si el coche esta en garantía	Texto
Averia_grave	Si ha tenido avería y de qué tipo	Texto
QUEJA_CAC	Si ha llamado al centro de atención al cliente	Texto
EDAD_COCHE	Edad del coche actualmente	Decimal
COSTE_VENTA	Suma de descuentos aplicados	Decimal
km_anno	Kilometraje medio del coche al año	Decimal
Mas_1_coche	Si ha adquirido más de un ciche	Texto
Revisiones	Número de revisiones pasadas	Entero
Edad Cliente	Edad del cliente actualmente	Entero

5.2.3. EDA

En primer lugar, es crucial realizar un análisis exploratorio de los datos (EDA) para comprender mejor las distribuciones de las variables categóricas y numéricas en nuestro conjunto de datos. Este proceso nos permite obtener una visión inicial de la estructura y la naturaleza de los datos que estamos manejando. Uno de los primeros pasos en este análisis es examinar las variables categóricas. Estas variables representan características o atributos que toman valores de una lista finita y predeterminada. Al estudiar estas variables, podemos identificar patrones y tendencias que podrían ser relevantes para nuestro análisis posterior. Comenzamos este análisis centrándonos en la variable objetivo, que en este caso es Mas_1_coche. Esta variable indica si un cliente ha realizado una repetición de compra de un coche. Al observar la distribución de esta variable, notamos que aproximadamente el 20% de los clientes han realizado una repetición de compra. Este porcentaje es significativo y está dentro de lo esperado para este tipo de casos de uso. Si este porcentaje fuera inferior al 10%, tendríamos que considerar técnicas de balanceo de datos para abordar posibles desequilibrios en el conjunto de datos. Sin embargo, en nuestro caso, no es necesario aplicar tales técnicas, ya que el conjunto de datos presenta una distribución aceptable para nuestro análisis.

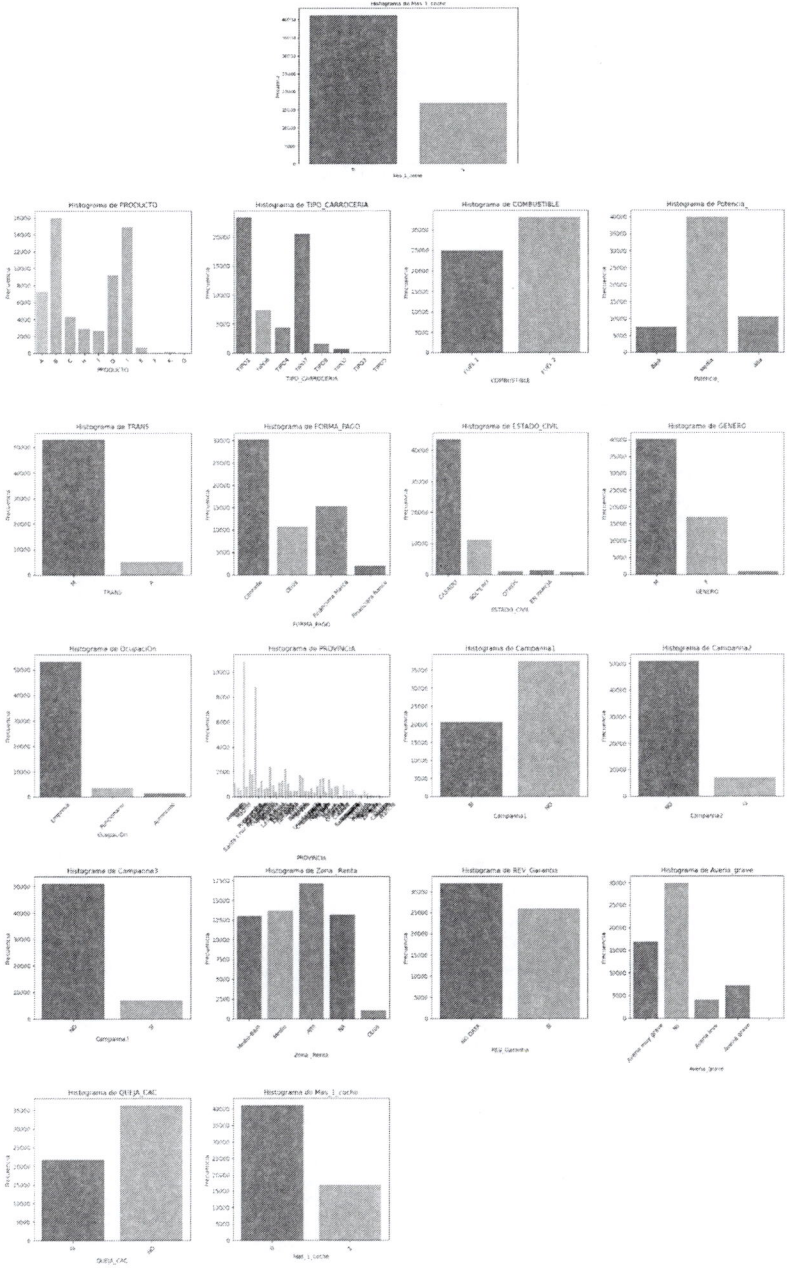

Figura 5.6. Análisis de las variables categóricas.

El análisis de las parcelas de caja (*boxplots*) revela varias características importantes sobre los datos. En primer lugar, la distribución de la edad de los coches muestra que se encuentran dentro de un rango definido, sin la presencia de valores extremos que podrían distorsionar la percepción general. Respecto al coste de venta, se observa que la mayoría de los vehículos tienen un precio medio de alrededor de 2.500 euros. Sin embargo, existe una considerable variabilidad, ya que algunos coches alcanzan valores de venta superiores a los 12.500 euros, indicando la presencia de vehículos de alta gama en la muestra. En cuanto al kilometraje anual, la mediana sugiere un promedio de alrededor de 15.000 kilómetros, aunque se identifican clientes con un uso significativamente mayor, lo que podría implicar distintos patrones de utilización del vehículo. Por último, el análisis revela que la edad se concentra en torno a los 40 años, proporcionando una idea general del perfil demográfico del cliente.

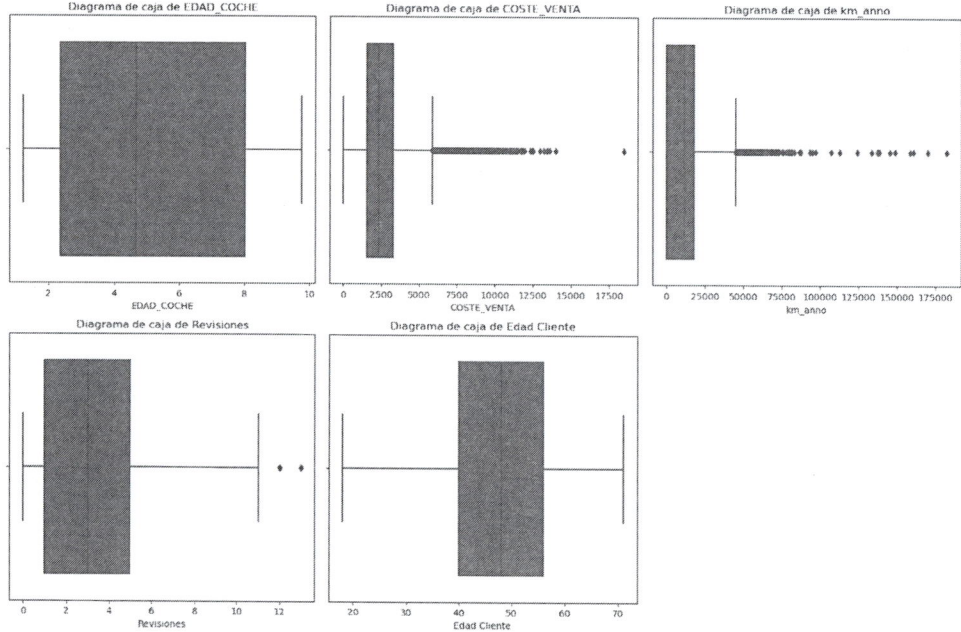

Figura 5.7. Análisis de variables numéricas.

5.2.4. Resolución técnica

Para resolver este problema vamos a aplicar los algoritmos que *a priori* son los más comunes a la hora de resolver este tipo de problema: random forest, boost, árbol simple y la regresión logística. De cada uno de ellos obtendremos las métricas de validación y compararemos las curvas ROC para ver el área AUC de cada uno de ellos. Para los árboles de decisión boost y random forest vamos a empezar con 100 árboles cada uno de ellos, y para evitar mayor complejidad pondremos máximo una profundidad de 3. Los demás parámetros los mantenemos por defecto.

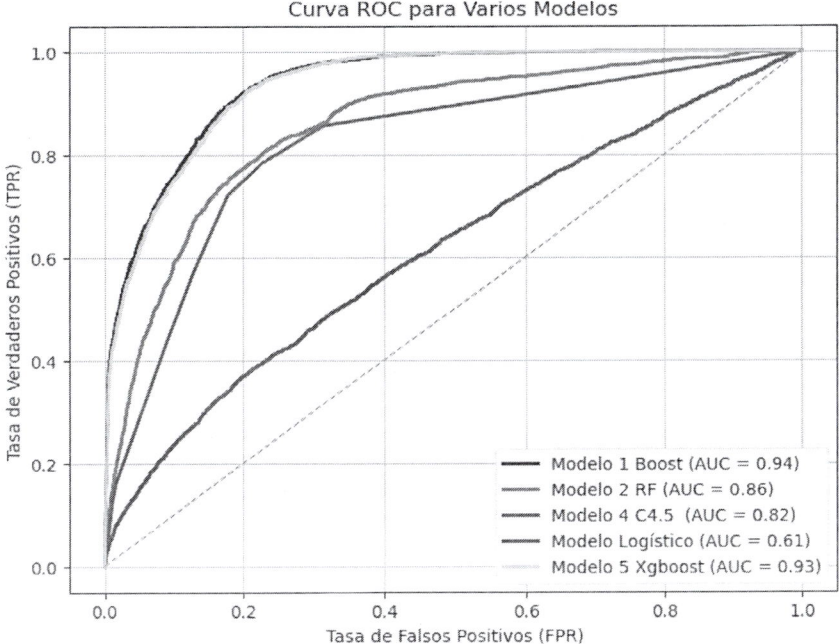

Figura 5.8. Curvas ROC.

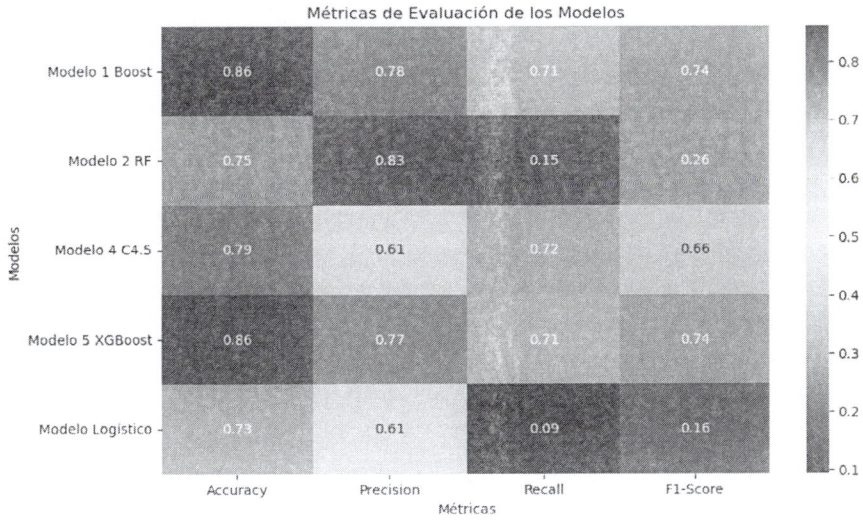

Figura 5.9. Matriz de correlación.

El equilibrio entre recall y precisión es esencial en el análisis de la propensión a la venta, un campo donde la predicción precisa de quién está más inclinado a comprar es crucial para el éxito de las estrategias de marketing. La precisión nos proporciona una medida de la exactitud de nuestras predicciones: cuántos de los clientes que nuestro modelo identifica como propensos a comprar realmente terminan comprando. Por otro lado, el recall nos dice qué proporción de los clientes que realmente compran son detectados por nuestro modelo entre todos los clientes que podrían haber sido identificados.

En este contexto, buscar un equilibrio entre ambas métricas es clave. Si nos centramos únicamente en maximizar la precisión, podríamos estar perdiendo la identificación de algunos clientes que realmente comprarían, reduciendo así el recall. Por otro lado, si nos centramos solo en maximizar el recall, podríamos capturar la mayoría de las compras reales, pero a costa de hacer más predicciones incorrectas de compra, lo que afectaría negativamente la precisión.

No hay valores universales que sean considerados buenos o malos para recall y precisión, ya que su idoneidad depende del contexto específico del problema y de los objetivos de negocio. Sin embargo, en el caso de la propensión a la venta, un equilibrio podría ser alcanzar una alta precisión junto con un recall aceptable. En última instancia, encontrar el equilibrio adecuado entre *recall* y precisión implica entender las necesidades específicas del negocio y los costos asociados con los errores de predicción.

	Accuracy	Precision	Recall	F1-Score
Modelo 1 Boost	0,86	0,78	0,70	0,74
Modelo 2 RF	0,75	0,83	0,15	0,25
Modelo 4 C4.5	0,79	0,61	0,72	0,66
Modelo 5 XGBoost	0,85	0,77	0,70	0,73
Modelo logístico	0,72	0,61	0,09	0,162

El Modelo 1 boost exhibe un rendimiento sólido en varios aspectos. Con una precisión del 78,19%, demuestra una capacidad considerable para predecir correctamente las compras. La precisión del 78,19% indica que el modelo logra identificar la mayoría de las compras reales entre todas las predicciones positivas que hace. Sin embargo, su recall del 70,87% sugiere que no identifica todas las compras reales, lo que podría indicar áreas de mejora en la capacidad de capturar todas las oportunidades de compra. El puntaje F1, que combina precisión y recall, alcanza un valor de 74,35%, lo que indica un buen equilibrio general entre estas dos métricas de rendimiento. A pesar de tener una precisión del 83,39%, el Modelo 2 RF muestra una brecha significativa en el recall, que se sitúa en un bajo 15,19%. Esto sugiere que el modelo identifica relativamente pocas compras reales en comparación con las que realmente ocurren. Aunque su precisión del 83,39% indica que la mayoría de las predicciones positivas son correctas, el bajo recall resulta en un puntaje F1 de solo 25,70%, lo que refleja un equilibrio deficiente entre precisión y recall. El Modelo 4 C4.5 exhibe un rendimiento equilibrado en términos de precisión y recall. Con una precisión del 61,36%, el modelo logra identificar una proporción considerable de compras reales entre sus predicciones positivas. Además, su recall del 72,06% indica que el modelo tiene una buena capacidad para capturar las compras reales. Esto se refleja en un puntaje F1 de 66,28%, que representa un equilibrio razonable entre precisión y *recall*. El Modelo 5 XGBoost destaca por su alta precisión, alcanzando el 77,39%. Esto sugiere que el modelo realiza un gran número de predicciones correctas en general. Además, su precisión del 77,39% y un recall del 70,72% indican que el modelo tiene una buena capacidad para identificar las compras reales. El puntaje F1 de 73,90% refleja un buen equilibrio entre precisión y recall, lo que demuestra un rendimiento general sólido. Este modelo muestra el rendimiento más bajo en comparación con los otros modelos. Con una precisión del 61,20%, el Modelo Logístico realiza un número relativamente bajo de predicciones correctas en general. Además, su baja precisión del 61,20% y un recall del 9,35% indican una capacidad muy limitada para identificar las compras reales. Esto resulta en un puntaje F1 del 16,22%, que es el más bajo de todos los modelos, lo que sugiere un desequilibrio significativo entre precisión y recall.

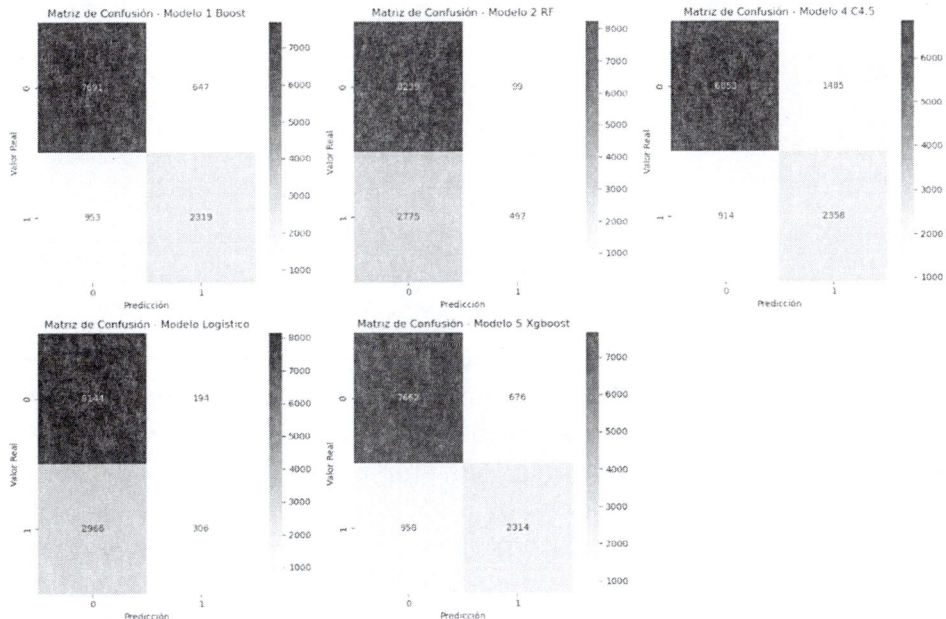

Figura 5.10. Matriz de confusión para diferentes modelos.

En resumen, el Modelo 5 XGBoost muestra el mejor rendimiento general, seguido por el Modelo 1 boost y el Modelo 4 o árbol de decisión simple. El Modelo 2 de árboles aleatorios, a pesar de tener una alta precisión, se ve limitado por su bajo *recall*. Mientras tanto, el Modelo Logístico exhibe el rendimiento más pobre en términos de precisión y *recall*, lo que indica una capacidad limitada para predecir con precisión las compras. Es esencial considerar estas métricas en conjunto para evaluar el rendimiento y la eficacia de cada modelo en el contexto específico de la predicción de compras.

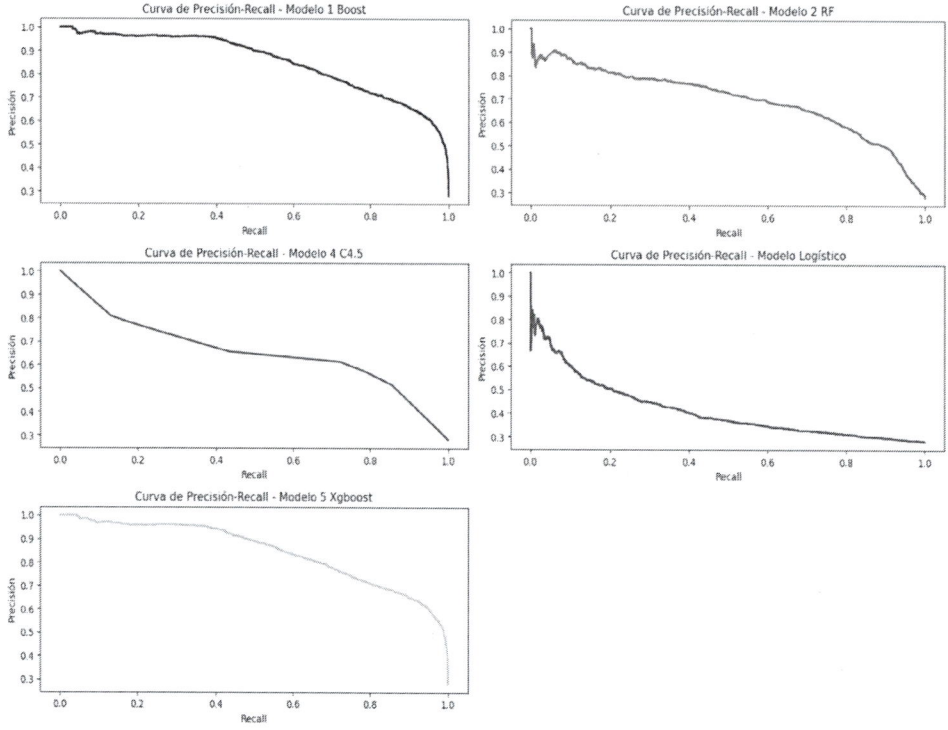

Figura 5.11. Curvas de precision-recall para cada uno de los modelos.

La validación cruzada da un resultado de 0,85. Esta técnica implica dividir el conjunto de datos en múltiples subconjuntos y realizar el entrenamiento y la validación del modelo en diferentes combinaciones de estos subconjuntos. El puntaje de validación cruzada promedio representa el rendimiento promedio del modelo a lo largo de estas iteraciones, proporcionando una evaluación más robusta y confiable de su capacidad predictiva en comparación con una simple división de los datos en un conjunto de entrenamiento y otro de prueba. La interpretación de que el puntaje de validación cruzada está por encima de 0.5 es crucial para comprender la efectividad del modelo en relación con el azar. En problemas de clasificación binaria, un puntaje de 0.5 sería el rendimiento esperado de una predicción aleatoria. Por lo tanto, un puntaje de validación cruzada superior a este umbral sugiere que el modelo supera el rendimiento aleatorio y es capaz de discernir patrones significativos en los datos para hacer predicciones más precisas que simplemente adivinar al azar.

Además del puntaje de validación cruzada, se proporciona la puntuación para los datos de entrenamiento (0,86). Estos puntajes representan el rendimiento del modelo tanto en los datos utilizados para el entrenamiento como en los datos nuevos, no vistos durante el entrenamiento, respectivamente. La similitud entre estos puntajes es un indicador clave de que el modelo no está sobreajustando los datos de entrenamiento. Esto implica que el modelo no está simplemente memorizando los datos, sino que está aprendiendo patrones generales que pueden aplicarse de manera efectiva a nuevos conjuntos de datos. Esta capacidad esencial del modelo para generalizar es crucial para garantizar que pueda realizar predicciones precisas en situaciones del mundo real, donde se encontrará con datos no vistos durante el entrenamiento.

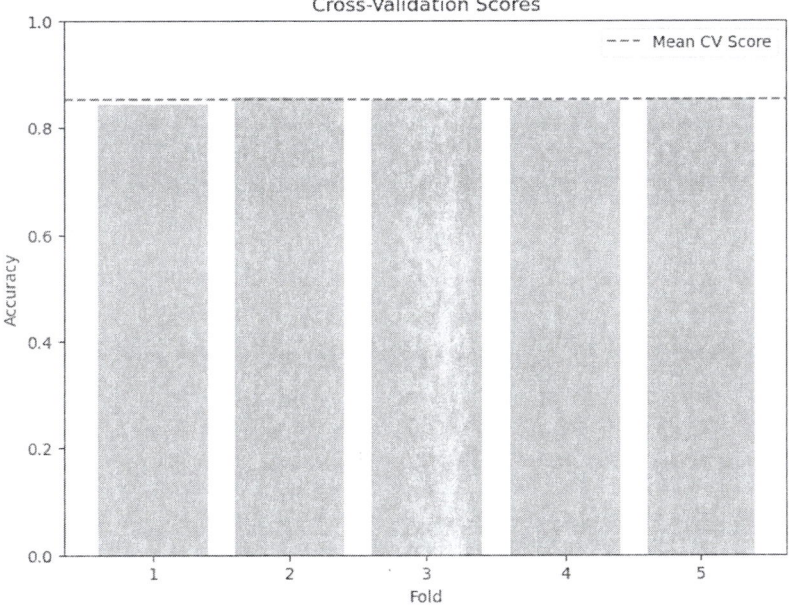

Figura 5.12. Validación cruzada.

En el contexto de un modelo de propensión diseñado para predecir la compra de automóviles adicionales, la identificación y comprensión de las variables más importantes es un aspecto crucial para lograr predicciones precisas y significativas. A través del análisis de las características destacadas por el Modelo XGBoost, podemos obtener una visión profunda de los factores que ejercen una influencia significativa en la probabilidad de los clientes de adquirir un segundo vehículo. Estas características resaltadas no solo revelan las preferencias y comportamientos clave de los consumidores, sino que también ofrecen una valiosa orientación para personalizar y dirigir estrategias de marketing de manera más efectiva. Al examinar detenidamente el gráfico proporcionado, podemos extraer información esencial sobre el papel de cada característica en el proceso de predicción. Por ejemplo, observamos que características como Zona_Renta y km_anno destacan por su importancia significativa, lo que sugiere que la ubicación del cliente y el kilometraje anual son elementos fundamentales en la predicción del modelo. Asimismo, variables como "QUEJA_CAC" y "PRODUCTO" también resaltan en términos de importancia, lo que indica que las quejas de los clientes y el tipo de producto juegan un papel relevante en la capacidad predictiva del modelo. Por otro lado, características con una importancia menor, como Campanna2 y OcupaciOn, muestran un impacto limitado en la predicción del modelo. Este análisis exhaustivo de la importancia de las características proporciona una base sólida para comprender qué variables son más relevantes en el contexto del problema. Esto permite tomar decisiones informadas en la formulación de estrategias y enfoques futuros, optimizando así la efectividad de las acciones comerciales y de marketing dirigidas a la venta de automóviles adicionales.

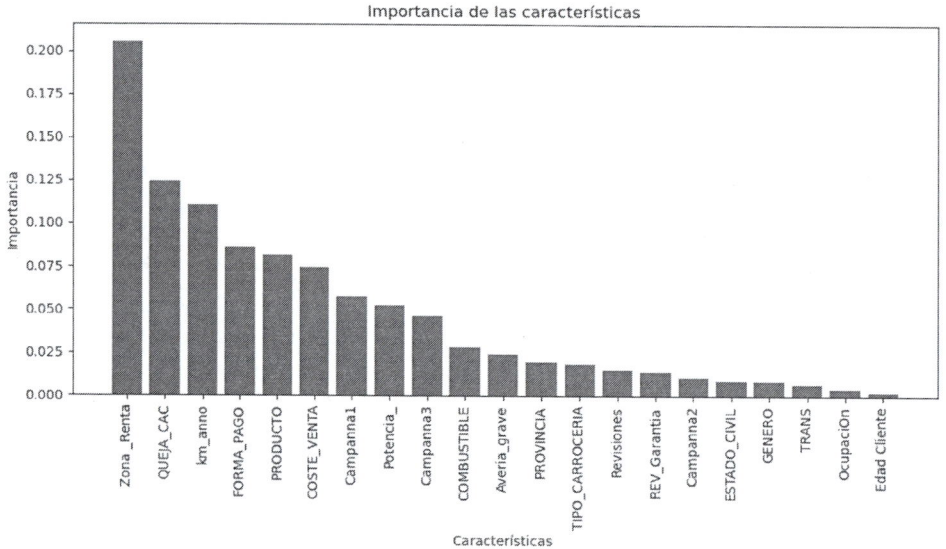

Figura 5.13. Variables más importantes.

La probabilidad en un modelo de propensión para el caso de uso de la compra de un segundo coche se refiere a la estimación de la probabilidad de que un cliente específico realice la compra de un segundo automóvil, dadas ciertas características o variables de entrada. En este contexto, las características pueden incluir información demográfica, historial de compras previas, comportamiento en línea, ingresos, entre otros. Una vez que el modelo está entrenado, se utiliza para predecir la probabilidad de que cada cliente actual compre un segundo coche. Estas probabilidades se pueden utilizar para clasificar a los clientes en las dos categorías mencionadas anteriormente. Por ejemplo, si la probabilidad estimada de que un cliente compre un segundo coche es superior a un umbral predefinido (por ejemplo, 0.5), el modelo clasificará al cliente en la categoría de Compra de Segundo Coche; de lo contrario, se clasificará en la categoría de No Compra de Segundo Coche.

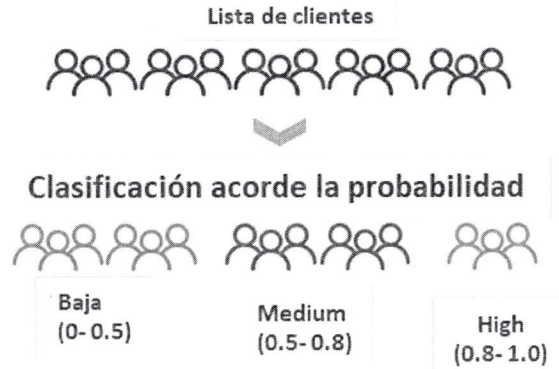

Figura 5.14. Clasificación de la solución de un modelo de propensión.

El entrenamiento continuo de los modelos de propensión es un proceso dinámico y fundamental en la mejora constante de la precisión predictiva. Este enfoque implica actualizar y mejorar regularmente los modelos existentes para que reflejen con precisión los cambios en los datos y las tendencias del mercado. La frecuencia con la que se reentrena un modelo depende en gran medida de la velocidad de cambio en los datos subyacentes y de la necesidad de mantener la relevancia y precisión del modelo en un entorno empresarial en constante evolución.

En términos generales, el reentrenamiento del modelo puede llevarse a cabo en intervalos regulares, como semanal, mensual o trimestralmente, dependiendo de la velocidad de cambio en los datos y la criticidad de las decisiones basadas en el modelo. Sin embargo, en ciertos casos, como en entornos altamente dinámicos o donde los datos cambian con frecuencia, el reentrenamiento puede ser más frecuente, incluso diariamente.

En cuanto a la incorporación de nuevos valores al modelo para estimar nuevas probabilidades, existen varios enfoques. Uno de los métodos comunes es utilizar una estrategia de actualización incremental, donde los datos nuevos se incorporan al conjunto de datos existente y el modelo se entrena nuevamente utilizando tanto los datos antiguos como los nuevos. Esto garantiza que el modelo esté siempre actualizado con la información más reciente.

Además, en algunos casos, se puede emplear un enfoque de aprendizaje activo, donde el modelo solicita retroalimentación sobre la precisión de sus predicciones para ciertos datos nuevos. Esto permite al modelo enfocarse en áreas específicas donde su rendimiento es menos confiable, mejorando así su capacidad predictiva de manera dirigida.

5.2.5. Cálculo del tiempo de retorno

La industria automotriz es conocida por su competitividad y dinamismo, siendo fundamental la comprensión del comportamiento del cliente para la supervivencia y el éxito de las empresas en un entorno empresarial en constante cambio. La fidelización del cliente y la repetición de compras son aspectos críticos que impulsan el crecimiento y la rentabilidad de las compañías en este sector altamente competitivo. En este contexto, los modelos de propensión de compra han surgido como herramientas esenciales que permiten a las empresas anticipar las acciones futuras de los clientes y adaptar estrategias de marketing y ventas de manera eficaz para mejorar la retención y aumentar los ingresos.

En la industria automotriz, donde la relación entre el cliente y el producto es de especial relevancia, comprender cuándo un cliente realizará una compra futura adquiere una importancia aún mayor. El concepto de tiempo de retorno, que describe el intervalo de tiempo entre las compras sucesivas de un cliente, se ha convertido en una métrica clave para entender el ciclo de vida del cliente y optimizar las estrategias de retención y fidelización.

El tiempo de retorno ofrece información valiosa sobre la frecuencia y la regularidad con la que los clientes regresan para realizar compras adicionales, lo que permite a las empresas identificar patrones de comportamiento y diseñar estrategias específicas para maximizar la lealtad del cliente y aumentar el valor del ciclo de vida del cliente. En un sector donde la competencia es feroz y las expectativas de los clientes están en constante evolución, comprender y aprovechar el tiempo de retorno es fundamental para mantener una ventaja competitiva y garantizar el éxito a largo plazo.

Al aplicar técnicas de regresión y utilizar modelos avanzados como XGBoost, podemos obtener predicciones precisas del tiempo entre compras, lo que nos permite tomar decisiones informadas y diseñar estrategias personalizadas para cada cliente. En última instancia, esta capacidad de predicción contribuye significativamente a la mejora de la experiencia del cliente y al aumento de la rentabilidad de las empresas automotrices.

Cuando nos enfrentamos a un problema de modelado en el que la variable objetivo es numérica, como en el caso del tiempo entre compras en la industria automotriz, recurrimos a técnicas de regresión para predecir valores continuos en lugar de clasificar categorías discretas. En este contexto, nos proponemos resolver el problema de predecir el tiempo entre compras utilizando modelos de regresión. Proceso de resolución:

1. **Filtrado de datos.** Comenzamos filtrando aquellos casos en los que los clientes han realizado compras repetidas. Este paso es esencial, ya que queremos centrarnos en los intervalos de tiempo entre las compras suce-

sivas de cada cliente, lo que nos permitirá construir un conjunto de datos adecuado para la regresión.

2. **Aplicación de regresión.** Una vez que tenemos nuestro conjunto de datos filtrado, aplicamos técnicas de regresión para modelar la relación entre las características del cliente y el tiempo entre compras. En este caso, utilizaremos la misma técnica que en la clasificación, pero adaptada para la regresión. Aquí es donde entra en juego el modelo de regresión XGBoost que ya hemos utilizado previamente.

3. **Evaluación del modelo.** Después de entrenar nuestro modelo de regresión, evaluamos su rendimiento utilizando métricas específicas para problemas de regresión, como el error cuadrático medio (MSE) y el coeficiente de determinación (R^2). Estas métricas nos proporcionarán una medida objetiva de la capacidad predictiva del modelo en términos de cuánto se desvían las predicciones del tiempo de retorno real.

Analizando los resultados de los modelos de regresión, podemos observar distintos comportamientos en términos de su capacidad predictiva y precisión. El modelo de árbol de decisión presenta un error cuadrático medio (MSE) de aproximadamente 1,89 y un coeficiente de determinación (R^2) de alrededor de 0,53. Estos resultados indican que el modelo de árbol de decisión tiene una capacidad de predicción moderada, aunque su rendimiento podría mejorarse, ya que el MSE sugiere una discrepancia significativa entre las predicciones y los valores reales. Por otro lado, el modelo de bosque aleatorio muestra un MSE ligeramente menor, alrededor de 1,86, y un R^2 de aproximadamente 0,54. Esto indica una mejora marginal en la capacidad predictiva en comparación con el árbol de decisión. Sin embargo, ambos modelos parecen tener un rendimiento similar en términos de precisión. El modelo XGBoost exhibe un rendimiento notablemente superior en comparación con los modelos anteriores. Con un MSE de aproximadamente 0,52 y un R^2 de alrededor de 0,87, el XGBoost muestra una capacidad de predicción significativamente mejorada y una mayor precisión en las estimaciones. Esto sugiere que el XGBoost es capaz de capturar mejor la relación entre las características y la variable objetivo, lo que resulta en predicciones más precisas. Por último, el modelo SVM presenta un MSE de aproximadamente 0,97 y un R^2 de alrededor de 0,76. Si bien el rendimiento del SVM es mejor que los modelos de árbol de decisión y bosque aleatorio, parece ser inferior al XGBoost en términos de precisión y capacidad predictiva. Sin embargo, el SVM todavía proporciona predicciones razonablemente precisas, lo que indica su utilidad en ciertos escenarios de modelado predictivo.

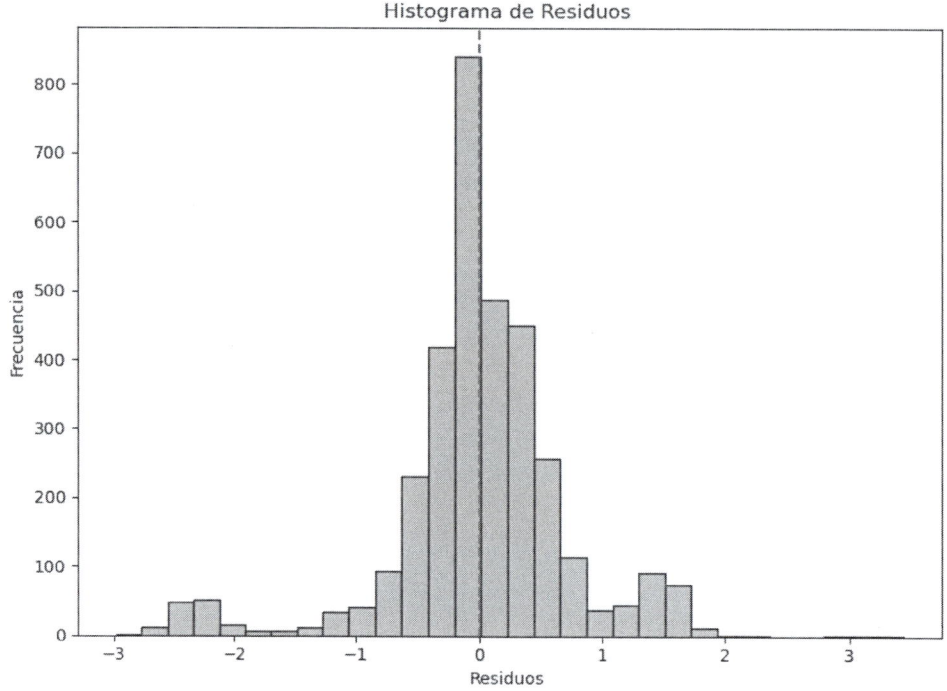

Figura 5.15. Análisis de residuos.

El análisis del histograma de residuos revela información valiosa sobre la distribución y la frecuencia de los errores residuales generados por el modelo. Al observar los intervalos de residuos y sus frecuencias correspondientes, podemos extraer varias conclusiones significativas. En primer lugar, la distribución de los residuos parece seguir una forma aproximadamente normal, con una concentración predominante de valores alrededor de cero. Esto sugiere que el modelo tiende a producir predicciones que están cerca del valor real en la mayoría de los casos. Sin embargo, es importante notar una ligera asimetría hacia la derecha en la distribución, lo que indica una tendencia hacia valores positivos de residuos. La mayor densidad de frecuencia de residuos se encuentra en el rango entre aproximadamente -1 y 1, lo que sugiere que la mayoría de las predicciones del modelo tienen errores residuales relativamente pequeños. Esta concentración de residuos cerca de cero implica que el modelo es generalmente preciso en sus predicciones, al menos en términos de su tendencia central. Sin embargo, es crucial prestar atención a los valores atípicos que se observan en los extremos del histograma. Hay una notable escasez de frecuencia en los intervalos más extremos, como aquellos por encima de 3 o por debajo de -3. Estos valores atípicos podrían representar errores significativos en las predicciones del modelo y merecen una investigación adicional para comprender mejor su origen y posible impacto en la precisión general del modelo.

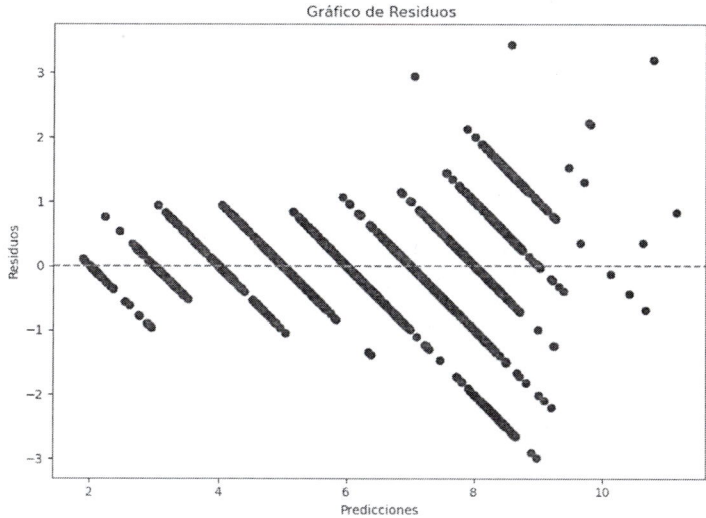

Figura 5.16. Análisis de residuos.

Como se ve en la Figura 5.17, gráfico Q-Q (quantile-quantile) es una herramienta estadística utilizada para comparar si dos conjuntos de datos provienen de la misma distribución. En un gráfico Q-Q, los cuantiles de una distribución teórica se contrastan con los cuantiles observados de los datos reales. Cuando observamos una curva Q-Q donde los puntos están cerca de la línea diagonal, pero con el extremo inferior desviado de la recta, esto indica que los datos reales tienen una mayor dispersión o una cola pesada en comparación con la distribución teórica.

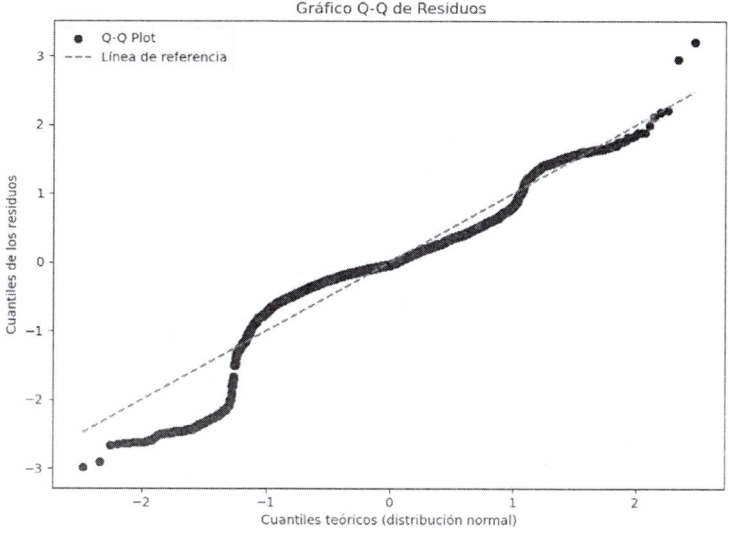

Figura 5.17. Gráfico Q-Q de residuos.

5.2.6. Distribución de nuevas probabilidades

La propensión, en el ámbito del análisis de clientes, se refiere a la probabilidad de que un cliente realice una acción específica, como comprar un producto, suscribirse a un servicio o cancelar una suscripción. Al emplear modelos de aprendizaje automático, como el XGBoost, podemos construir algoritmos que sean capaces de predecir esta propensión utilizando datos históricos de los clientes.

Sin embargo, cuando nos enfrentamos a clientes nuevos, surge el desafío de generalizar el modelo entrenado para hacer predicciones precisas sobre estos clientes sin un historial previo. Una vez que hemos entrenado nuestro modelo con datos históricos, podemos emplearlo para predecir la propensión de clientes nuevos. Esto implica alimentar los datos de los nuevos clientes al modelo y obtener como resultado la probabilidad de que estos lleven a cabo una acción específica.

Estas nuevas probabilidades proporcionan información valiosa sobre cómo los clientes recién adquiridos pueden comportarse en el futuro, lo cual es fundamental para la toma de decisiones estratégicas en marketing, ventas y servicio al cliente. Es importante tener en cuenta que estas nuevas probabilidades son estimaciones basadas en el modelo entrenado y en los datos disponibles en el momento de la predicción.

Con el tiempo, a medida que se adquieren más datos y se recopila más información sobre el comportamiento de los clientes, el modelo puede ser refinado y mejorado para hacer predicciones más precisas en el futuro. Esto resalta la importancia de mantener el modelo actualizado y en constante evolución para garantizar su relevancia y utilidad a medida que cambian las condiciones del mercado y del comportamiento del cliente.

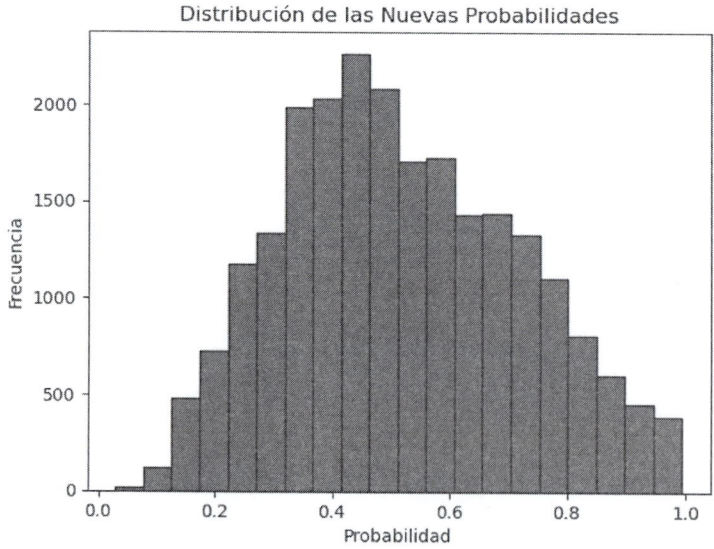

Figura 5.18. Distribución de probabilidad del modelo de propensión.

Para automatizar un modelo de propensión, se puede seguir una arquitectura que incluya varios pasos, desde la recopilación de datos hasta la implementación del modelo en producción. Una vez entrenado el modelo y validado, se establece un sistema integrado que conecta el modelo de propensión con un sistema de gestión de relaciones con el cliente (CRM) y un *data warehouse*. Este sistema permite que los datos relevantes del CRM, como historiales de transacciones, interacciones de clientes y detalles demográficos, se alimenten de forma continua al modelo de propensión a través del *data warehouse*. Uno de los puntos más importantes es establecer los flujos de trabajo automatizados, para actualizar y reentrenar el modelo con nuevos datos periódicamente, lo que garantiza que el modelo esté siempre actualizado con la información más reciente disponible en el CRM y el *data warehouse*. Estos flujos de trabajo pueden estar programados para ejecutarse diariamente, semanalmente o según una frecuencia específica, dependiendo de la naturaleza de los datos y los requisitos del negocio.

Además, se implementan mecanismos de monitoreo para supervisar el rendimiento del modelo en tiempo real. Esto implica la monitorización continua de métricas clave, como precisión, *recall*, ROC-AUC y otras, para evaluar la eficacia del modelo en la predicción de la propensión de los clientes. Se establecen umbrales de rendimiento y se configuran alertas y notificaciones automáticas para detectar posibles degradaciones en el rendimiento del modelo.

Estas alertas pueden desencadenar acciones específicas, como la revisión manual del modelo, la reevaluación de los datos de entrada o la implementación de ajustes en el modelo, según sea necesario. Además, se establecen protocolos claros para la gestión de incidentes, que pueden implicar la intervención de equipos de análisis de datos, científicos de datos o expertos en dominios específicos para resolver problemas y optimizar el rendimiento del modelo.

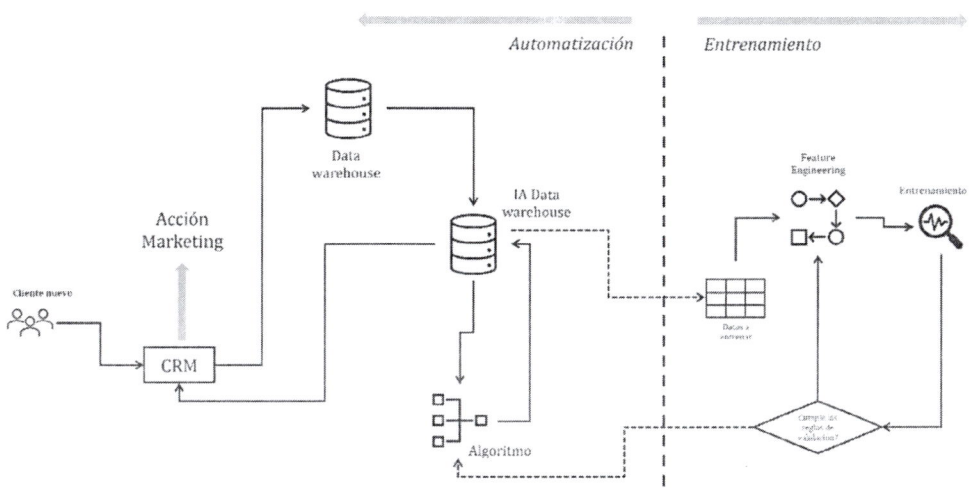

Figura 5.19. Arquitectura tecnológica del modelo de propensión.

5.2.6. Conclusiones y análisis de negocio

En este análisis, vamos a ver cómo un modelo de XGBoost puede ayudar a una empresa automotriz a predecir qué clientes están más inclinados a comprar un segundo coche. El modelo se basa en diversas características de los clientes, como su área de residencia, la cantidad de kilómetros conducidos por año, si han presentado quejas, entre otros.

Las variables más importantes identificadas por el modelo incluyen la zona de residencia, la cantidad de kilómetros conducidos por año, y si el cliente ha presentado quejas. Esto sugiere que estos aspectos tienen un gran impacto en la decisión de compra del cliente.

La matriz de confusión nos brinda una idea del rendimiento del modelo. Por un lado, vemos que el modelo clasifica correctamente a la mayoría de los clientes que no compran un segundo coche, lo cual es una buena noticia. Sin embargo, el modelo no es tan preciso al predecir quiénes comprarán un segundo coche. Esto significa que podría haber oportunidades perdidas para identificar a clientes potenciales para una venta adicional.

El reporte de clasificación nos dice que el modelo tiene una precisión general del 86%. Esto significa que, en general, el 86% de las predicciones del modelo son correctas. Sin embargo, el *recall*, que mide la capacidad del modelo para identificar correctamente a los clientes que realmente comprarán un segundo coche, es del 72%. Esto sugiere que el modelo podría pasar por alto alrededor del 28% de los clientes reales que comprarán un segundo coche.

En el mundo de los negocios, estos hallazgos son críticos. Un modelo más preciso permitiría a la empresa automotriz dirigir sus recursos de marketing de manera más efectiva, identificando a los clientes con mayor probabilidad de comprar un segundo coche y adaptando sus estrategias para llegar a ellos de manera más efectiva. Además, comprender qué factores influyen más en las decisiones de compra de los clientes puede ayudar a la empresa a ajustar su oferta y mejorar su posicionamiento en el mercado.

5.3. ANÁLISIS DE SERIES TEMPORALES PARA PREDECIR EL NÚMERO DE VIAJEROS EN EL TRASPORTE URBANO

(*) El dataset usado ha sido diseñado por el autor con fines académicos. No corresponde a ningún dataset de datos oficial o empresarial. Lo podéis encontrar en github del autor: jvelareb/librodatset (github.com).

5.3.1. Descripción del caso de uso

En el contexto del transporte urbano, la estimación precisa de la demanda de pasajeros en las diferentes rutas y paradas de autobuses es crucial para optimizar la operación de la flota y mejorar la experiencia del usuario. Al aplicar técnicas avanzadas de aprendizaje automático, como modelos de series temporales, las autoridades de transporte y los operadores de flotas pueden prever con precisión cuántos viajeros utilizarán los autobuses en momentos específicos del día.

Esta capacidad predictiva permite una planificación más eficiente de los recursos, ya que los horarios y frecuencias de los servicios pueden ajustarse según la demanda prevista. En horas pico o durante eventos especiales, como conciertos o festivales, los operadores pueden asignar recursos adicionales para satisfacer la demanda temporalmente aumentada. Del mismo modo, pueden redistribuir los autobuses en tiempo real según las condiciones del tráfico y la demanda actual, garantizando un servicio óptimo en todo momento.

La implementación de estas predicciones de demanda no solo mejora la eficiencia operativa, sino que también tiene un impacto directo en la experiencia de los usuarios. Los tiempos de espera se reducen significativamente, ya que los servicios pueden adaptarse dinámicamente a la demanda en tiempo real. Además, se minimizan las aglomeraciones en paradas y vehículos, lo que no solo mejora la comodidad de los pasajeros, sino que también contribuye a la seguridad y la salud pública al reducir el riesgo de exposición a enfermedades contagiosas.

En última instancia, esta capacidad predictiva no solo beneficia a los usuarios del transporte público, sino que también promueve una movilidad urbana más sostenible y una mejor calidad de vida en las ciudades. Al hacer que el transporte público sea más eficiente, confiable y conveniente, se fomenta el uso del transporte público sobre los medios de transporte privados, lo que reduce la congestión del tráfico, las emisiones de gases de efecto invernadero y la dependencia del automóvil, y promueve un entorno urbano más habitable y saludable para todos.

5.3.2. Resolución técnica usando SARIMA

La serie temporal que vamos a utilizar consiste en datos mensuales. En el contexto de series temporales, es fundamental definir el intervalo de tiempo en el que se recopilan los datos. Esto debe ser establecido tanto en el código como en el sistema que estamos utilizando para el análisis. Dado que estamos trabajando con un modelo autorregresivo, seleccionaremos una columna como nuestra variable principal y desarrollaremos el modelo basándonos en esta columna. Es esencial definir claramente este proceso para garantizar la precisión y la coherencia en nuestro análisis de series temporales.

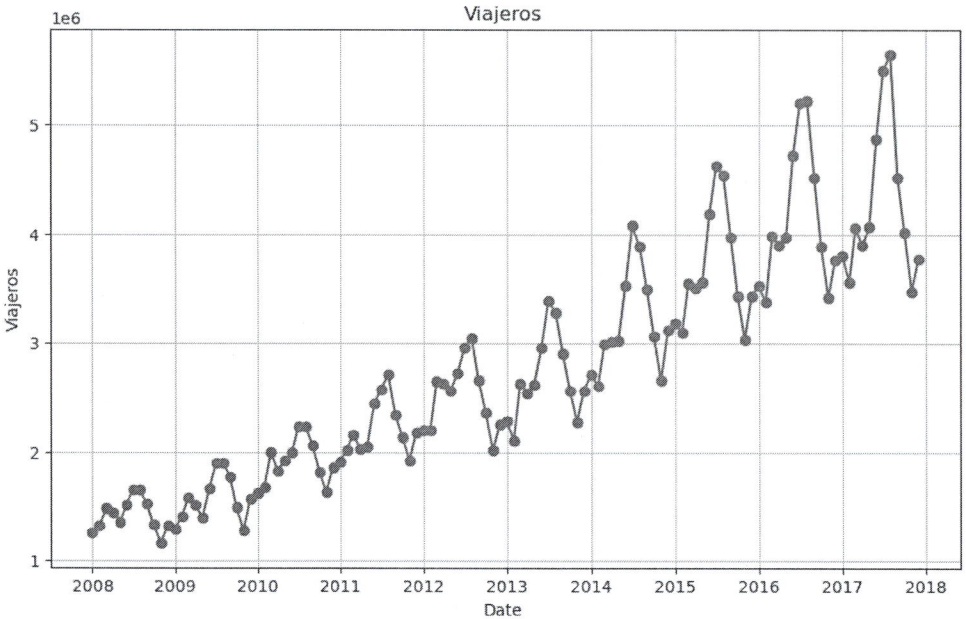

Figura 5.20. Serie temporal.

La componente observada de esta serie temporal muestra valores que están aumentando constantemente a lo largo del tiempo, lo que indica una tendencia creciente. Esta tendencia sugiere un incremento gradual en los datos a medida que avanza el tiempo. La tendencia en esta serie es claramente ascendente, lo que significa que hay una dirección general de crecimiento en los datos. Esta tendencia positiva indica que los valores tienden a aumentar con el tiempo, lo que puede ser el resultado de un fenómeno subyacente, como un crecimiento económico, un aumento en la demanda o una mejora en las condiciones generales. La estacionalidad en esta serie temporal tiene un factor de estacionalidad que varía de 0.8 a 1.2. Esto sugiere que hay un patrón repetitivo en los datos que se observa a intervalos regulares de tiempo, con valores que fluctúan entre el 80% y el 120% del valor promedio. Este patrón estacional puede estar influenciado por factores como las condiciones climáticas, las temporadas de ventas o los comportamientos estacionales. Los residuos en esta serie temporal tienen valores que van de 0.95 a 1.05. Estos residuos representan la variación aleatoria o irregular que no puede explicarse por la tendencia ni por la estacionalidad. Los residuos son la diferencia entre los valores observados y los valores predichos por la tendencia y la estacionalidad. En este caso, los residuos son relativamente pequeños, lo que sugiere un buen ajuste del modelo.

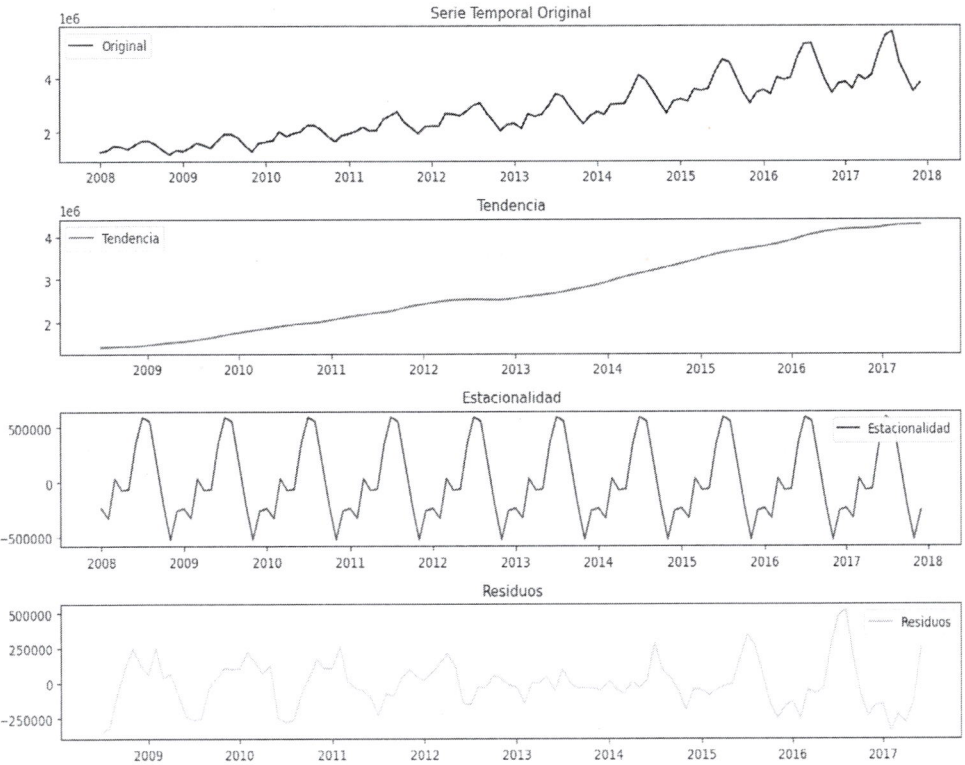

Figura 5.21. Descomposición de la serie temporal.

El objetivo principal del modelo AutoARIMA es proporcionar una herramienta eficiente y automatizada para ajustar un modelo SARIMA a una serie temporal determinada. El proceso de búsqueda automática de parámetros ayuda a encontrar la configuración óptima del modelo que mejor se adapte a los datos de entrada, lo que elimina la necesidad de ajustar manualmente los parámetros del modelo. Al aplicar el modelo AutoARIMA a una serie temporal, se obtiene un modelo SARIMA entrenado que puede usarse para hacer predicciones futuras sobre la serie temporal. Este modelo tiene en cuenta tanto la tendencia como la estacionalidad de los datos, lo que lo hace especialmente útil para pronosticar valores futuros en series temporales con patrones complejos.

```
seasonal_periods = 12

serie_temporal = df['Viajeros']

model = auto_arima(serie_temporal, seasonal=True, m=seasonal_periods, stepwise=True, suppress_warnings=True, trace=True)
```

El análisis realizado implicó la búsqueda de los mejores parámetros para un modelo SARIMA que mejor se ajustara a los datos de la serie temporal de viajeros. Este proceso se llevó a cabo mediante una búsqueda *stepwise* con el objetivo de minimizar el criterio de información de Akaike (AIC), una medida comúnmente utilizada para comparar modelos estadísticos. Durante esta búsqueda, se probaron diferentes combinaciones de órdenes y términos estacionales para encontrar el modelo que proporcionara el AIC más bajo.

En este caso, se han probado diferentes combinaciones de parámetros ARIMA y SARIMA. El modelo SARIMA seleccionado como el mejor es ARIMA(0,0,3)(0,1,1)[12] con intercepto. Esto indica que el modelo utiliza un componente autorregresivo de orden 0, un componente de media móvil de orden 3, y un componente de diferenciación estacional de orden 1 con un período de estacionalidad de 12 meses. Además, incluye un intercepto en el modelo. Este modelo ha sido seleccionado porque tiene el valor más bajo de AIC entre todos los modelos probados, lo que sugiere que es el que mejor se ajusta a los datos. Los tiempos de ajuste y los valores de AIC para cada modelo también se proporcionan en la salida.

```
ARIMA(0,0,0)(0,1,0)[12] intercept   : AIC=2924.149, Time=0.02 sec
ARIMA(0,0,0)(0,1,1)[12] intercept   : AIC=2918.138, Time=0.05 sec
ARIMA(0,0,1)(0,1,0)[12] intercept   : AIC=2893.227, Time=0.02 sec
ARIMA(0,0,1)(0,1,1)[12] intercept   : AIC=2887.683, Time=0.12 sec
ARIMA(0,0,2)(0,1,0)[12] intercept   : AIC=2880.920, Time=0.04 sec
ARIMA(0,0,2)(0,1,1)[12] intercept   : AIC=2876.145, Time=0.12 sec
ARIMA(0,0,3)(0,1,0)[12] intercept   : AIC=2878.049, Time=0.03 sec
ARIMA(0,0,3)(0,1,1)[12] intercept   : AIC=2872.184, Time=0.17 sec
ARIMA(1,0,0)(0,1,0)[12] intercept   : AIC=2904.110, Time=0.02 sec
ARIMA(1,0,0)(0,1,1)[12] intercept   : AIC=2898.049, Time=0.05 sec
ARIMA(1,0,1)(0,1,0)[12] intercept   : AIC=2903.897, Time=0.03 sec
ARIMA(1,0,1)(0,1,1)[12] intercept   : AIC=2895.840, Time=0.12 sec
ARIMA(1,0,2)(0,1,0)[12] intercept   : AIC=2900.529, Time=0.05 sec
ARIMA(1,0,2)(0,1,1)[12] intercept   : AIC=2892.790, Time=0.17 sec
ARIMA(1,0,3)(0,1,0)[12] intercept   : AIC=2904.543, Time=0.10 sec
ARIMA(1,0,3)(0,1,1)[12] intercept   : AIC=2885.893, Time=0.25 sec
ARIMA(2,0,0)(0,1,0)[12] intercept   : AIC=2908.498, Time=0.05 sec
ARIMA(2,0,0)(0,1,1)[12] intercept   : AIC=2902.522, Time=0.07 sec
ARIMA(2,0,1)(0,1,0)[12] intercept   : AIC=2890.814, Time=0.08 sec
ARIMA(2,0,1)(0,1,1)[12] intercept   : AIC=2881.145, Time=0.25 sec
ARIMA(2,0,2)(0,1,0)[12] intercept   : AIC=2882.289, Time=0.08 sec
ARIMA(2,0,2)(0,1,1)[12] intercept   : AIC=2874.916, Time=0.28 sec
ARIMA(2,0,3)(0,1,0)[12] intercept   : AIC=2882.620, Time=0.10 sec
ARIMA(3,0,0)(0,1,0)[12] intercept   : AIC=2904.316, Time=0.07 sec
ARIMA(3,0,0)(0,1,1)[12] intercept   : AIC=2899.965, Time=0.10 sec
ARIMA(3,0,1)(0,1,0)[12] intercept   : AIC=2881.203, Time=0.13 sec
ARIMA(3,0,1)(0,1,1)[12] intercept   : AIC=2877.193, Time=0.28 sec
ARIMA(3,0,2)(0,1,0)[12] intercept   : AIC=2882.038, Time=0.15 sec

Best model:  ARIMA(0,0,3)(0,1,1)[12] intercept
Total fit time: 3.017 seconds
Mejores hiperparámetros SARIMA: {'maxiter': 50, 'method': 'lbfgs', 'order': (0, 0, 3), 'out_of_sample_size': 0, 'scoring':
'mae', 'scoring_args': {}, 'seasonal_order': (0, 1, 1, 12), 'start_params': None, 'suppress_warnings': True, 'trend': None,
'with_intercept': True}
```

El tiempo de ajuste representa el tiempo necesario para ajustar el modelo a los datos de entrenamiento, mientras que el AIC indica la calidad del ajuste del modelo, siendo valores más bajos indicativos de un mejor ajuste. Los parámetros seleccionados para el modelo SARIMA son los siguientes:

- *order*: **(0, 0, 3)**: indica los órdenes de los componentes ARIMA (p, d, q), donde p es el orden de la parte autorregresiva, d es el orden de diferenciación y q es el orden de la parte de media móvil.

- *seasonal_order*: **(0, 1, 1, 12):** indica los órdenes de los componentes SARI-MA estacionales (P, D, Q, S), donde P es el orden de la parte autorregresiva estacional, D es el orden de diferenciación estacional, Q es el orden de la parte de media móvil estacional y S es el período de estacionalidad.

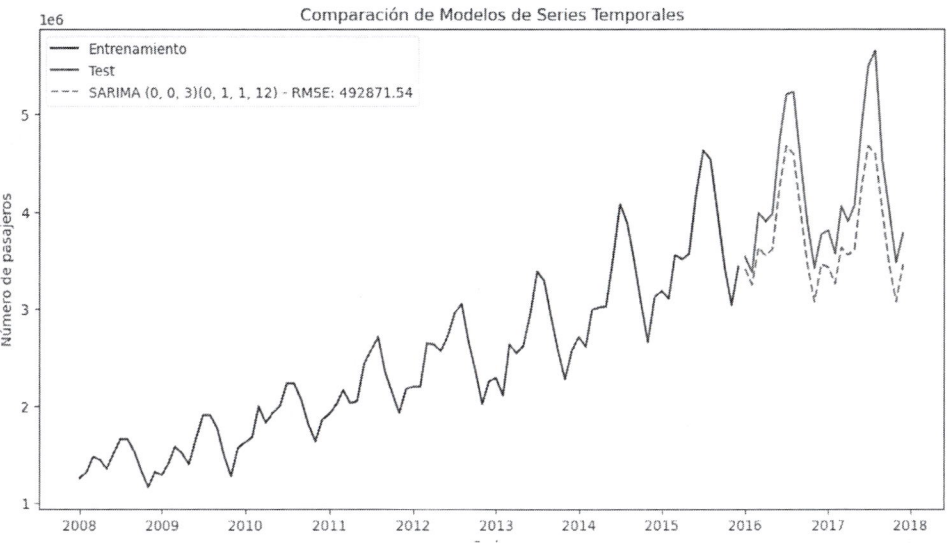

Figura 5.22. Comparación de resultados reales y datos de test.

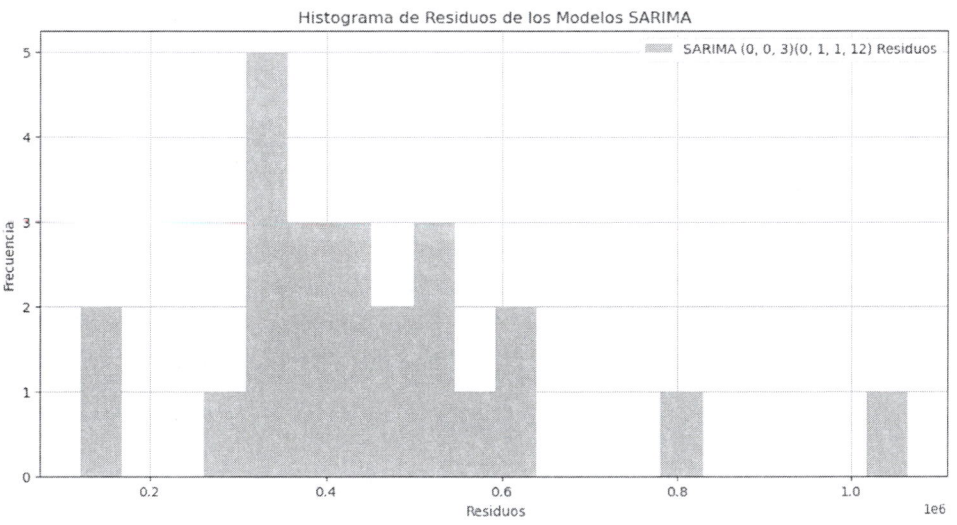

Figura 5.23. Análisis de residuos.

La predicción del modelo SARIMA implica proyectar los valores futuros de una serie temporal utilizando las relaciones estadísticas que el modelo ha capturado a partir de los datos históricos. Al ajustar el modelo SARIMA a los datos previos, se identifican y estiman los parámetros que describen la estructura de la serie temporal, incluyendo los componentes autorregresivos, de media móvil e integrados, así como los componentes estacionales. Una vez que el modelo ha sido ajustado y validado, se utiliza para realizar predicciones sobre períodos futuros, extrapolando la serie temporal más allá de los datos históricos.

Es crucial tener en cuenta que las predicciones generadas por el modelo SARIMA están sujetas a diversas suposiciones y limitaciones. Por ejemplo, la precisión de las predicciones puede estar influenciada por la calidad y la cantidad de datos disponibles para el ajuste del modelo. Si los datos son escasos o están incompletos, es probable que las predicciones sean menos precisas y más susceptibles a errores. Además, la efectividad del modelo puede verse afectada por la adecuación de la especificación del modelo a la estructura real de la serie temporal subyacente. Si el modelo SARIMA no se ajusta correctamente a la serie temporal o no captura adecuadamente su complejidad, las predicciones pueden ser poco fiables o sesgadas.

Además, las predicciones del modelo SARIMA pueden ser menos precisas en regiones donde la serie temporal exhibe comportamientos no lineales o impredecibles. Por ejemplo, si la serie temporal experimenta cambios abruptos o fluctuaciones inesperadas, el modelo SARIMA puede tener dificultades para anticipar estos cambios y producir predicciones precisas. Del mismo modo, si hay eventos o factores externos que afectan la serie temporal y que no están incluidos en el modelo, las predicciones pueden ser inexactas o sesgadas.

Si aplicamos el modelo para hacer una estimación de los próximos 12 meses se puede apreciar cómo el modelo sigue la misma tendencia ascendente, manteniendo la estacionalidad.

```
sarima_fit.predict(start=start_date, end=end_date, typ='levels')
```

Los intervalos de confianza son una medida estadística que nos indica la incertidumbre asociada con una estimación estadística. En el contexto de la serie temporal, los intervalos de confianza se utilizan para expresar cuán seguros estamos con respecto a las predicciones realizadas por un modelo, como el modelo SARIMA. Cuando generamos predicciones con un modelo SARIMA, no podemos estar completamente seguros de que las predicciones sean precisas, ya que están basadas en datos históricos y supuestos estadísticos. Por lo tanto, es importante cuantificar la incertidumbre alrededor de estas predicciones. Los intervalos de confianza en la serie temporal nos dan un rango dentro del cual es probable que se encuentren los valores reales de la serie en el futuro, dadas las predicciones del modelo y la incertidumbre asociada. Por lo general, estos intervalos se calculan alrededor de las predicciones y tienen en cuenta la varianza del modelo y el nivel de confianza especificado.

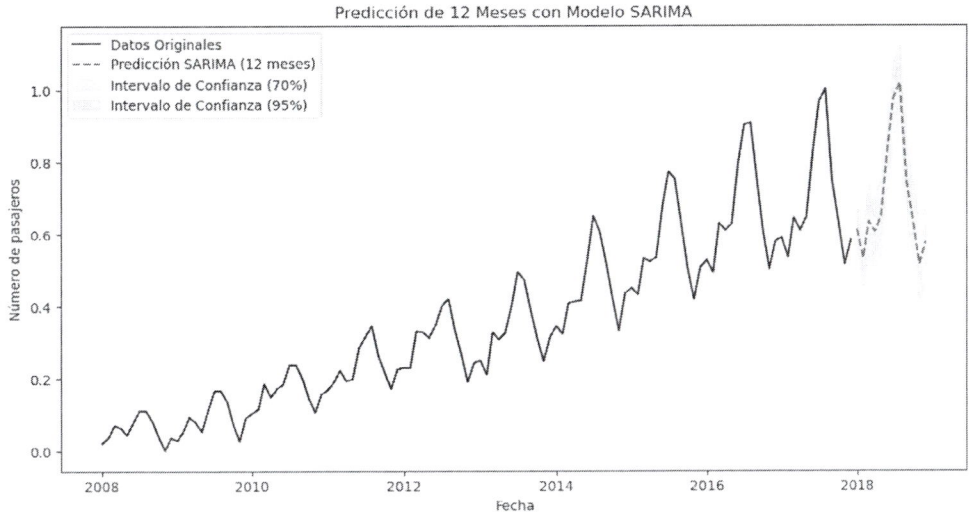

Figura 5.24. Predicciones del modelo.

5.3.3. Conclusiones y análisis de negocio

El análisis de series temporales para predecir el número de viajeros en el transporte urbano ofrece numerosas ventajas desde el punto de vista del negocio. En primer lugar, proporciona una mayor eficiencia operativa al permitir una planificación más precisa de los servicios de transporte. Al anticipar la demanda, las empresas pueden programar mejor sus rutas, asignar recursos de manera más eficiente y optimizar la utilización de vehículos y personal. Esto se traduce en una reducción de costos operativos y una mejora en la rentabilidad a largo plazo.

Además, el análisis de series temporales facilita una planificación financiera más sólida al proporcionar predicciones precisas sobre los ingresos y gastos futuros. Esto permite a las empresas anticipar mejor sus necesidades financieras, optimizar la asignación de recursos y tomar decisiones estratégicas más informadas. Como resultado, pueden mantener una posición financiera más sólida y estar mejor preparadas para enfrentar los desafíos del mercado.

Otra ventaja clave es la capacidad de mejorar la experiencia del usuario. Al anticipar y gestionar eficazmente la demanda de transporte, las empresas pueden reducir los tiempos de espera, evitar la congestión en los servicios y garantizar una experiencia de viaje más cómoda y conveniente para los usuarios. Esto no solo aumenta la satisfacción del cliente, sino que también puede ayudar a fomentar la fidelidad a la marca y atraer nuevos clientes.

Además, el análisis de series temporales permite a las empresas adaptarse de manera más efectiva a las fluctuaciones en la demanda. Al poder prever cambios en los patrones de viaje, las empresas pueden ajustar rápidamente su capacidad y recursos para satisfacer las necesidades cambiantes de los usuarios. Esto les permite mantenerse ágiles y competitivas en un mercado dinámico y en constante evolución.

5.4. CASO DE USO DE UN MODELO DE ABANDONO (CHURN) PARA EXPLICAR LA PÉRDIDA DE CLIENTES EN EL SECTOR FINANCIERO. OPTIMIZACIÓN DE PARÁMETROS

(*) El dataset usado ha sido diseñado por el autor con fines académicos. No corresponde a ningún dataset de datos oficial o empresarial. Lo podéis encontrar en github del autor: jvelareb/librodatset (github.com).

5.4.1. Definición del modelo

Los modelos de abandono, también conocidos como modelos de churn, son herramientas analíticas utilizadas en el ámbito financiero y comercial para predecir cuándo un cliente podría dejar de utilizar un producto o servicio. Estos modelos son especialmente relevantes en industrias como las telecomunicaciones, servicios de suscripción, banca y comercio electrónico, donde la retención de clientes es fundamental para el éxito empresarial.

En el contexto financiero, los modelos de abandono son utilizados por bancos, instituciones financieras y empresas de inversión para identificar patrones de comportamiento que indiquen la probabilidad de que un cliente deje de utilizar sus servicios financieros, como cuentas de ahorro, tarjetas de crédito, préstamos o inversiones.

La aplicación de estos modelos se basa en la recopilación y análisis de datos históricos de clientes, que incluyen información demográfica, transacciones financieras, interacciones con el servicio al cliente y cualquier otro dato relevante disponible. Estos datos se utilizan para construir algoritmos predictivos que pueden prever el abandono del cliente con cierto grado de precisión.

Después de identificar a los clientes con mayor riesgo de abandono, las empresas financieras pueden implementar una serie de estrategias específicas para retenerlos y fortalecer su relación con ellos. Ofrecer incentivos personalizados, como descuentos en tarifas, bonificaciones por permanencia o recompensas por referir nuevos clientes, puede ser efectivo para mantener la lealtad de los clientes. Estos incentivos deben estar diseñados de manera personalizada, basados en el comportamiento y las preferencias individuales de cada cliente. Además, una atención al cliente excepcional puede marcar la diferencia en la retención de clientes. Las empresas financieras pueden invertir en mejorar la calidad y la eficiencia de su servicio al cliente, ofreciendo canales de comunicación adicionales, tiempos de espera reducidos y resolución rápida de problemas. Utilizando datos recopilados sobre el comportamiento y las preferencias de los clientes, las empresas pueden ofrecer productos y servicios personalizados que se ajusten a las necesidades individuales de cada cliente. Esto puede incluir ofertas especiales en productos financieros relevantes o recomendaciones de inversión adaptadas a su perfil y objetivos financieros. Los programas de fidelización pueden incentivar la permanencia de los clientes al ofrecer recompensas, beneficios exclusivos o acceso a eventos especiales. Estos programas pueden ser estructurados de diversas formas, como acumulación de puntos por cada transacción, niveles de membresía con beneficios adicionales o descuentos en productos y servicios seleccionados. Además de implementar estrategias específicas de retención, los modelos de abandono también pueden ayudar a las empresas a optimizar el uso de sus recursos y a identificar áreas de mejora en sus productos o servicios. Al priorizar la retención de los clientes más rentables, las empresas pueden asignar sus recursos de manera más efectiva, enfocándose en aquellos clientes que generan mayores ingresos y beneficios. Al analizar los factores que contribuyen al abandono de los clientes, las empresas pueden identificar áreas de mejora en sus productos o servicios. Por ejemplo, si los clientes están abandonando debido a problemas con la interfaz de usuario de una aplicación móvil, la empresa puede trabajar en mejorar la usabilidad y la experiencia del usuario para reducir la tasa de abandono. En resumen, al combinar estrategias específicas de retención con análisis de datos y modelos de abandono, las empresas financieras pueden mejorar significativamente su capacidad para retener clientes, fortalecer relaciones a largo plazo y garantizar un crecimiento sostenible en el mercado competitivo actual.

5.4.2. Descripción del caso de uso

En un caso reciente dentro del sector financiero, una institución emprendió una campaña de marketing para promover sus productos de depósito. Sin embargo, se enfrentaron a una situación inesperada: mientras algunos clientes mostraban interés en los depósitos, otros optaban por abandonar la institución tras ser contactados, sin aceptar la oferta.

Para resolver este desafío, se llevó a cabo un análisis detallado de los datos que registraban la interacción de los clientes con la campaña. Este análisis reveló que había una división clara entre aquellos que aceptaban la oferta y aquellos que optaban por abandonar la compañía.

Para comprender mejor esta diferencia, se procedió a examinar los motivos detrás del abandono de clientes. Se identificaron diversos factores que influían en la decisión de los clientes, tales como la relevancia de la oferta, el momento de la comunicación y las preferencias individuales.

Con este conocimiento en mente, se ajustaron las estrategias de marketing para abordar las preocupaciones y objeciones de los clientes que estaban optando por abandonar la compañía. Se mejoraron los mensajes y las ofertas para hacerlas más atractivas y relevantes para estos clientes.

Si bien muchos clientes optaron por no aceptar la oferta y abandonaron la compañía, este caso resalta la importancia de comprender las razones detrás de este comportamiento.

La tabla de trabajo consta de los siguientes campos:

Variable	Descripción	Tipo
edad	Edad del cliente	Entero
estado_civil	Estado civil de cliente	Texto
educacion	Nivel académico del cliente	Texto
default	Por defecto	Booleano
Blance_cuenta	Cantidad en euros de la cuantía en el momento de la campaña	Entero
Casa_propiedad	Si tiene la casa en propiedad o no	Booleano
Prestamo	Si tiene contratado un préstamo con el banco	Booleano
Dia_ultimo_contacto	Dia de mes del último contacto	Entero
Mes_ultimo_contacto	Mes del último contacto	Texto
Duracion_ultimo_contacto	Duración de la última llamada en segundos	Entero
ID_campanna	El número de la campaña	Entero
Dias_campanna_ant	Días desde la campaña anterior	Entero
Campanna_ant	Id de campaña anterior	Entero
Resultado_campanna_ant	Resultado de la campaña anterior	Text
Churn	Si abandona o no tras aplicar la campaña	Booleano

5.4.3. EDA

En cuanto al estado civil de los clientes, la muestra revela que la mayoría están casados, representando 5.237 individuos, seguidos por los solteros, con 2.820 personas, y los divorciados, que suman 1.016 individuos. Esto sugiere una predominancia de personas con cónyuges dentro de la muestra analizada. En términos de nivel educativo, la muestra exhibe una distribución diversa, pero la mayoría de los clientes tienen educación secundaria (4.669 personas), seguida por aquellos con educación universitaria (2.926 individuos) y educación primaria (1.118 personas). Esto indica una preponderancia de individuos con al menos educación secundaria en la muestra. En lo que respecta a la propiedad de vivienda, la mayoría de los clientes (5.658 personas) tienen una casa propia, mientras que un número significativo de individuos (3.415 personas) no poseen una. Esto refleja una tendencia hacia la propiedad de viviendas en la muestra.

En cuanto a los préstamos, la mayoría de los clientes (7.851 personas) no tienen uno, mientras que 1.222 personas sí lo tienen. Esto sugiere que la mayoría de los clientes no están endeudados, al menos en términos de préstamos bancarios. En relación con el mes del último contacto, se observa una distribución variada, siendo mayo el mes con más contactos (2.776), seguido por noviembre (1.262) y abril (1.233). Esto indica una variabilidad en el tiempo de los contactos, con picos en ciertos meses específicos.

Finalmente, en lo que respecta al resultado de la campaña anterior, la mayoría de los resultados fueron fallidos (5.391 individuos), seguidos por resultados positivos (1.640 individuos). Esto sugiere que la campaña anterior puede no haber tenido el éxito esperado.

El análisis de la tabla de frecuencias para el "Balance en Cuenta" revela una amplia variedad de valores, desde 0 hasta montos más elevados, como 15.341. La mayoría de los clientes tienen un saldo relativamente bajo, con 501 clientes que presentan un saldo de 0. Esto sugiere una diversidad en las situaciones financieras de los clientes, algunos con saldos más altos que otros. En relación al "Día del Último Contacto", se observa una distribución variada de la frecuencia, destacando los días 18, 15 y 17 como los más comunes. Esta distribución sugiere una estrategia de contacto heterogénea, con ciertos días que reciben una atención más focalizada que otros. La "Duración del Último Contacto" también muestra una amplia dispersión de valores, desde 1 segundo hasta valores más altos como 1.514 segundos. Aunque la mayoría de los contactos son dc corta duración, entre 100 y 200 segundos, también se evidencia una cantidad considerable de contactos más largos, lo que podría indicar interacciones más profundas o detalladas. En relación a los "Días desde la Última Campaña", la mayoría de los clientes fueron contactados hace 182 días, seguido por 92 y 183 días. La variabilidad en este período indica una estrategia de contacto diversificada, con algunos clientes siendo contactados recientemente y otros no siendo contactados durante un período más largo. Finalmente, en cuanto a los "Contactos Previos", la mayoría de los clientes han sido contactados una vez previamente, seguido por dos veces. A medida que aumenta el número de contactos previos, la frecuencia disminuye gradualmente, con solo unos pocos clientes que han sido contactados muchas veces previamente. Esto sugiere una estrategia de contacto que prioriza la calidad sobre la cantidad, con la mayoría de los clientes contactados solo unas pocas veces previamente.

Figura 5.25. Distribución de la variable abandono.

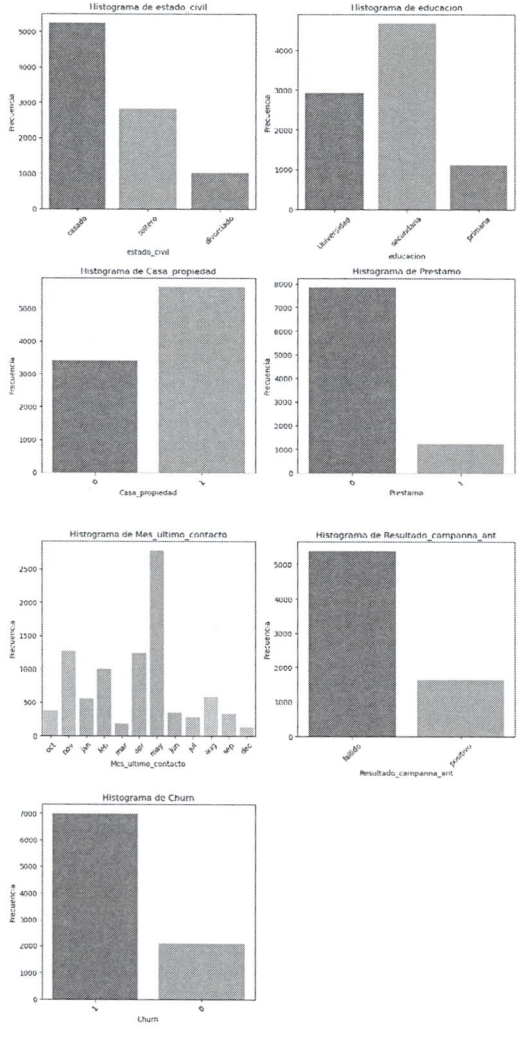

Figura 5.26. Análisis de variables categóricas.

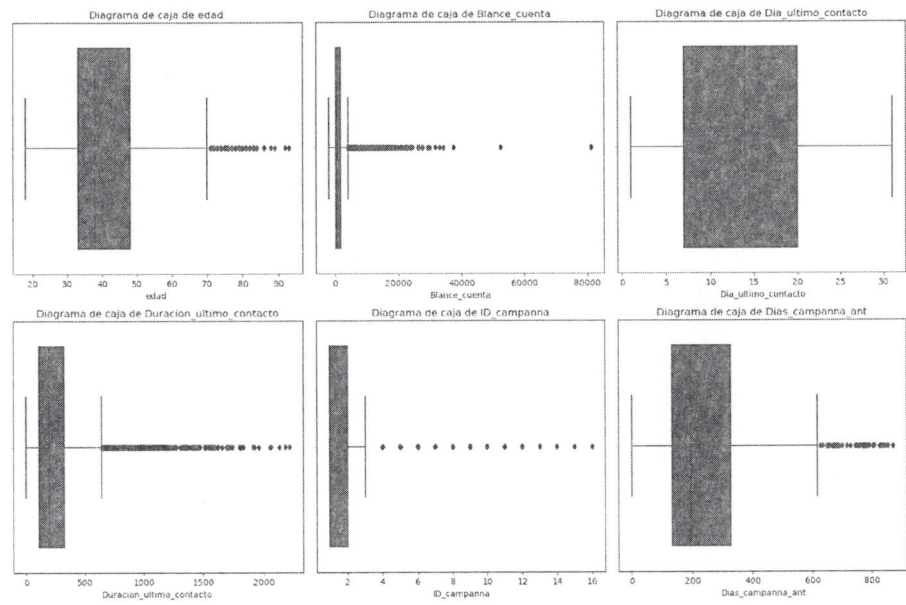

Figura 5.27. Análisis de variables numéricas.

5.4.4. Resolución técnica

La optimización de parámetros es una práctica esencial en el ámbito del aprendizaje automático, destinada a encontrar la combinación más eficaz de parámetros para un modelo. Este proceso implica la definición de una cuadrícula, también conocida como espacio de búsqueda, que comprende una serie de posibles valores para cada parámetro del modelo. Posteriormente, se evalúa exhaustivamente el rendimiento del modelo para cada combinación de valores en esta cuadrícula mediante técnicas de validación cruzada. En este contexto, la validación cruzada juega un papel crucial al proporcionar una estimación precisa del rendimiento del modelo en datos no vistos. Esta técnica implica dividir el conjunto de datos en múltiples subconjuntos, denominados pliegues, y realizar iteraciones donde cada pliegue actúa alternativamente como conjunto de datos de prueba y de entrenamiento. De esta manera, se obtiene una evaluación integral del rendimiento del modelo, evitando el sobreajuste a los datos de entrenamiento y proporcionando una medida robusta de su capacidad predictiva. La optimización de parámetros implica la exploración sistemática de todas las combinaciones posibles de valores de parámetros dentro del espacio definido. Para cada combinación de parámetros, se entrena y evalúa el modelo utilizando validación cruzada, y se registra su rendimiento asociado. Al final del proceso, se identifica la combinación de parámetros que maximiza el rendimiento del modelo, lo que proporciona una configuración óptima para su implementación en la práctica.

Este enfoque de optimización de parámetros es fundamental para mejorar la eficacia y el rendimiento de los modelos de aprendizaje automático, ya que permite ajustar los parámetros de manera sistemática y basada en evidencia. Al encontrar la combinación óptima de parámetros, se maximiza la capacidad predictiva del modelo y se optimiza su capacidad para generalizar a nuevos datos, lo que es esencial en aplicaciones del mundo real donde se busca la precisión y la fiabilidad en las predicciones.

```
param_grid_rf = {
'n_estimators': [100, 200, 300],
'max_depth': [None, 10, 20, 30],
'min_samples_split': [2, 5, 10],
'min_samples_leaf': [1, 2, 4],
'bootstrap': [True, False]}
rf = RandomForestClassifier()
grid_search_rf = GridSearchCV(estimator=rf, param_grid=param_grid_rf, cv=5, n_jobs=-1, verbose=2)
grid_search_rf.fit(X_train, y_train)
best_rf = grid_search_rf.best_estimator_
```

El código proporcionado realiza la optimización de parámetros para un modelo de *random forest* utilizando la técnica de búsqueda de cuadrícula. Este proceso, crucial para mejorar el rendimiento de los modelos de aprendizaje automático, se lleva a cabo en varias etapas detalladas a continuación. Primero, se define una cuadrícula de parámetros que se probarán durante la búsqueda. Esta cuadrícula incluye valores para el número de estimadores, la profundidad máxima de los árboles, el número mínimo de muestras requeridas para dividir un nodo y para estar en un nodo hoja, y si se deben usar muestras de arranque. Estos parámetros se seleccionan estratégicamente para abarcar un rango significativo de posibles configuraciones del modelo. A continuación, se inicializa un modelo de *random forest* utilizando la clase RandomForestClassifier de *scikit-learn*. Este modelo servirá como base para probar las diferentes combinaciones de parámetros. Es esencial tener un modelo inicial sólido antes de comenzar la búsqueda de cuadrícula. Luego, se configura y se inicializa un objeto GridSearchCV, que es responsable de llevar a cabo la búsqueda de cuadrícula. Se proporciona el modelo de *random forest*, el número de divisiones en la validación cruzada y otros parámetros relevantes. GridSearchCV realiza la búsqueda exhaustiva de todas las combinaciones posibles de parámetros dentro de la cuadrícula definida, evaluando el rendimiento del modelo utilizando la validación cruzada. Después, se realiza la búsqueda utilizando los datos de entrenamiento. Para cada combinación de parámetros, el modelo de *random forest* se ajusta y se evalúa su rendimiento mediante validación cruzada. Esto implica dividir los datos de entrenamiento en varias particiones, ajustar el modelo en cada partición excepto una y evaluar su rendimiento en la partición restante. Este proceso se repite hasta que todas las particiones hayan sido utilizadas tanto para entrenamiento como para evaluación. Finalmente, una vez completada la búsqueda, se selecciona el mejor modelo encontrado. Este modelo utiliza la combinación óptima de parámetros que produjo el mejor rendimiento en la validación cruzada. Este mejor modelo puede utilizarse para hacer predicciones en nuevos datos con mayor precisión y generalización, lo que es fundamental en aplicaciones del mundo real donde se requiere una alta confiabilidad en las predicciones del modelo.

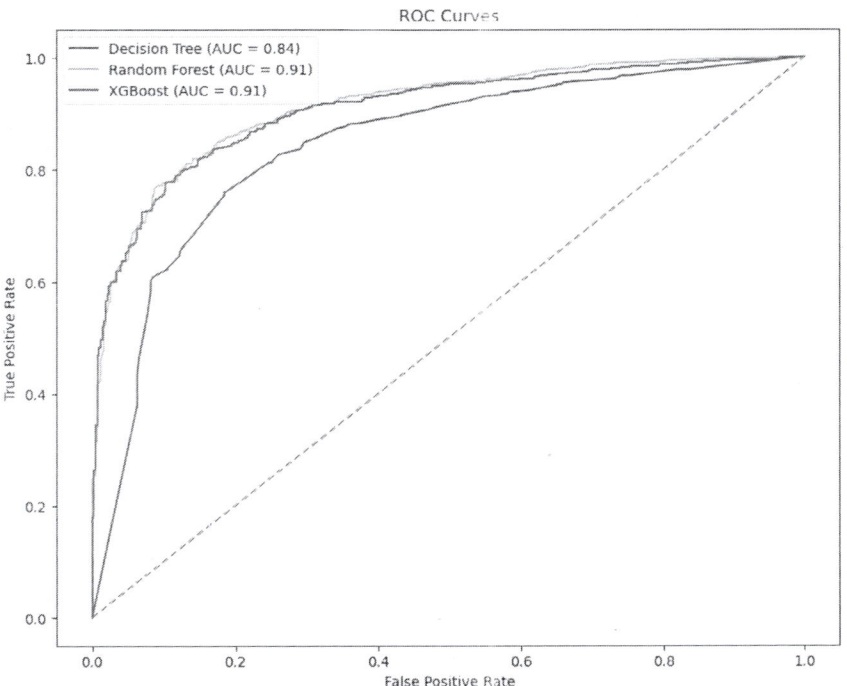

Figura 5.28. Curvas ROC.

Se presentan los resultados de optimización de parámetros y las métricas de validación para tres modelos de aprendizaje automático: árbol de decisión simple, *random forest* y XGBoost. Los tres modelos muestran parámetros optimizados idénticos, lo que sugiere que la configuración de parámetros más efectiva fue la misma para todos ellos. Esto puede ser un indicador de que estos parámetros tienen un rendimiento sólido independientemente del algoritmo de aprendizaje utilizado. Al evaluar las métricas de validación, se observa que *random forest* tiene la más alta exactitud con un valor de 0,8584, seguido de cerca por XGBoost con 0.8551, y árbol de decisión con 0,8198. Esto sugiere que *random forest* y XGBoost son más efectivos para clasificar correctamente las muestras en comparación con el árbol de decisión. En términos de sensibilidad, que mide la proporción de verdaderos positivos correctamente identificados, *random forest* nuevamente lidera con 0,9316, seguido por XGBoost con 0,9158, y el árbol de decisión con 0,9014. Esto indica que random forest tiene la capacidad más alta para detectar casos positivos en el conjunto de datos.

Sin embargo, en especificidad, que mide la proporción de verdaderos negativos correctamente identificados, el árbol muestra el valor más bajo con 0,5540, seguido por *random forest* con 0,6197, y XGBoost con 0,6573. Esto sugiere que el árbol de decisión tiene más dificultades para identificar correctamente los casos negativos en comparación con los otros dos modelos. Finalmente, al considerar el área bajo la curva ROC (AUC-ROC), que proporciona una medida agregada del rendimiento del modelo en todas las tasas de falsos positivos, *random forest* tiene el mejor rendimiento con 0,9162, seguido por XGBoost con 0,9053, y el árbol de decisión con 0,8343. Esto indica que *random forest* tiene la mejor capacidad discriminativa entre los tres modelos.

```
Optimized parameters for Decision Tree:
{'bootstrap': True, 'max_depth': 20, 'min_samples_leaf': 1, 'min_samples_
split': 2, 'n_estimators': 100}

Validation metrics for Decision Tree:
Accuracy: 0.8198347107438017
Sensitivity: 0.9013678905687545
Specificity: 0.5539906103286385
AUC-ROC: 0.8342788914914976

Optimized parameters for Random Forest:
{'bootstrap': True, 'max_depth': 20, 'min_samples_leaf': 1, 'min_samples_
split': 2, 'n_estimators': 100}

Validation metrics for Random Forest:
Accuracy: 0.8584022038567493
Sensitivity: 0.931605471562275
Specificity: 0.6197183098591549
AUC-ROC: 0.9161900850748842

Optimized parameters for XGBoost:
{'bootstrap': True, 'max_depth': 20, 'min_samples_leaf': 1, 'min_samples_
split': 2, 'n_estimators': 100}

Validation metrics for XGBoost:
Accuracy: 0.8550964187327824
Sensitivity: 0.9157667386609071
Specificity: 0.6572769953051644
AUC-ROC: 0.905334333816675
```

De los tres modelos vamos a elegir el algoritmo de random forest aunque el XGBoost también una opción viable. El puntaje promedio de validación cruzada, que se sitúa en 0,7714, se obtiene mediante el promedio de los resultados de múltiples ejecuciones de validación cruzada. Esta técnica, utilizada para evaluar la capacidad de generalización de un modelo, implica dividir el conjunto de datos en subconjuntos de entrenamiento y prueba en múltiples iteraciones. Un puntaje de validación cruzada superior a 0,5 indica que el modelo supera el azar, sugiriendo que ha aprendido patrones significativos en los datos en lugar de simplemente memorizarlos. La interpretación del puntaje promedio de validación cruzada destaca su valor por encima de 0,5, lo que implica que el modelo supera el rendimiento de una predicción aleatoria. Este resultado sugiere que el modelo tiene la capacidad de discernir patrones significativos en los datos y realizar predicciones más precisas que las que se harían al azar. Además del puntaje de validación cruzada, se proporcionan dos métricas de rendimiento adicionales: el puntaje de entrenamiento y el puntaje de validación cruzada. Ambos puntajes, 0,8029 para el entrenamiento y 0,8015 para la validación cruzada, son comparativamente similares. Esta similitud sugiere que el modelo generaliza bien, ya que no hay una brecha sustancial entre el rendimiento en los datos de entrenamiento y los datos de validación cruzada. Una brecha significativa entre estos puntajes podría indicar sobreajuste, una condición en la que el modelo se adapta excesivamente a los datos de entrenamiento y no puede generalizar efectivamente a nuevos datos. En este caso, la consistencia entre los puntajes sugiere una capacidad robusta del modelo para hacer predicciones precisas en datos no vistos.

Uno de los objetivos clave del análisis es entender por qué algunas campañas no tienen éxito. Para lograr esto, se lleva a cabo un proceso para identificar las variables más importantes que podrían influir en el resultado de la campaña. Este proceso implica analizar meticulosamente cada variable para comprender su impacto en el éxito o fracaso de la campaña. Para comenzar, se realiza una evaluación exhaustiva de todas las variables disponibles, examinando su relevancia y posible relación con el resultado de la campaña. Se aplican diversas técnicas estadísticas y de modelado para determinar la importancia relativa de cada variable en la predicción del éxito de la campaña. Esto puede incluir el uso de algoritmos de aprendizaje automático, análisis de correlación, pruebas de hipótesis y otros métodos analíticos avanzados. Una vez identificadas las variables más relevantes, se procede a un análisis detallado de cada una de ellas para comprender su impacto individual en el resultado de la campaña. Se exploran posibles relaciones causales, patrones o tendencias que puedan explicar por qué algunas campañas tienen éxito mientras que otras no. Esto puede involucrar la segmentación de datos, la comparación de grupos y la visualización de resultados para obtener una comprensión completa de los factores que influyen en el rendimiento de la campaña. Este enfoque analítico riguroso permite no solo identificar las variables más importantes para el éxito de la campaña, sino también comprender mejor las dinámicas subyacentes que impulsan el rendimiento de las campañas. Al comprender estas relaciones, se pueden desarrollar estrategias más efectivas para mejorar el éxito de las futuras campañas, optimizando así los recursos y maximizando el impacto en el público objetivo.

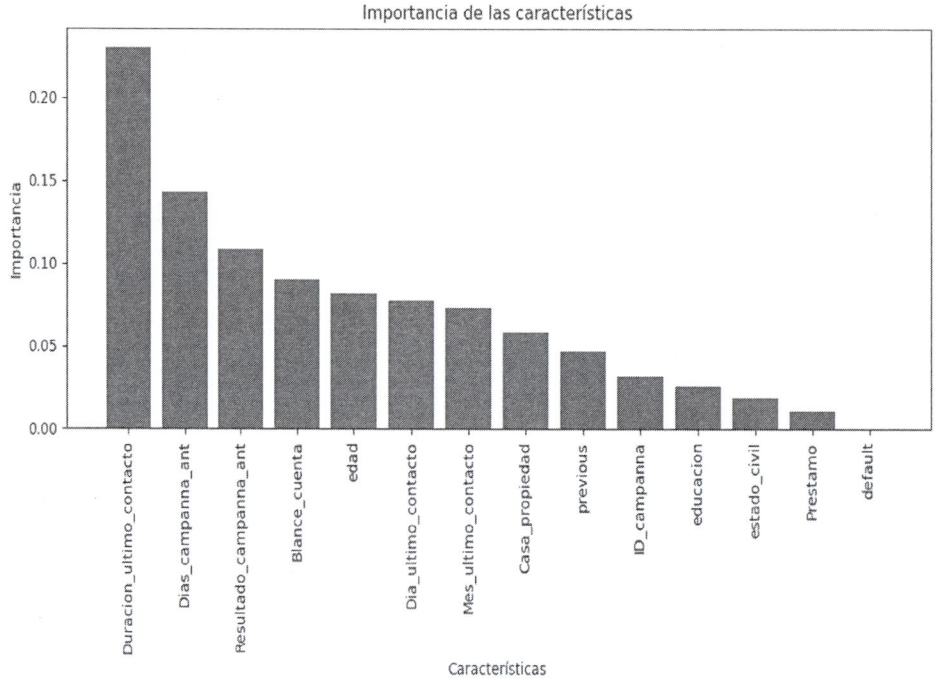

Figura 5.29. Variables más importantes del modelo.

Los resultados de la curva precision-recall sugieren un rendimiento sustancialmente superior en la clasificación de la clase 1 en comparación con la clase 0. La precisión es significativamente más alta para la clase 1 en comparación con la clase 0. Esto indica que cuando el modelo predice pertenencia a la clase 1, es altamente preciso, con un impresionante 97% de las predicciones siendo correctas. Por otro lado, aunque la precisión de la clase 0 es del 70%, lo que aún es un nivel razonablemente bueno, es notablemente inferior en comparación con la clase 1. Además, muestra un rendimiento mucho mejor para la clase 1 en comparación con la clase 0. Un *recall* del 97% para la clase 1 indica que el modelo tiene una capacidad sobresaliente para identificar correctamente la mayoría de los casos de esta clase, mientras que un recall del 76% para la clase 0 sugiere una tasa aceptable pero relativamente menor de casos correctamente identificados. El análisis revela una eficacia notable en la clasificación de la clase 1 en comparación con la clase 0, con una precisión y recall sustancialmente más altos para la clase 1. Esto sugiere que el modelo es particularmente adecuado para identificar correctamente los casos de la clase 1, lo cual puede ser crucial dependiendo del contexto y de los objetivos del problema de clasificación.

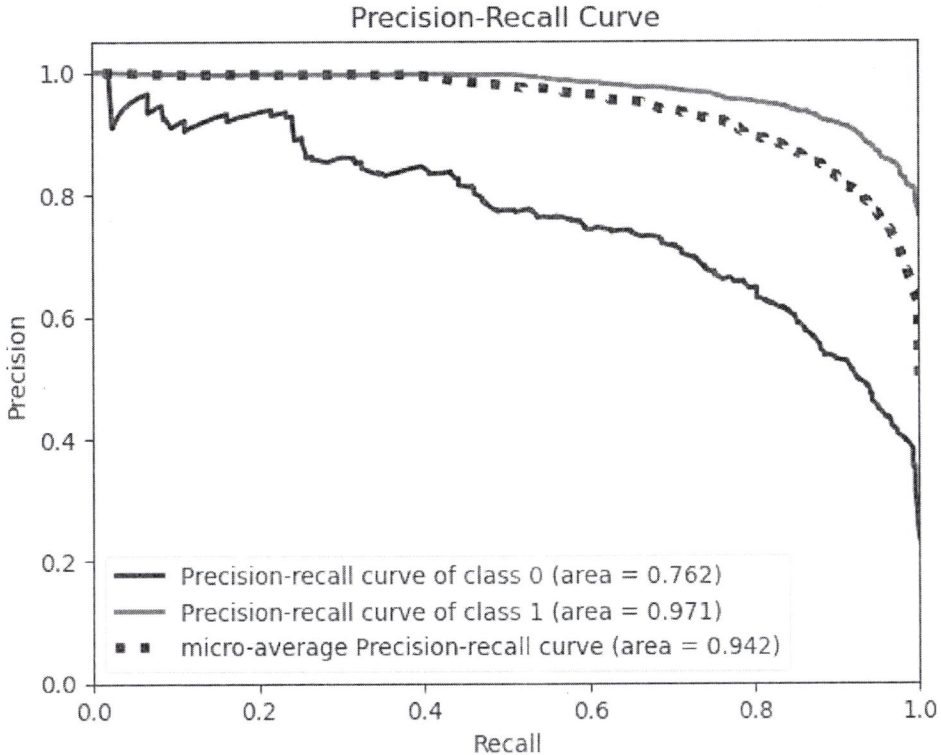

Figura 5.30. Gráfico de precision-recall.

5.4.5. Conclusiones y análisis de negocio

En este apartado, se llevará a cabo un análisis detallado de las variables más significativas, junto con una descripción basada en los datos obtenidos en el modelo, que explique el abandono y sugiera acciones a tomar. Como se puede observar, la duración del último contacto emerge como la variable más influyente, seguida por el día de la campaña anterior y el resultado de la misma. Todas estas variables clave están relacionadas con el desempeño de la campaña previa. El modelo distingue claramente estas variables, asignándoles pesos superiores al 10%.

Además, tanto el saldo de la cuenta como la edad del cliente desempeñan un papel relevante en la identificación del abandono y la evaluación de la probabilidad asociada a esta decisión.

Un análisis detallado de las variables de la campaña anterior puede conducir a conclusiones significativas. Por ejemplo, se observa que, para los clientes que abandonaron, la duración media de la llamada fue considerablemente menor (aproximadamente la mitad) y los días transcurridos desde la última campaña fueron significativamente más numerosos. Del mismo modo, se puede notar un aumento en la probabilidad de abandono si la campaña anterior resultó fallida, lo que subraya la importancia del rendimiento pasado en la predicción del abandono por parte del cliente.

El saldo de la cuenta también emerge como un factor crítico a considerar. Los clientes con saldos más altos muestran una menor tendencia al abandono, lo que sugiere que una mayor cantidad de fondos en la cuenta se correlaciona con una menor probabilidad de que el cliente deje de participar.

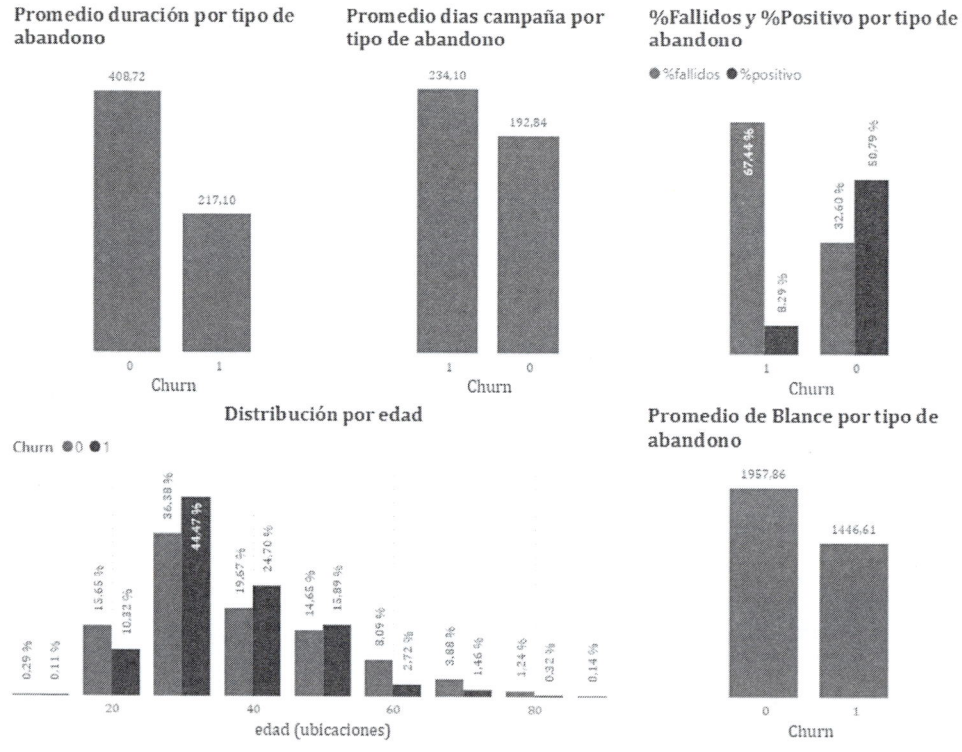

Figura 5.31. Análisis de las variables m-as importantes.

Para mitigar el abandono de clientes, es crucial optimizar el tiempo de contacto, dado que la duración del último contacto emerge como una variable significativa. Esto implica asegurar que las interacciones con los clientes sean eficientes y relevantes, mediante técnicas de segmentación y personalización para ofrecer mensajes y ofertas adaptadas a las necesidades individuales de cada cliente.

Además, es importante mejorar la planificación de campañas futuras considerando el día de la campaña anterior, ya que este factor influye notablemente. Esto implica ajustar el calendario de las campañas para maximizar el compromiso y minimizar la fatiga del cliente, utilizando datos históricos para identificar los días más efectivos. Otro aspecto para considerar es el resultado de la campaña anterior. Analizar el rendimiento de las campañas pasadas y ajustar las estrategias en consecuencia es esencial para aumentar la efectividad de las futuras campañas. Si una campaña ha sido fallida, se deben identificar las áreas de mejora y realizar cambios para evitar la pérdida de clientes. Además, se puede implementar una estrategia de personalización basada en el saldo de la cuenta del cliente. Aquellos con saldos más altos pueden recibir incentivos especiales o programas de fidelización exclusivos para aumentar su compromiso y retención. Esto implica diseñar estrategias específicas para cada segmento de clientes, teniendo en cuenta su situación financiera y sus necesidades individuales. Finalmente, es fundamental realizar un análisis continuo del comportamiento de los clientes y ajustar las estrategias de marketing en consecuencia. Esto implica realizar pruebas A/B para determinar qué enfoques son más efectivos, así como monitorear regularmente métricas clave para identificar tendencias emergentes y oportunidades de mejora. La capacidad de adaptarse rápidamente a los cambios en el mercado y en el comportamiento del cliente es esencial para mantener la lealtad y evitar el abandono.

5.5. CASO DE USO PARA EL ANÁLISIS DE SENTIMIENTO EN REDES SOCIALES MEDIANTE EL TEOREMA DE BAYES

(*) El dataset usado es de dominio publico (CC0: Public Domain) y se encuentra en ChatGPT sentiment analysis (kaggle.com)

5.5.1. Definición del modelo

El análisis de sentimientos en redes sociales se ha convertido en una herramienta vital para entender las percepciones, actitudes y emociones de los usuarios hacia una amplia gama de temas, productos o eventos. Para abordar este desafío, se recopilan grandes cantidades de datos de diversas plataformas sociales, que incluyen publicaciones, comentarios, reacciones y tweets. Estos datos, a menudo abrumadores en su volumen y diversidad, se someten a un riguroso proceso de análisis automatizado para extraer información significativa sobre el estado de ánimo y las opiniones colectivas.

Uno de los enfoques más efectivos para analizar este vasto flujo de información es el uso de técnicas de aprendizaje automático, y en particular, el algoritmo de clasificación Naive Bayes. Este algoritmo se basa en el teorema de Bayes y asume independencia entre las características (en este caso, las palabras) del texto, aunque esta suposición puede no ser completamente válida en el mundo real. A pesar de ello, Naive Bayes sigue siendo una opción popular debido a su simplicidad y eficacia en una amplia gama de aplicaciones de procesamiento de texto.

El proceso de aplicación de Naive Bayes para el análisis de sentimientos en redes sociales sigue una serie de pasos fundamentales. En primer lugar, se recopilan datos de las redes sociales relevantes para el tema de interés. Esto puede incluir mensajes de Twitter, publicaciones de Facebook, comentarios de blogs y más. Los datos recopilados se limpian y normalizan para eliminar el ruido y estandarizar el formato del texto. Esto implica eliminar caracteres especiales, convertir el texto a minúsculas y eliminar palabras comunes pero irrelevantes conocidas como *stopwords*. Además, se pueden aplicar técnicas avanzadas como la lematización o el *stemming* para reducir las palabras a su forma base. El texto preprocesado se convierte en un formato adecuado para el modelado de aprendizaje automático. En el caso de Naive Bayes, esto implica representar cada documento como un vector de características. Las técnicas comunes incluyen la creación de una bolsa de palabras (*bag of words*) o el uso de la ponderación TF-IDF (*term frequency-inverse document frequency*) para capturar la importancia relativa de cada palabra en el corpus de texto. Se utiliza un conjunto de datos etiquetados, donde cada texto está asociado con una etiqueta de sentimiento (positivo, negativo o neutral), para entrenar el modelo Naive Bayes. Durante este proceso, el algoritmo aprenderá la probabilidad de que ciertas palabras estén asociadas con cada clase de sentimiento.

Una vez que el modelo está entrenado y validado, se puede utilizar para predecir el sentimiento de nuevos textos no etiquetados. El modelo asignará probabilidades a cada clase de sentimiento para una determinada entrada de texto, y la clase con la probabilidad más alta se considerará la predicción final del sentimiento.

Es fundamental destacar que el análisis de sentimientos en redes sociales presenta desafíos únicos, como la presencia de jerga, sarcasmo, ironía y la variabilidad del idioma. Además, el rendimiento del modelo puede verse afectado por la calidad y cantidad de datos de entrenamiento disponibles, así como por la selección adecuada de características y la configuración de parámetros del algoritmo.

5.5.2. Descripción del caso de uso

En la era digital actual, las empresas que desarrollan aplicaciones de inteligencia artificial (IA) se enfrentan a un desafío constante: comprender y responder eficazmente a las opiniones de los usuarios sobre sus productos y servicios. Estas opiniones, expresadas a través de una variedad de canales en línea, como redes sociales, reseñas de aplicaciones y comentarios en foros, ofrecen una valiosa perspectiva sobre la satisfacción del cliente, la percepción de la marca y las áreas de mejora potencial.

Para una empresa de aplicaciones de IA, la retroalimentación de los usuarios no solo es crucial para evaluar el rendimiento de sus productos, sino también para guiar el desarrollo futuro y la estrategia comercial. La capacidad de comprender las necesidades, preocupaciones y expectativas de los usuarios es fundamental para mantenerse competitivo en un mercado cada vez más saturado y en constante evolución.

Al recopilar y analizar sistemáticamente las opiniones de los usuarios, las empresas de aplicaciones de IA pueden identificar patrones, tendencias y áreas de enfoque que pueden tener un impacto significativo en la experiencia del usuario y, en última instancia, en el éxito del producto. Al mismo tiempo, este proceso proporciona una oportunidad invaluable para interactuar directamente con los usuarios, demostrando un compromiso con la mejora continua y la satisfacción del cliente.

El conjunto de datos se compone de tres columnas: identificador, sentimiento (bueno, malo o neutro) y el texto que clasifica el sentimiento.

5.5.3. Resolución técnica

El análisis de sentimientos en el contexto de las redes sociales ha emergido como una herramienta fundamental para comprender las opiniones, percepciones y emociones de los usuarios hacia una amplia variedad de temas, productos y eventos. Para abordar este desafío, se recopilan vastas cantidades de datos provenientes de diversas plataformas sociales, como publicaciones, comentarios y tweets. Estos datos, si bien son ricos en información, pueden resultar abrumadores debido a su volumen y diversidad.

Para obtener insights significativos de este flujo constante de información, es crucial emplear técnicas de análisis automatizado. En este sentido, uno de los enfoques más efectivos es el uso de algoritmos de aprendizaje automático, como el clasificador Naive Bayes, que permiten identificar patrones en el lenguaje y discernir entre diferentes tonos y actitudes expresadas por los usuarios.

El proceso comienza con el preprocesamiento del texto, donde se aplican una serie de pasos para limpiar y normalizar los datos, como la eliminación de palabras vacías, la conversión a minúsculas y la tokenización del texto. Luego, los datos se dividen en conjuntos de entrenamiento y prueba para poder evaluar la eficacia del modelo posteriormente.

Una vez preparados los datos, se utilizan técnicas de vectorización, como TF-IDF (*term frequency-inverse document frequency*), para representar el texto en forma numérica, lo que facilita su procesamiento por parte del algoritmo de aprendizaje automático. Posteriormente, se entrena un clasificador Naive Bayes multinomial con los datos de entrenamiento y se realizan predicciones sobre el conjunto de prueba.

Para este caso solo se van a tener en cuenta los casos positivos y negativos, ya que los neutros no son importantes desde el punto de vista de analizar el sentimiento. De igual modo se podría hacer con las tres clases pero la precisión del modelo disminuirá y no permitirá obtener las conclusiones correctas.

```
nltk.download('punkt')

nltk.download('stopwords')

stop_words = set(stopwords.words('english'))

def preprocess_text(text):

 tokens = word_tokenize(text)

 filtered_tokens = [word.lower() for word in tokens if word.isalnum() and
word.lower() not in stop_words]

 return ''.join(filtered_tokens)

df['texto'] = df['texto'].apply(preprocess_text)

X_train, X_test, y_train, y_test = train_test_split(df['texto'], df['sentimien-
to'], test_size=0.2, random_state=42)

vectorizer = TfidfVectorizer()

X_train_tfidf = vectorizer.fit_transform(X_train)

X_test_tfidf = vectorizer.transform(X_test)

nb_classifier = MultinomialNB()

nb_classifier.fit(X_train_tfidf, y_train)
```

Esta sección del código se enfoca en el preprocesamiento del texto antes de entrenar un clasificador Naive Bayes para el análisis de sentimientos. El proceso se inicia definiendo un conjunto de palabras vacías en inglés, que son términos comunes y poco informativos que se eliminarán del texto durante el preprocesamiento. Luego, se define una función llamada preprocess_text que toma un texto como entrada y realiza varias operaciones de preprocesamiento en él. Primero, el texto se tokeniza utilizando la función word_tokenize de NLTK, dividiéndolo en tokens individuales como palabras o símbolos. Después, se eliminan las palabras vacías del texto tokenizado y se convierten todas las palabras a minúsculas para estandarizar el texto. Finalmente, el texto preprocesado se une nuevamente en una cadena de texto. Esta función de preprocesamiento se aplica a la columna texto del DataFrame df utilizando el método apply, lo que limpia y normaliza el texto en todas las filas del DataFrame. Luego, los datos preprocesados se dividen en conjuntos de entrenamiento y prueba utilizando la función train_test_split de sklearn. Esto se hace para separar los datos que se utilizarán para entrenar el modelo y los que se usarán para evaluar su rendimiento.

A continuación, se utiliza TfidfVectorizer para crear una matriz de características TF-IDF a partir del texto preprocesado. Esta matriz asigna un peso a cada palabra en función de su frecuencia en el documento y en el corpus, lo que ayuda a capturar la importancia relativa de cada palabra para el análisis de sentimientos. Después, se entrena un clasificador Naive Bayes multinomial utilizando los datos de entrenamiento y la matriz TF-IDF generada. Finalmente, se realizan predicciones en el conjunto de prueba utilizando el clasificador Naive Bayes entrenado. Estas predicciones se utilizarán posteriormente para evaluar el rendimiento del modelo en el análisis de sentimientos.

```
              precision    recall   f1-score    support

          0        0.87      0.98       0.92      21581
          1        0.94      0.72       0.82      11181

    accuracy                           0.89      32762
   macro avg        0.91      0.85       0.87      32762
weighted avg        0.90      0.89       0.89      32762
```

La precisión para la clase negativa (0) es del 87%. Esto significa que del total de predicciones etiquetadas como negativas, el 87% realmente son negativas. Para la clase positiva (1), la precisión es del 94%. Esto indica que del total de predicciones etiquetadas como positivas, el 94% realmente son positivas. El recall para la clase negativa es del 98%. Esto significa que el 98% de todos los casos reales de la clase negativa fueron identificados correctamente por el modelo. Para la clase positiva, el recall es del 72%. Esto indica que el 72% de todos los casos reales de la clase positiva fueron identificados correctamente por el modelo. El F1-score es una medida de precisión balanceada que combina precisión y recall. Para la clase negativa, el F1-score es del 92%, y para la clase positiva es del 82%. Cuanto más cercano a 1 esté el F1-score, mejor será el equilibrio entre precisión y *recall*. La precisión general del modelo es del 89%. Esto indica la proporción de predicciones correctas en el conjunto de datos de prueba.

5.5.4. Conclusiones y análisis de negocio

El análisis de sentimientos en redes sociales representa una herramienta estratégica invaluable para empresas y organizaciones en la actualidad. A través de esta técnica, es posible obtener una comprensión profunda de cómo se sienten y qué piensan los usuarios en torno a diversos temas, productos, servicios o eventos. Esta información va más allá de simples métricas de *engagement* o interacción, ya que permite capturar la verdadera esencia de las opiniones y emociones de la audiencia.

Una de las principales ventajas del análisis de sentimientos radica en su capacidad para detectar tendencias emergentes y temas relevantes en tiempo real. Las redes sociales son un espacio dinámico donde las conversaciones evolucionan constantemente, y el análisis de sentimientos puede ayudar a las empresas a estar al tanto de los cambios en la percepción pública y adaptar rápidamente sus estrategias en consecuencia. Por ejemplo, una marca de moda podría identificar una nueva tendencia o estilo emergente a partir de las conversaciones en redes sociales y ajustar su línea de productos en consecuencia.

Además, el análisis de sentimientos proporciona valiosos *insights* sobre la experiencia del cliente. Al monitorear las opiniones y comentarios de los usuarios en plataformas sociales, las empresas pueden identificar áreas de mejora en sus productos o servicios, así como también reconocer y recompensar experiencias positivas. Esto contribuye a una mayor satisfacción y fidelización del cliente, lo que a su vez puede tener un impacto positivo en la reputación y el éxito general de la marca.

Otro aspecto importante del análisis de sentimientos es su papel en la gestión de la reputación de la marca. Las redes sociales son un espacio donde las opiniones pueden difundirse rápidamente, ya sea positiva o negativamente. El análisis de sentimientos permite a las empresas monitorear la conversación en tiempo real y responder de manera proactiva a comentarios negativos o crisis de relaciones públicas. Una gestión efectiva de la reputación en redes sociales es crucial para mantener la confianza y lealtad de los clientes, así como también para preservar la integridad y credibilidad de la marca.

En el ámbito del marketing, el análisis de sentimientos proporciona valiosa información para optimizar las estrategias de comunicación y promoción. Al comprender qué tipo de contenido resuena mejor con la audiencia, las empresas pueden personalizar sus mensajes y campañas para generar un mayor impacto y *engagement*. Esto puede traducirse en un aumento de la efectividad de las campañas de marketing y, en última instancia, en un mejor retorno de la inversión.

BIBLIOGRAFÍA

Cestero EV, & Mateos Caballero A. (2023). *Inteligencia Artificial: Fundamentos matemáticos, algorítmicos y metodológicos.*

Kelleher JD, Mac Namee B, & D'Arcy A. (2020). *Fundamentals of Machine Learning for Predictive Data Analytics.* (2nd edition). Algorithms, Worked Examples, and Case Studies. The MIT press.

Deisenroth MP. (2020). *Mathematics for Machine Learning.* Cambridge.

Huyen C. (2022). *Designing Machine Learning Systems: An Iterative Process for Production-Ready Applications.* [Tapa blanda]. O'Reilly.

Aggarwal CC. (2020). *Linear Algebra and Optimization for Machine Learning: A Textbook.* Springer.

Dixon MF, Halperin I, & Bilokon P. (2020). *Machine Learning in Finance: From Theory to Practice.* Springer.

Brockwell PJ, & Davis RA. (2016). *Introduction to Time Series and Forecasting* (Springer Texts in Statistics). Springer.

Makridakis S, Spiliotis E, & Assimakopoulos V. (2021). *Econometrics with Machine Learning.* Springer.

Hoff PD. (2009). *A First Course in Bayesian Statistical Methods.* Editorial Springer.

Chan F, & Mátyás L. (2023). *Econometrics with Machine Learning.* Springer.

Kaptein M, & van den Heuvel E. (2019). *Statistics for Data Scientists: An Introduction to Probability, Statistics, and Data Analysis.* Springer.

Tomczak JM. (2022). *Deep Generative Modeling.* Springer.

Petrov V, & Mordecki E. (2008). *Teoría de la Probabilidad.* URSS.

Aggarwal CC. (2023). *Neural Networks and Deep Learning: A Textbook* (2nd ed.). Springer Cham.

Smith G. (1998). *Introductory Mathematics: Algebra and Analysis* (1st ed.). Springer London.

Hope T, Resheff YS, & Lieder I. (2017). *Learning TensorFlow.* O'Reilly Media.

Miller TW. (2014). *Modeling Techniques in Predictive Analytics with Python and R: A Guide to Data Science.* Pearson.

Martín Del Brío B. (2006). *Redes Neuronales y Sistemas Borrosos* (3ª ed.). RA-MA.

Mirjalili V, & Raschka S. (2019). *Python Machine Learning.* Marcombo.

McKinney W. (2018). *Python for Data Analysis.* O'Reilly Media.

Huyen NT. (2019). *Designing Machine Learning Systems with Python.* O'Reilly Media.

Foster D. (2019). *Generative Deep Learning*. O'Reilly Media.

Diebold FX. (1999). *Elementos de pronósticos: Soluciones empresariales*. Thomson.

Ponce Cruz P. (2011). *Inteligencia Artificial con Aplicaciones a la Ingeniería*. Marcombo.

Soria Olivas E, Rodríguez P, García Vidal E, Vaquer F, Vicent J, & Vila J. (2022). *Inteligencia artificial: Casos prácticos con aprendizaje profundo*. RA-MA.

Michavila F, & Gavete L. (1992). *Programación y cálculo numérico*. Reverte.

Steiner E. (2005). *Matemáticas para las ciencias aplicadas*. Reverte.

Chazallet S. (2013). *Python 3: Los fundamentos del lenguaje*. ENI.

Russell SJ, & Corchado Rodríguez JMT. (2004). *Inteligencia artificial: un enfoque moderno*. Pearson.

Hernández Orallo J, Ramírez Quintana MJ, & Ferri Ramírez C. (2004). *Introducción a la minería de datos*. Pearson.

Torres J. (2020). *Python Deep Learning: Introducción práctica con Keras y TensorFlow 2*. Marcombo.

Forsyth D, & Ponce J. (2012). *Computer Vision: A Modern Approach*. Pearson.